AF608895

Die Reihe „Weltwirtschaft und internationale Zusammenarbeit“ wird herausgegeben von

Prof. Dr. Hartmut Sangmeister, Universität Heidelberg
Prof. Dr. Oskar Gans, Universität Heidelberg
Prof. Dr. Detlef Nolte, GIGA Institut für Lateinamerika-Studien Hamburg

Band 8

Hartmut Sangmeister | Alexa Schönstedt

Entwicklungszusammenarbeit im 21. Jahrhundert

Ein Überblick

Die Deutsche Nationalbibliothek verzeichnet diese Publikation in der Deutschen Nationalbibliografie; detaillierte bibliografische Daten sind im Internet über http://dnb.d-nb.de abrufbar.

ISBN 978-3-8329-5576-2

1. Auflage 2010

Vorwort

Mit diesem Überblick über die internationale Entwicklungszusammenarbeit und die Herausforderungen, denen sie sich stellen muss, vervollständigen wir unsere Trilogie zur Entwicklungspolitik in der Reihe „Weltwirtschaft und internationale Zusammenarbeit“. Bereits erschienen sind 2009 die beiden Bände „Entwicklung und internationale Zusammenarbeit – eine Einführung“ sowie „Wege und Irrwege zum Wohlstand – Theorien und Strategien wirtschaftlicher Entwicklung“.

Hervorgegangen ist der Text des vorliegenden Buches aus den Unterlagen zu der Vorlesung „Entwicklungspolitik III: Internationale Entwicklungszusammenarbeit“ an der Universität Heidelberg, die Teil des dreisemestrigen Vorlesungszyklus „Entwicklungspolitik und internationale Zusammenarbeit“ ist. Als einführendes Lehrbuch konzipiert, haben wir in dem Text dieses Buches auf detaillierte Quellenangaben verzichtet; weiterführende Literaturhinweise finden sich am Ende eines jeden Kapitels. Soweit nicht andere Quellen angegeben, sind alle statistischen Angaben aus der Datenbank *World Development Indicators Online* der Weltbank entnommen (www.worldbank.org).

Wenn unser Text durch die in der internationalen Entwicklungszusammenarbeit weitverbreitete „Akronymitis“ kontaminiert wurde, dann ist dies dem Thema des Buches ebenso geschuldet wie die Intertextualität als stellenweise Gestaltungsform, mit der sich verdeutlichen lässt, wie sich die Akteure der Entwicklungszusammenarbeit selbst positioniert sehen.

Dass wir jetzt dieses Buch vorlegen können, ist der Mitwirkung vieler Personen zu unterschiedlichen Zeiten und in unterschiedlicher Weise zu verdanken. Vielfältige inhaltliche Anregungen und konstruktive Kritik der Studierenden in unseren Lehrveranstaltungen haben dazu beigetragen, die komplexe Materie der internationalen Entwicklungszusammenarbeit besser zu strukturieren und verständlicher aufzubereiten. Zudem haben unsere entwicklungspolitischen Blockseminare in jedem Semester die Möglichkeit geboten, Detailfragen der Entwicklungszusammenarbeit vertieft zu analysieren, und dabei vor allem auch durch die Diskussionen mit den ausländischen Studierenden zu veränderten Wahrnehmungen und neuen Einsichten zu gelangen.

Den ehemaligen wissenschaftlichen Mitarbeiterinnen und Mitarbeitern in unserer Arbeitsgruppe Entwicklungspolitik des Alfred-Weber-Instituts für Wirtschaftswissenschaften der Universität Heidelberg sind wir zu großem Dank verpflichtet; besonderen Dank schulden wir *Dr. Amaranta Melchor del Río*, die mit der Aufbereitung der entwicklungspolitischen Vorlesungsinhalte in den begleitenden Übungen geholfen hat, den Stoff studierfähig und lernkompatibel zu präsentieren.

Mit namentlich gekennzeichneten Beiträgen haben die jetzigen wissenschaftlichen Mitarbeiterinnen und Mitarbeiter *Katja Hilser*, *Bernd Lämmlin*, *Junhong Meng* und *Alexandra Lisa Thimm* den Inhalt des Buches komplettiert. Viele Abbildungen und Tabellen in diesem Buch sind der Imaginationsfähigkeit, Kreativität und Geschicklichkeit von *Erika Günther* und *Barbara Swartzbaugh* zu verdanken. *Katja Hilser, Bernd Lämmlin, Julia Rückert* und *Marie-Luise Sangmeister-Plehn* haben mit großer Geduld, Ausdauer und Sorgfalt dazu beigetragen, dass der vorliegende Text lesbar und möglichst fehlerfrei wird. Für dennoch verbliebene Fehler und Ungenauigkeiten tragen wir die alleinige Verantwortung.

Heidelberg, im März 2010

H. Sangmeister und *A. Schönstedt*

Inhaltsverzeichnis

Abbildungen

Kästen

Abkürzungen

AfDB	African Development Bank
AGEH	Arbeitsgemeinschaft für Entwicklungshilfe
AIDS	Acquired Immune Deficiency Syndrome
AKP-Staaten	Staaten Afrikas, der Karibik und des Pazifiks
AsDB	Asian Development Bank
ATTAC	Association pour une Taxation des Transactions Financières pour
BIP	Bruttoinlandsprodukt
BMZ	Bundesministerium für wirtschaftliche Zusammenarbeit und Ent-
BNE	Bruttonationaleinkommen
BOAD	Banque Ouest Africaine de Développement
bzw.	beziehungsweise
CABEI	Central American Bank for Economic Integration
CAF	Corporación Andina de Fomento
CAS	Country Assistance Strategy
CDB	Caribbean Development Bank
CnDB	China Development Bank
CDM	Clean Development Mechanism
CDP	Committee for Development Planning
CEO	Chief Executive Officer
CIM	Centrum für internationale Migration und Entwicklung
CIMIC	Civil Military Cooperation
COP	Conference of the Parties
COP3	3. Conference of the Parties in Kyoto
COP15	15. Conference of the Parties in Copenhagen
DAC	Development Assistance Committee
DAHW	Deutsche Lepra- und Tuberkulosehilfe
DCD	Development Co-operation Directorate
DCF	Development Cooperation Forum
DCI	Development Co-operation Instrument
DDR	Deutsche Demokratische Republik
DED	Deutscher Entwicklungsdienst
DESA	United Nations Department of Economic and Social Affairs
DFC	Development Cooperation Forum
DFID	Department for International Development
DG	Directorate General
DIE	Deutsches Institut für Entwicklungspolitik
EADB	East African Development Bank

EAG	Europäische Atomgemeinschaft
EBRD	European Bank for Reconstruction and Development
ECHO	European Community Humanitarian Office
ECOSOC	United Nations Economic and Social Council
EDF	European Development Fund
EED	Evangelischer Entwicklungsdienst
EEF	Europäischer Entwicklungsfonds
EG	Europäische Gemeinschaft
EGKS	Europäische Gemeinschaft für Kohle und Stahl
EIB	European Investment Bank
EL	Entwicklungsland
EIA	Environmental Impact Assessment
EU	Europäische Union
EWG	Europäische Wirtschaftsgemeinschaft
EXIM-Bank	Export-Import-Bank of China
EZ	Entwicklungszusammenarbeit
FAO	Food and Agriculture Organization of the United Nations
FDI	Foreign Direct Investment
FONPLATA	Fondo Financiero para el Desarrollo de la Cuenca de la Plata
FZ	Finanzielle Zusammenarbeit
GATT	General Agreement on Tariffs and Trade
GEF	Global Environment Facility
GTZ	Deutsche Gesellschaft für Technische Zusammenarbeit
GUS	Gemeinschaft Unabhängiger Staaten
HIC	High Income Country
HIPC	Heavily Indebted Poor Country
HIV	Human Immunodeficiency Virus
Hrsg.	Herausgeber
i.d.R.	in der Regel
IBRD	International Bank for Reconstruction and Development
ICSID	International Centre for Settlement of Investment Disputes
IDA	International Development Association
IDB	Inter-American Development Bank
IFAD	International Fund for Agricultural Development
IFC	International Finance Corporation
IFF	Internationale Finanzfazilität
IFFIm	International Finance Faciltity for Immunisation
IFI	International Financial Institution
IL	Industrieland
ILO	International Labour Organization
InWEnt	Internationale Weiterbildung und Entwicklung gGmbH
IPPC	Intergovernmental Panel on Climate Change

IPPF	International Planned Parenthood Federation
ITEC	Indian Technical and Economic Cooperation Programme
IWF	Internationaler Währungsfonds
Jhdt.	Jahrhundert
KfW	Kreditanstalt für Wiederaufbau
LDC	Least Developed Country
LIC	Low Income Country
LICUS	Low Income Countries Under Stress
LLDC	Land Locked Developing Country
MDB	Multilateral Development Bank
MDG	Millennium Development Goal
MFA	Ministry of Foreign Affairs
MIC	Middle Income Country
MIGA	Multilateral Investment Guarantee Agency
Mio.	Million
MOF	Ministry of Finance
MOFCOM	Ministry of Commerce
Mrd.	Milliarde
NGO	Non-Governmental Organization
NRO	Nichtregierungsorganisation
OAS	Organization of American States
ODA	Official Development Assistance
ODF	Official Development Finance
OECD	Organisation for Economic Co-operation and Development
ÖPNV	Öffentlicher Personennahverkehr
OOF	Other Official Flows
OPEC	Organization of the Petroleum Exporting Countries
p.a.	per annum
PCM	Project Cycle Management
PFK	Projektfortschrittskontrolle
PIP	Public Investment Programme
PISA	Programme for International Student Assessment
PKE	Pro-Kopf-Einkommen
PPP	Public Private Partnership
PZ	Personelle Zusammenarbeit
QUANGO	Quasi Non-Governmental Organization
RDB	Regional Development Bank
REDD	Reducing Emissions from Deforestation and Degradation
SDIS	Small Developing Island States
SDR	Special Drawing Rights
SES	Senior Experten Service
SIDS	Small Island Developing State

SZR	Sonderziehungsrecht
TZ	Technische Zusammenarbeit
u.a.	unter anderem
UdSSR	Union der Sozialistischen Sowjetrepubliken
UN	United Nations
UNCTAD	United Nations Conference on Trade and Development
UNDG	United Nations Development Group
UNDP	United Nations Development Programme
UNEP	United Nations Environment Programme
UNESCO	United Nations Educational, Scientific and Cultural Organization
UNFCCC	United Nations Framework on Climate Change Convention
UNFPA	United Nations Fund for Population Activities
UNHCR	United Nations High Commissioner for Refugees
UNICEF	United Nations International Children's Emergency Fund
UNSO	United Nations Sudano-Sahelian Office
US$	US-Dollar
USA	United States of America
VAE	Vereinigte Arabische Emirate
VENRO	Verband Entwicklungspolitik Deutscher Nichtregierungs-
VAE	Vereinigte Arabische Emirate
vgl.	vergleiche
VR China	Volksrepublik China
WBGU	Wissenschaftlicher Beirat der Bundesregierung für globale
WBI	World Bank Institute
WFP	World Food Programme
WHO	World Health Organization
WTO	World Trade Organization
z.B.	zum Beispiel
ZEP	Zentrales Evaluierungsprogramm des BMZ

1. Ist Entwicklungszusammenarbeit noch zeitgemäß?

Die Fragen, ob „Entwicklungshilfe“ notwendig, sinnvoll oder überhaupt noch zeitgemäß sei, werden gestellt, seitdem es diese spezielle Form internationaler Zusammenarbeit gibt. Dieselben Fragen kommen auch aktuell auf, obwohl schon lange offiziell nicht mehr von „Entwicklungshilfe“ gesprochen wird, sondern von „Entwicklungszusammenarbeit“, um deutlich zu machen, dass es sich dabei um partnerschaftliche Beziehungen zur Erreichung gemeinsam festgelegter entwicklungspolitischer Ziele handelt. Bei diesen Beziehungen stellt im Idealfall ein Geberland einem Empfängerland *zusätzliche* Ressourcen zur Verfügung, um damit bestimmte Entwicklungsprobleme zu lösen oder Entwicklungshemmnisse zu überwinden. Entwicklungszusammenarbeit (EZ) bedeutet folglich den Transfer von Ressourcen, die über diejenigen hinausgehen, die der Empfänger im eigenen Land zur Verfügung hat oder die er sich durch kommerzielle außenwirtschaftliche Transaktionen beschaffen kann. EZ kann quantitativer und/oder qualitativer Art sein, d.h. dem Empfängerland werden gegenüber dem *Status quo* mehr und/oder bessere Ressourcen zur Verfügung gestellt, wie z.B. qualitativ verbesserte Technologien oder leistungsfähigere Produktionsmethoden.

An dem Ressourcentransfer im Rahmen der internationalen EZ ist auch die Bundesrepublik Deutschland seit den fünfziger Jahren des 20. Jhdt. beteiligt. Erstmals geschah dies 1952 in Form eines finanziellen Beitrags zu dem „Erweiterten Beistandsprogramm für die wirtschaftliche Entwicklung unterentwickelter Länder“ der Vereinten Nationen, später dann mit einem eigenen Budget für die Entwicklungszusammenarbeit, das zum ersten Mal 1956 mit 50 Millionen DM (rund 25,5 Millionen Euro) dotiert wurde. Inzwischen erreicht der Etat des Bundesministeriums für wirtschaftliche Zusammenarbeit und Entwicklung (BMZ), dem seit 1961 die Hauptzuständigkeit für die staatliche EZ in Deutschland übertragen ist, ein jährliches Volumen von rund 6 Milliarden Euro.

In mehr als sechs Dekaden internationaler EZ ist diese zu einem Wirtschaftszweig mit weltweit jährlich über 150 Milliarden US-Dollar Umsatz geworden. Allein im Rahmen der staatlichen EZ der Geberländer, die im *Development Assistance Committee* (DAC) der *Organisation for Economic Co-operation and Development* (OECD) zusammengeschlossen sind, standen 2008 mehr als 121 Milliarden US-Dollar zur Verfügung. Die Mitgliedstaaten des DAC sind die wichtigsten Finanziers der *Official Development Assistance* (ODA), der öffentlichen EZ, die wertmäßig den größten Teil der internationalen Entwicklungszusammenarbeit ausmacht.

Das „Milliardengeschäft" der EZ ist auch schon seit langem nicht mehr nur ein exotisches Aktionsfeld für unverbesserliche Idealisten. Denn die Zeiten sind längst vorbei, in denen ahnungslose Ministerialbeamte die sogenannte „Hilfe" für die sogenannte „Dritte Welt" bürokratisch verwalteten, weit weg von dem Bestimmungsort der Milliarden aus den Entwicklungshilfe-Budgets. Längst passé sind auch die Zeiten, in denen gutwillige und abenteuerlustige, aber unerfahrene *do-gooders* als „Entwicklungshelfer" in die weite Welt geschickt wurden, ohne recht zu wissen, was im Kampf gegen Hunger und Elend für diejenigen zu tun sei, die aus der Perspektive der Geldgeber als die „Unterentwickelten" betrachtet und an der zumeist sehr kurzen Elle der eigenen Kultur gemessen wurden.

Die internationale EZ muss – wie jedes andere Milliardengeschäft – professionell betrieben werden. Tatsächlich hat eine Professionalisierung der EZ stattgefunden, die im Laufe der Jahrzehnte immer komplexer und politischer geworden ist. Bedeutende Akteure auf der internationalen entwicklungspolitischen Bühne wie die OECD, die Weltbank oder das britische *Department for International Development* (DFID) haben sich kompetente Wissenspoole geschaffen, die den entwicklungsstrategischen Diskurs weltweit prägen. Niemals zuvor war das verfügbare Fachwissen über die vielfältigen Entwicklungsprobleme und deren unterschiedliche Verursachungsfaktoren nach Ländern und Regionen differenziert so umfangreich und wissenschaftlich fundiert wie heute.

Aber dennoch wird die Legitimation der internationalen EZ mit sehr unterschiedlichen Begründungen immer wieder in Frage gestellt. Die Kritik aus Industrieländern (IL) und Entwicklungsländern (EL) ist vielstimmig und die Argumente der Kritiker bedienen sich sehr unterschiedlicher Begründungszusammenhänge. Einen Fundamentaleinwand gegen jegliche Form eines intra- oder intergesellschaftlichen Ressourcentransfers hat der Nobelpreisträger für Wirtschaftswissenschaften des Jahres 1976, *Milton Friedman*, vorgebracht: es sei unmoralisch, den Reichen zu nehmen, um es den Armen zu geben!

Weniger drastisch, aber vordergründig durchaus plausibel, ist der Einwand, den andere Kritiker des Ressourcentransfers im Rahmen der internationalen EZ betonen. Sie weisen darauf hin, dass nur noch rund 50 Staaten von den Vereinten Nationen als *Least Developed Countries* (LDCs) eingestuft werden, da sie ein niedriges Pro-Kopf-Einkommen und einen niedrigen Wert des *Human Development Index* aufweisen, der auch andere Dimensionen von Entwicklung erfasst und nicht nur das Pro-Kopf-Einkommen als Maßstab nimmt. Nach Ansicht der Kritiker hätten viele Entwicklungsländer inzwischen ein Pro-Kopf-Einkommen erreicht, das ihnen Entwicklung aus eigener Kraft gestatten müsse. Tatsächlich gehört die Mehrzahl der Entwicklungsländer inzwischen zu den *Middle Income Countries* (MICs) mit einem Pro-Kopf-Einkommen, das im Jahr 2008 zwischen 976 und 11.905 US-Dollar lag. Vor diesem Hintergrund argumentieren Kritiker der EZ, dass in Ländern, die schon seit längerem über das ökonomische Potenzial verfügen, die absolute Armut zu bekämpfen, ernsthafte Eigenanstrengungen zur Überwindung der strukturellen Entwicklungshemmnisse und der institutionellen Verursachungsfaktoren von Armut viel wichtiger seien als finanzielle Zuschüsse, zinsgünstige Kredite und technische Beratung von außen. Berechnungen zeigen, dass beispielsweise im Fall Brasiliens Anfang der neunziger Jahre des 20. Jhdt. interne Transferzahlungen (ohne Verwaltungskosten und unvermeidliche „Sickerverluste") in Höhe von lediglich ein Prozent des Bruttoinlandsprodukts (BIP) oder rund 5 Milliarden US-Dollar ausreichend gewesen wären, um die Armut zu eliminieren. Dieser „Preis" für die Beseitigung der Armut wäre wohl bezahlbar gewesen angesichts des damaligen brasilianischen BIP von etwa 500 Milliarden US-Dollar und ebenso aufgrund der Fähigkeit der größten Volkswirtschaft Lateinamerikas, für den Import von Nukleartechnologie seinerzeit jährlich rund 3 Milliarden US-Dollar aufzuwenden. Mit einer Umschichtung intern verfügbarer Ressourcen müssten also viele Entwicklungsländer ihre Probleme lösen können, ohne dabei auf EZ angewiesen zu sein.

Ein ganz anders begründeter, aber nicht weniger grundsätzlicher Einwand gegen EZ lautet, dass sie nicht mehr sein könne als ein Reparaturbetrieb für die negativen Auswirkungen einer ungerechten Weltwirtschaftsordnung; im günstigsten Falle könne „Entwicklungshilfe" lediglich wie Akupunktur bei einer chronischen Krankheit wirken, die Krankheitsursachen selbst würden dadurch aber nicht beseitigt. Die Almosen der „Entwicklungshilfe" seien überflüssig, wenn die Industrieländer bereit wären, für die Produkte aus den Entwicklungsländern „faire" oder „gerechte" Preise zu zahlen (was immer „faire" oder „gerechte" Preise sein mögen). Zur Illustrierung dieser Argumentation lässt sich folgendes Rechenexempel aufstellen: das Entwicklungsland *Desesperistan* mit 150 Millionen Einwohnern erhält von Deutschland jährlich EZ-Mittel in Höhe von 150 Millionen Euro, also 1 Euro je Einwohner; der gleiche Betrag würde dem Land zufließen, wenn sich für die aus *Desesperistan* pro Jahr nach Deutschland exportierten 20 Millionen Tonnen Eisenerz ein Preisaufschlag von 7,50 Euro je Tonne erzielen ließe! Die finanziellen Mittel, die im Rahmen der EZ dem Land zuflössen, würden also durch einen höheren Eisenerzpreis überflüssig. Bei dieser Argumentation bleibt allerdings unberücksichtigt, dass sich der Preis für Eisenerz am Weltmarkt durch Angebot und Nachfrage bildet; *Desesperistan* als einzelner Anbieter könnte die in dem Rechenbeispiel unterstellte Preiserhöhung ohnehin nicht ohne weiteres durchsetzen. Durch den Zufluss von EZ-Mitteln verfügen also Empfängerländer über *zusätzliche* Ressourcen, die sie mit normalen kommerziellen Transaktionen nicht erhalten und die dazu beitragen können, bestehende Entwicklungsprobleme zu lösen.

Unstrittig ist, dass der Zufluss von EZ-Mitteln keine Garantie für erfolgreiche Entwicklungsprozesse in den Empfängerländern darstellt. Zu Recht können Kritiker der EZ darauf hinweisen, dass dort, wo die Rahmenbedingungen für Entwicklung gegeben seien, diese auch ohne EZ stattfinde; ohnehin mache sich EZ bei entwicklungsfördernden Rahmenbedingungen nach angemessener Zeit selbst überflüssig. Wo diese Rahmenbedingungen jedoch fehlen und EZ auch nicht in der Lage sei, auf eine Verbesserung dieser Rahmenbedingungen hinzuwirken, sei EZ ineffektiv und insofern – auch im Hinblick auf ihre Opportunitätskosten – überflüssig.

In einem Interview mit der Wirtschaftszeitung *Handelsblatt* hat Ruandas Staatspräsident *Paul Kagame* im Oktober 2009 betont, das Engagement westlicher Staaten habe Afrika nicht voran gebracht:

> „Afrika wurde über lange Zeit vernachlässigt beziehungsweise von außen immer nur missbraucht. Doch jetzt haben wir entschieden: Wir wollen das nicht länger, wir wollen faire Beziehungen mit dem Rest der Welt. [...] Jedenfalls hat das europäische und in jüngerer Zeit das amerikanische Engagement Afrika nicht vorangebracht. Unsere Ressourcen wurden ausgebeutet und haben anderen genutzt. Westliche Firmen haben Afrika in großem Maßstab verschmutzt – und sie tun dies immer noch. Denken Sie an die Verklappung nuklearer Abfälle vor der Elfenbeinküste oder daran, dass Somalia von europäischen Firmen als Müllhalde benutzt wird."

Es sind keineswegs nur Kritiker aus Entwicklungsländern, wie Ruandas Präsident, die darauf hinweisen, dass sich nach mehreren Dekaden internationaler EZ und trotz unzähliger mit Milliardenaufwand finanzierter Entwicklungshilfeprojekte und -programme die Lebensbedingungen für Millionen Menschen in vielen EL nicht verbessert haben. Stattdessen habe der stetige Zufluss von Entwicklungsgeldern beispielsweise den herrschenden Eliten in vielen Ländern Afrikas südlich der Sahara ermöglicht, sich an der Ausbeutung der Ressourcen des eigenen Landes zu bereichern und riesige Privatvermögen im westlichen Ausland anzulegen. EZ unterminiere die Eigenverantwortung der Empfänger und die permanente finanzielle Unterstützung der Gebergemeinschaft trage dazu bei, dass sich die herrschenden Politiker in den Empfängerländern aus der Verantwortung stehlen. Vielerorts sei die simple Gleichung „Mehr Geld = mehr Entwicklung", die zu den Glaubenssätzen der internationalen EZ gehöre, nicht aufgegangen. Mehr Geld schade möglicherweise sogar der Entwicklung, da es Eigeninitiative untergrabe. Ausländische Helfer dürften nicht die Verantwortung für Entwicklung an sich ziehen, denn jede Gesellschaft könne sich nur selbst entwickeln, und jede Gesellschaft müsse die Verantwortung für Entwicklung zunächst bei sich selbst suchen. „Entwicklungshilfe" sei sogar Geldverschwendung, denn sie helfe nicht, Armut und Unterdrückung zu überwinden, sondern trage dazu bei, beides zu zementieren.

Fakt ist, dass trotz des enormen finanziellen Aufwands die Ergebnisse internationaler Zusammenarbeit häufig hinter den Erwartungen zurückgeblieben sind. Und Tatsache ist auch, dass die globalen Asymmetrien weiterhin fortbestehen, ungeachtet der vielfältigen entwicklungspolitischen Bemühungen von Industrie- und Entwicklungsländern, die in den zurückliegenden Dekaden darauf gerichtet waren, die Wohlstandskluft zwischen Nord und Süd zu vermindern. Auf die Hocheinkommensländer der OECD, in denen 14,5% der Weltbevölkerung leben, entfielen 2008 fast 70 Prozent der globalen Wertschöpfung; die 12,2 Prozent der Erdbewohner, die in den 50 von den Vereinten Nationen als LDCs klassifizierten Ländern leben, erwirtschafteten hingegen weniger als 1 Prozent des globalen BIP (vgl. Abbildung 1). Das Bruttonationaleinkommen (BNE) der wohlhabenden Mitgliedsländer der OECD betrug 2008 mit 37.854 US-Dollar pro Kopf fast das Dreißigfache des Durchschnittseinkommens der LDCs. Die Kluft zwischen armen und reichen Ländern ist nach wie vor immens (vgl. Abbildung 2). Dies gilt nicht nur für die Einkommensverteilung, sondern auch für die globale Vermögensverteilung. Schätzungsweise fast zwei Drittel der weltweiten Vermögensbestände sind in Europa und Nordamerika konzentriert. Andererseits kann darauf verwiesen werden, dass sich der Anteil der Entwicklungsländer am Welthandel in den zurückliegenden Dekaden vergrößert hat. Konnten die Hocheinkommensländer der OECD 1980 noch 67 Prozent der Einnahmen des weltweiten Exports von Waren und Dienstleistungen erzielen, waren es 2008 nur noch 60 Prozent.

Abbildung 1: Globale Asymmetrien 2008

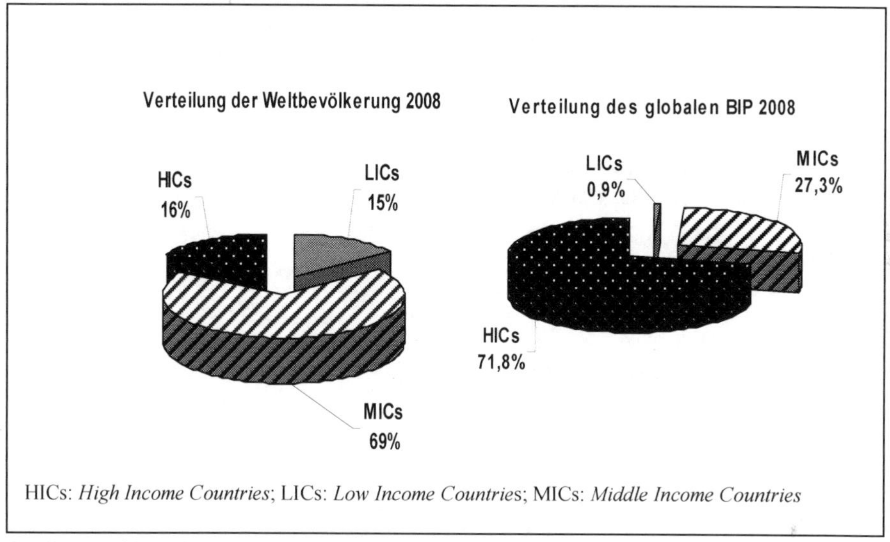

Quelle: World Bank, *World Development Indicators Online.*

Vor allem die MICs, die Entwicklungsländer mit mittlerem Pro-Kopf-Einkommen, sind international wettbewerbsfähiger geworden und wickeln inzwischen rund 30 Prozent der globalen Ausfuhren ab. Haben sich möglicherweise die Geberländer durch den Transfer von Kapital, Technologie und *Know-how* in die Entwicklungsländer im Rahmen der internationalen EZ die eigenen Konkurrenten am Weltmarkt herangezogen? Trägt also die EZ zum Abbau von Arbeitsplätzen in den Industrieländern bei?

Abbildung 2: Die reichsten und die ärmsten Länder der Welt im Jahr 2008

Bruttonationaleinkommen* pro Kopf (in US$), 2008

Die Reichsten	US$	Die Ärmsten	US$
Luxemburg	64.320	Kongo	290
Norwegen	58.500	Liberia	300
Kuwait	52.610	Burundi	380
Brunei	50.200	Guinea-Bissau	530
USA	46.970	Eritrea	630
Schweiz	46.460	Niger	680
Niederlande	41.670	Zenralafr. Republik	730
Schweden	38.180	Sierra Leone	750
Österreich	37.680	Mosambik	770
Deutschland	35.940	Togo	820
Japan	35.220	Malawi	830

0 20.000 40.000 60.000 80.000 US$

0 200 400 600 800 1000 US$

Quelle: World Bank, *World Development Indicators.*

Die Furcht vor dem Abbau von Arbeitsplätzen in den Industrieländern als Folge der EZ ist weitgehend unbegründet. Im Gegenteil: die Programme und Projekte der EZ schaffen direkt und indirekt Jobs in den Geberländern. Aktuelle Studien zeigen im Fall Deutschlands, dass mit jedem US-Dollar, der für staatliche und private Entwicklungszusammenarbeit ausgegeben wird, zusätzliche Exporteinnahmen in Höhe von 1,4 US-Dollar entstehen, wobei dieser Multiplikatoreffekt im Fall der staatlichen EZ noch deutlich höher ausfällt. Ohnehin findet ein Vielfaches des Ressourcentransfers durch öffentliche EZ in Form von ausländischen Direktinvestitionen direkt auf der Unternehmensebene in Entwicklungsländern statt. So wurden beispielsweise im Jahr 2007 ausländische (Netto-)Direktinvestitionen in Höhe von 522 Milliarden US-Dollar in Entwicklungsländern getätigt, die damit etwa das Fünffache der EZ-Leistungen der DAC-Geberländer von insgesamt 105 Milliarden US-Dollar betrugen.

Der weit verbreitete Verdacht, EZ trage zu einem Jobverlust in den Geberländern bei, ist eines der vielen Vorurteile und Missverständnisse, denen sich die internationale Zusammenarbeit ausgesetzt sieht – sei es aus Unkenntnis oder aufgrund falscher Informationen. So wird beispielsweise noch immer die irrige Auffassung vertreten, die Nahrungsmittelhilfen des *World Food Programme* (WFP) der Vereinten Nationen dienten dazu, die Überschüsse der Nahrungsmittelproduktion in den wohlhabenden Ländern loszuwerden – und dieses „Gift der guten Gabe" vernichte dann die lokale Produktion vor allem der Kleinbauern in den Empfängerländern. Zwar hat es diese schädliche Form der Ernährungshilfen des WFP lange Zeit tatsächlich gegeben, aber seit Mitte der neunziger Jahre des 20. Jhdt. wird die Vergabe von Überschüssen von den Geberländern des WFP – mit Ausnahme der USA – nicht mehr praktiziert, denn die Ära der globalen Überproduktion von Nahrungsmitteln ist längst Vergangenheit. Das WFP verwendet die finanziellen Zuwendungen – wie beispielsweise die 23 Millionen Euro, die Deutschland als jährlichen Grundbeitrag leistet – zu vier Fünfteln für den lokalen Einkauf von Nahrungsmitteln in Entwicklungsländern. Oder das WFP verteilt, wie in Burkina Faso, Gutscheine an die bedürftige städtische Bevölkerung, damit diese lokal erzeugte Lebensmittel in Geschäften ihres Wohngebietes erwerben kann. Mit *Cash-for-work-* und *Food-for-work*-Programmen ermöglicht das WFP den Bau von Straßen oder Bewässerungsanlagen. Die Ernährungshilfe als ein Instrument der EZ zielt nicht nur auf die unmittelbare Bekämpfung des Hungers a, sondern vor allem auch auf die Unterstützung lokaler Nahrungsmittelproduktion in EL sowie auf die Befähigung von Kleinbauern, sich und ihre Familien eigenständig zu versorgen. Das viel kritisierte Verteilen von Nahrungsmitteln in Entwicklungsländern ist heute auf Ausnahmesituationen beschränkt, wenn nach Naturkatastrophen oder bei kriegerischen Auseinandersetzungen Ernährungsengpässe in den betroffenen Gebieten auftreten.

Wenn falsche Mythen der EZ ein zähes Überleben haben, dann wird dies auch durch die vordergründige Berichterstattung vieler Medien begünstigt, die von eklatanten Misserfolgen und „Ruinen der Entwicklungshilfe“ berichten, aber wesentlich seltener von den vielen kleinen Erfolgen und Verbesserungen. Umso überraschender mag es daher sein, dass in Deutschland die Bereitschaft der Bevölkerung zur „Hilfe für die Armen“ in Afrika, Asien und Lateinamerika, wie sie sich beispielsweise in dem Spendenaufkommen kirchlicher Hilfswerke niederschlägt, nach wie vor beachtlich ist – auch in Zeiten der Wirtschaftskrise, in der das Interesse an den Problemen „der Fremden“, der „Anderen“ tendenziell eher sinkt, und damit auch die Akzeptanz der EZ. Gleichwohl haben sich 2009 repräsentativen Meinungsumfragen zufolge 70 Prozent der Bevölkerung in Deutschland trotz Finanz- und Wirtschaftskrise für staatliche Leistungen zur Unterstützung armer Menschen in Entwicklungsländern ausgesprochen. 31 Prozent der Befragten stimmten immerhin für eine Erhöhung der staatlichen Ausgaben für arme Länder, bei den 18- bis 24-jährigen waren es sogar 39 Prozent; nur 25 Prozent aller Befragten befürworteten eine Kürzung der EZ-Leistungen – in dem reichen Bundesland Baden-Württemberg sprachen sich sogar 28 Prozent für Streichungen aus.

Die öffentliche Akzeptanz von Entwicklungshilfe in Deutschland

In einer repräsentativen Befragung von 1.951 Erwachsenen in Deutschland wurde 2009 im Auftrag von Oxfam Deutschland u.a. die Frage gestellt: „Welche der folgenden Aussagen trifft am besten Ihre Meinung zur Hilfe für Entwicklungsländer?“

Mögliche Antworten:

1. Die deutsche Regierung sollte dafür mehr Geld bereitstellen.
2. Die deutsche Regierung sollte dafür den bisherigen Betrag bereitstellen.
3. Die deutsche Regierung sollte dafür weniger Geld ausgeben.
4. Keine Meinung.

Tatsächliche Antworten (in %):

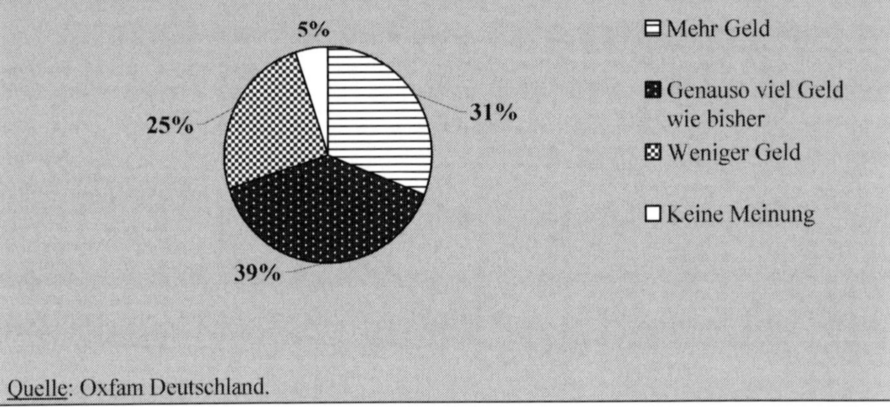

Quelle: Oxfam Deutschland.

Auch die Ergebnisse aktueller Meinungsumfragen in Ländern wie Frankreich, Großbritannien, Kanada und Italien weisen – wenn auch in unterschiedlicher Deutlichkeit – auf die anhaltende Unterstützung breiter Bevölkerungskreise für staatliche EZ-Leistungen hin. Dennoch muss sich die EZ immer wieder neu legitimieren; sie muss politische und wirtschaftliche Rechtfertigungen für den Ressourcentransfer in die EL liefern, die von der Öffentlichkeit akzeptiert werden. Dies gilt insbesondere für die EZ mit denjenigen Entwicklungsländern, in deren Gesellschaften ein scharfer Kontrast zwischen Arm und Reich besteht und für deren staatliche Institutionen Glaubwürdigkeits- und Effizienzdefizite charakteristisch sind, wie z.B. in China.

Realistischerweise erhebt die EZ nicht mehr den ursprünglichen Anspruch ihrer „Gründerzeit“ vor fast sechzig Jahren: den illusionären Anspruch, den EL den „Königsweg“ zum Wohlstand weisen zu können, dem diese nur folgen müssten, um reich zu werden. Die Gleichung „Wirtschaftswachstum = Entwicklung“ ist in dieser trivialen Form nirgendwo aufgegangen. Die EZ ist realistischer in der Einschätzung ihrer Möglichkeiten und ihrer Grenzen geworden, und sie reagiert auf die Ausdifferenzierung der politischen, ökonomischen und sozialen Situation in den EL mit einer Akzentuierung ihrer Strategiekonzepte und einer Verfeinerung ihrer Instrumente.

Sofern der Anspruch der EZ je darin bestanden haben sollte, die Probleme der Entwicklungsländer zu lösen, dann lautet die nüchterne (und ernüchternde) Bilanz nach mehr als einem halben Jahrhundert internationaler Zusammenarbeit, dass ihr dies nicht gelungen ist – und mit den begrenzten Mitteln und Möglichkeiten der EZ auch nicht gelingen kann. Aber EZ hat tausendfach wirksame humanitäre Hilfe gebracht, sie hat punktuelle Unterstützung zur Verbesserung der Lebensbedingungen armer Menschen gegeben, und im günstigsten Fall hat sie substantielle Beiträge zur nachhaltigen Überwindung gravierender Entwicklungshemmnisse eines Landes geleistet. Die unbestreitbaren Aktivposten in der bisherigen Bilanz der internationalen EZ können aber nicht darüber hinweg täuschen, dass sich die EZ letztendlich in gewisser Weise immer wieder neu erfinden muss, will sie auf veränderte Herausforderungen in einer zunehmend dynamischeren und heterogeneren Akteurskonstellation angemessen reagieren. Auch die EZ sieht sich mit Terrorismus und zerfallenden Staaten konfrontiert, und sie ist in der Pflicht, Beiträge zur Lösung globaler Probleme zu leisten, wie Klimaveränderung, Umweltverschmutzung, Drogenhandel oder Armutsmigration.

Eine fundierte Antwort auf die Frage, ob EZ noch zeitgemäß sei, setzt mithin eine Bestandsaufnahme der aktuellen Ziele, Akteure und Instrumente der internationalen entwicklungspolitischen Zusammenarbeit voraus, um sich kritisch mit dem *Status quo* auseinandersetzen zu können. Entsprechen diese Zielvorgaben den wesentlichen Herausforderungen des 21. Jhdt. und verfügen die EZ-Akteure über wirkungsvolle Instrumente zur Zielerreichung? Natürlich lässt sich die EZ nicht neu erfinden, aber sie kann – ausgehend von dem *Status quo* – institutionell reformiert sowie konzeptionell und instrumentell neu strukturiert werden, um sie an die neuen Wirklichkeiten veränderter weltpolitischer Konstellationen und weltwirtschaftlicher Strukturen anzupassen. Ein solcher Anpassungsprozess der EZ ist permanent erforderlich, aber ihm stehen die Eigeninteressen vorhandener Institutionen und deren Beharrung auf erprobte Abwicklungsroutinen ebenso entgegen wie etablierte Verteilungsmechanismen und vermeintliche administrative Sachzwänge.

Browne, S.: *Aid and Influence. Do Donors Help or Hinder?*, London 2006.

Davies, J. B./Sandström, S./Shorrocks, A./Wolff, E. N.: *The World Distribution of Household Wealth*, UNU-Wider Discussion Paper, 2008/03, Helsinki 2008.

Dichter, T. W.: *Despite Good Intentions: Why Development Assistance to the Third World has Failed*, Boston/Mass. 2003.

Easterly, W. R.: *The White Man's Burden: Why the West's Efforts to Aid the Rest Have Done so Much Ill and so Little Good*, New York 2006.

Easterly, W. (Hrsg.): *Reinventing Foreign Aid*, Cambridge/Mass. 2008.

Hancock, G.: *Lords of Poverty: the Free-wheeling Lifestyles, Power, Prestige and Corruption of the Multi-billion Dollar Aid Business*, London 1990 (reprint).

Martínez-Zarzoso, I./Nowak-Lehmann, D. F./Klasen, S./Larch, M.: „Does German development aid promote German exports?", in: *German Economic Review*, 10 (2009), Nr. 3, S. 317-338.

Oxfam Deutschland e.V.: *Oxfam-Umfrage: 70 Prozent der Deutschen sind trotz Finanzkrise für Entwicklungshilfe*, Berlin 2009. Unter: http://www.oxfam.de/print-container.htm [Zugriff: 15.01.2010].

Sangmeister, H.: „Ist Entwicklungshilfe noch zeitgemäß?", in: *Aus Politik und Zeitgeschichte*, 9 (1997), S. 3-11.

2. Ziele, Motive und Grundsätze der internationalen Entwicklungszusammenarbeit

Die internationale EZ, der weltweit jährlich mehr als 150 Milliarden US-Dollar zur Verfügung stehen, ist verpflichtet, diese finanziellen Mittel nach Grundsätzen der Wirtschaftlichkeit zu verwenden. Dies gilt insbesondere für die staatliche EZ, die überwiegend aus Steuermitteln finanziert wird. Wirtschaftliches Handeln bedeutet den zweckmäßigen Gebrauch verfügbarer Mittel zur Erreichung definierter Ziele. Damit EZ zweckrational betrieben werden kann, d.h. Nutzen maximierende bzw. Kosten minimierende Handlungsalternativen ausgewählt werden, müssen klare Zielvorgaben vorhanden sein. Dies können national und/oder international als verbindlich akzeptierte entwicklungspolitische Ziele sein, die im Idealfall widerspruchsfrei sind. Widerspruchsfrei ist eine Zielvorgabe dann, wenn von einem obersten Ziel eine Folge von Unterzielen abgeleitet werden kann, die ihrerseits in Bezug auf das jeweils übergeordnete (Zwischen-)Ziel Mittelcharakter haben und sich wechselseitig nicht ausschließen. Vollständig ist eine solche Ziel-Mittel-Hierarchie dann, wenn alle möglichen Handlungsalternativen in dieses Schema eingeordnet werden können.

Abbildung 3: Ziel-Mittel-Hierarchie in der Entwicklungszusammenarbeit

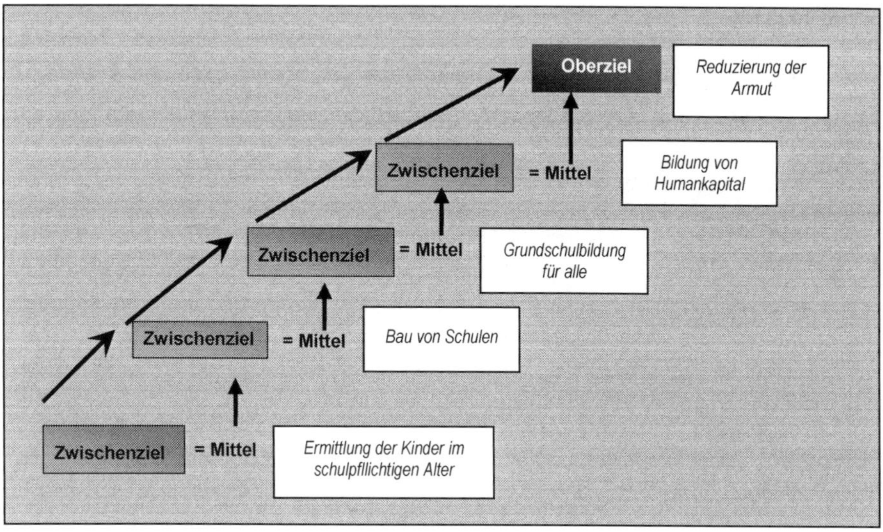

Die in dem Ziel-Mittel-Schema angelegte rationale Handlungsnorm setzt vollständige Information des Akteurs voraus. Geht man davon aus, dass es gerade unter den komplexen Bedingungen internationaler Zusammenarbeit kaum möglich ist, vollkommene Informationen über alle potenziellen Handlungsalternativen zu erlangen und zu verarbeiten, dann folgt daraus, dass die Akteure der EZ nur innerhalb ihrer beschränkten Wissenswelt rational handeln (können). Mit der Annahme einer lediglich begrenzten Rationalität der EZ-Akteure wird unrealistischen Erwartungen an die Performanz der Entwicklungszusammenarbeit vorgebeugt. Zudem gilt zu berücksichtigen, dass auch die Akteure der EZ in ihrem zweckrationalen Verhalten rechtlich, sittlich oder institutionell sanktionierten Handlungsbeschränkungen unterliegen, die möglicherweise *a priori* nicht erkannt oder berücksichtigt werden (können). Für die Analyse des gesellschaftlichen Phänomens Entwicklungszusammenarbeit erweist sich zudem die Annahme eines Eigennutzkalküls der beteiligten Akteure als nützlich, deren Präferenzen nicht notwendigerweise stabil sind und die auch opportunistisch handeln können. Darüber hinaus entsprechen möglicherweise auf der operativen Ebene der EZ die jeweiligen Zielvorgaben nicht zwingend den individuellen entwicklungspolitischen Vorstellungen der Akteure, die daher ihre eigenen Interessen unter bewusster Zurückhaltung ziel- und handlungsrelevanter Informationen oder durch Zuhilfenahme verfälschter Daten durchzusetzen versuchen. Realistischerweise sollte man daher die Ergebnisse der EZ nicht allein an ihren hehren Zielvorgaben messen, sondern sie als die stets verbesserungsfähigen Resultate eines komplizierten Zusammenspiels von gesellschaftlichen Institutionen und individuellen Verhaltensweisen unter ganz unterschiedlichen Rahmenbedingungen akzeptieren.

Die Millenniums-Entwicklungsziele der Vereinten Nationen

Die wichtige Aufgabe, Zielvorgaben für die Entwicklungszusammenarbeit der internationalen Staatengemeinschaft zu formulieren und Weichen für die Akzeptanz internationaler Entwicklungsstrategien zu stellen, ist im Laufe der Zeit von den Vereinten Nationen übernommen worden. So proklamierte die Generalversammlung der Vereinten Nationen 1986 mit der Resolution 41/128 ein „Recht auf Entwicklung“ für Individuen und Länder. Bereits 1970 hatte die 25. Generalversammlung der Vereinten Nationen die Industrienationen mit der Resolution 2626 aufgefordert, spätestens bis 1975 jährlich finanzielle Ressourcen in Höhe von mindestens einem Prozent ihres Bruttosozialprodukts (heute: Bruttonationaleinkommen) zu Marktpreisen in die Entwicklungsländer zu transferieren sowie ihre Aufwendungen für die öffentliche Entwicklungszusammenarbeit kontinuierlich zu erhöhen, so dass sie bis spätestens 1975 mindestens 0,7 Prozent ihres BNE zu Marktpreisen für ODA bereit stellen.

Die Kriterien des DAC für die öffentliche Entwicklungszusammenarbeit (ODA)

Das DAC führt akribisch Buch über die EZ-Leistungen der Geberländer in Form von ODA (*Official Development Assistance*) und OOF (*Other Official Flows*). EZ gilt als Öffentliche Entwicklungszusammenarbeit (ODA), wenn vier Kriterien erfüllt sind:

1. die EZ wird von öffentlichen Trägern geleistet;
2. die EZ hat die Förderung der wirtschaftlichen und sozialen Entwicklung im Empfängerland als Hauptziel;
3. die EZ enthält ein Zuschusselement („Geschenkelement") von mindestens 25% (Konzessionalität);
4. die Leistungen werden an Entwicklungsländer bzw. Staatsangehörige von Entwicklungsländern oder an internationale Organisationen zugunsten von Entwicklungsländern vergeben.

Für die Anrechnung als ODA müssen alle vier Kriterien erfüllt sein.

Das „0,7-Prozent-Ziel" der Vereinten Nationen ist von den meisten Mitgliedsländern des DAC bislang nie erreicht worden, auch wenn sie sich auf internationalen Foren immer wieder feierlich dazu bekannt haben. Die Vereinten Nationen haben aber nicht nur quantitative Zielvorgaben für den Ressourcentransfer von den IL in die EL im Rahmen der internationalen EZ formuliert; auf der Agenda der Vereinten Nationen standen immer wieder auch inhaltlich qualifizierte Vorschläge zur Lösung vielfältiger Entwicklungsprobleme durch gemeinsame Anstrengungen der internationalen Staatengemeinschaft. So haben in den zurückliegenden Jahren zahlreiche Weltkonferenzen der Vereinten Nationen zu verschiedenen globalen Problemen stattgefunden, die jedoch häufig nicht viel mehr hervorbrachten als unverbindliche Absichtserklärungen – oder aber sie haben den offenen Dissens zwischen IL und EL zu Tage treten lassen, wie vor allem bei den Welthandels- und Entwicklungskonferenzen der *United Nations Conference on Trade and Development* (UNCTAD).

Auch wenn die Weltkonferenzen zu globalen Themen häufig zunächst keine konkreten Ergebnisse erbrachten, haben sie direkt oder indirekt zur Formulierung internationaler Entwicklungsziele beigetragen. In den Zielformulierungen der Vereinten Nationen für die verschiedenen Entwicklungsdekaden kommen veränderte entwicklungsstrategische Leitideen zum Ausdruck, die ihrerseits entwicklungstheoretische Paradigmenwechsel widerspiegeln. So wurden beispielsweise 1980 von der 11. Sondervollversammlung der Vereinten Nationen wesentliche Elemente des Grundbedürfnis-Konzeptes als integrale Bestandteile in die „Internationale Entwicklungsstrategie für die Dritte Entwicklungsdekade" aufgenommen. In der „Internationalen Entwicklungsstrategie für die Vierte Entwicklungsdekade" standen hingegen neoliberal inspirierte Fragen wie Integration der EL in die weltwirtschaftliche Arbeitsteilung im Vordergrund. Die im September 2000 auf dem *Millennium Summit* der Vereinten Nationen verabschiedete Millenniumserklärung stellt den Versuch dar, die Beziehungen von Industrie- und Entwicklungsländern für das 21. Jhdt. auf eine neue Grundlage zu stellen.

Wichtige entwicklungspolitisch relevante Konferenzen der Vereinten Nationen		
1990	Weltkindergipfel	New York/USA
1990	Weltkonferenz „Bildung für alle“	Jomtien/Thailand
1992	Konferenz für Umwelt und Entwicklung	Rio de Janeiro/Brasilien
1992	8. Welthandels- und Entwicklungskonferenz	Cartagena/Kolumbien
1993	2. Weltmenschenrechtskonferenz	Wien/Österreich
1995	Weltgipfel für Soziale Entwicklung	Kopenhagen/Dänemark
1996	9. Welthandels- und Entwicklungskonferenz	Midrand/Südafrika
1996	Welternährungsgipfel	Rom/Italien
1997	3. Weltklimakonferenz COP3	Kyoto/Japan
2000	**UN-Millenniumsgipfel**	New York/USA
2000	Weltbildungsforum	Dakar/Senegal
2000	Weltkonferenz „Urban 21“	Berlin/Deutschland
2000	10. Welthandels- und Entwicklungskonferenz	Bangkok/Thailand
2002	1. Weltkonferenz zur Entwicklungsfinanzierung	Monterrey/Mexiko
2002	Weltgipfel für nachhaltige Entwicklung	Johannesburg/Südafrika
2003	Weltgipfel zur Informationsgesellschaft	Genf/Schweiz
2004	Welt-AIDS-Konferenz	Bangkok/Thailand
2004	11. Welthandels- und Entwicklungskonferenz	São Paulo/Brasilien
2005	Weltgipfel Millennium + 5	New York/USA
2008	2. Weltkonferenz zur Entwicklungsfinanzierung	Doha/Katar
2008	12. Welthandels- und Entwicklungskonferenz	Accra/Ghana
2009	15. Weltklimakonferenz COP15	Kopenhagen/Dänemark

Die 15. Weltklimakonferenz in Kopenhagen – viel Lärm um nichts?

Die 15. Vertragsstaatenkonferenz (15th *Conference of the Parties/COP15*) der Klimarahmenschutzkonvention (*United Nations Framework on Climate Change Convention/UNFCCC*) 2009 in Kopenhagen sollte nach Kyoto 1997 (*COP 3*) ein weiterer Meilenstein der Bemühungen um den globalen Klimaschutz werden. Die Hoffnungen der 192 teilnehmenden Staaten lagen zum einen darin, ein UN-Abkommen für die Zeit nach Ablauf des Kyoto-Protokolls 2012 zu erreichen, zum anderen, auch die Hochemissionsländer USA und China (die für mehr als 30 Prozent der weltweiten energiebedingten CO_2-Emissionen verantwortlich sind) sowie die Schwellenländer zu verbindlichen Reduktionszielen zu verpflichten; denn weder die EL, darunter auch die Schwellenländer, sind bislang durch das Kyoto-Protokoll zu Reduktionen verpflichtet, noch erfolgte bisher eine Ratifizierung von Seiten der USA. Auf Grundlage des 4. Sachstandsberichts des Weltklimarates *Intergovernmental Panel on Climate Change* (IPCC), der wissenschaftlichen Instanz der UNFCCC, sollten Vereinbarungen getroffen werden, wie die notwendigen Minimalziele internationaler Klimapolitik erreicht werden können, um einen unumkehrbaren und unbeherrschbaren Klimawandel zu vermeiden. Kern dieses Berichts ist das 2°C-Ziel, wonach eine durchschnittliche globale Erwärmung auf maximal 2°C begrenzt werden solle, um die Folgen des Klimawandels noch beherrschen zu können. Dazu müssten die weltweiten Treibhausgasemissionen bis 2050 um mindestens 50 Prozent gesenkt werden, was die Notwendigkeit eines globalen Abkommens verdeutlicht, da kein Land alleine diese Ziele erreichen kann.

Dass es neben dem natürlichen Klimawandel auch einen vom Menschen verursachten, anthropogenen Klimawandel gibt, der die Kapazitäten des Ökosystems und die Anpassungsfähigkeit der Menschen überfordert, wird kaum noch in Frage gestellt. Womit sich die zwei übergeordneten Handlungsfelder ergeben, denen sich die internationale Staatengemeinschaft stellen muss: Anpassung an die Folgen des Klimawandels (*Adaption*) und Vermeidung von klimaschädlichen Treibhausgasemissionen (*Mitigation*). Daraus lassen sich die Reduktionsverpflichtungen der IL ableiten, welche die Verantwortung der menschenverursachten Klimaveränderungen aufgrund ihrer fossil geprägten Wirtschaftentwicklung in Folge der Industrialisierung zu tragen haben. Das erschwert es diesen allerdings auch, von den heutigen Schwellenländern, die sich auf ihr Recht auf nachholende Entwicklung berufen, konkrete Reduktionsziele abzuverlangen. Um dieser Problematik zu begegnen, sind die IL also weiterhin aufgefordert, in den EL eine nachhaltige Entwicklung durch Ressourcen- und Technologietransfers zu unterstützen, z.B. über die flexiblen Mechanismen des *Kyoto*-Protokolls wie den *Clean Development Mechanism* (CDM). Es gilt also gleichermaßen die zwei Seiten derselben Medaille zu beachten, will man dem Problem des globalen Klimawandels adäquat begegnen. Auf der einen Seite sind das die Reduktionsverpflichtungen der IL, aber auch der Schwellenländer, die gemeinsam den größten Anteil an den Treibhausgasemissionen verantworten. Auf der anderen Seite gilt es, die IL in die Pflicht zu nehmen, die EL bei der Anpassung an die Folgen des Klimawandels sowohl technisch als auch finanziell zu unterstützen. Denn folgt man den Ausführungen des IPCC, sind es die EL, die besonders stark vom Klimawandel betroffen sein werden.

Fortsetzung: Die 15. Weltklimakonferenz in Kopenhagen – viel Lärm um nichts?

Die prognostizierten negativen Auswirkungen reichen dabei von der Degradation von Süßwasserressourcen und der Zunahme von Sturm- und Flutkatastrophen, bis hin zum klimabedingten Rückgang der Nahrungsmittelproduktion aufgrund von Dürren und der Versalzung der Böden. Doch viele EL verfügen weder über die technischen noch administrativen Kapazitäten, um diesen Problemen Herr zu werden.
Mit diesen Aufgaben, aber vor allen Dingen mit sehr unterschiedlichen, divergierenden nationalen Interessen sah sich die Staatengemeinschaft auf der COP 15 konfrontiert. Es wurde zwar versucht, in verschiedenen Arbeitsgruppen die unterschiedlichen Perspektiven zu bündeln und so zu einer gemeinsamen Lösung zu kommen. Durch die zurückhaltende Position einiger IL und die blockierende Haltung mancher Schwellen- und Entwicklungsländer konnte jedoch kein gemeinsamer Konsens erreicht werden. Das von 25 Staaten, darunter Deutschland, ausgearbeitete Abschlusspapier, der sogenannte *Copenhagen Accord*, wurde vom Plenum nur zur Kenntnis genommen, also weder abgelehnt, noch als völkerrechtlich bindend angenommen. Dieses Dokument enthält zwar ein Bekenntnis zum 2°C-Ziel, lässt aber konkrete Verpflichtungen vermissen, wie dieses Ziel erreicht werden soll. Nicht zuletzt aufgrund dieser unzureichenden Zusagen der Hauptemiteure versagten einige, vom Klimawandel voraussichtlich besonders stark betroffene Staaten, z.B. Tuvalu, der Abschlussvereinbarung ihre Zustimmung. Andere EL, allen voran China, forderten von den IL weitergehende finanzielle und technologische Unterstützung zur Anpassung ihrer Wirtschafsweise. Im Gegenzug verlangten die IL von den Schwellenländern konkrete Reduktionsziele, um die negativen Auswirkungen ihres rasanten Wirtschaftswachstums auf das Weltklima zu minimieren. Aufgrund dieser Konfliktkonstellationen kam ein völkerrechtlich bindendes und an das Kyoto-Protokoll anknüpfendes Abkommen nicht zustande. Neben der Anerkennung des 2°C-Ziels gelten jedoch die zusätzlichen Finanzierungszusagen der IL (30 Milliarden US-Dollar für den Zeitraum 2010-2012, Erhöhung auf jährlich 100 Milliarden US-Dollar bis 2020) für Maßnahmen zur Anpassung an den Klimawandel in den EL als Erfolg. Die bestehenden internationalen Finanzierungsinstitutionen wie z.B. die *Global Environment Facility* (GEF) oder Mechanismen wie das *Reducing Emissions from Deforestation and Degradation*/REDD-Programm sollen dabei durch die Einrichtung des sogenannten *Copenhagen Green Climate Fund* ergänzt und unterstützt werden. Eine globale Trendwende bei den Treibhausgasemissionen zwischen 2015 und 2020, wie es von Klimaforschern verlangt wird, um eine durchschnittliche globale Erwärmung über 2°C zu verhindern, konnte aber nicht eingeleitet werden. Dazu reichten die freiwilligen Verpflichtungen, welche die Vertragsstaaten bereit waren in die Verhandlungen von Kopenhagen einzubringen, nicht aus. Oder um es in den bilanzierenden Worten des Wissenschaftlichen Beirats der Bundesregierung für globale Umweltfragen (WBGU) zu formulieren: *dies ist ein Ziel – aber noch kein Weg!*

Bernd Lämmlin

Die Millenniumserklärung, die von 189 Staats- und Regierungschefs verabschiedet wurde, fasst die Herausforderungen, denen die Weltgemeinschaft gegenüber steht, in vier Handlungsfelder zusammen:

1. Frieden, Sicherheit, Abrüstung.
2. Entwicklung und Armutsbekämpfung.
3. Schutz der gemeinsamen Umwelt.
4. Menschenrechte, Demokratie und gute Regierungsführung.

2001 legte der Generalsekretär der Vereinten Nationen, dem Auftrag des *Millennium Summit* entsprechend, eine *Road Map Towards the Implementation of the United Nations Millennium Declaration* vor, welche die beiden Themenbereiche „Entwicklung und Armutsbekämpfung“ sowie „Schutz der gemeinsamen Umwelt“ der Millenniumserklärung inhaltlich konkretisiert. Kern der *Road Map* ist die Liste der *Millennium Development Goals* (MDGs), der entwicklungspolitischen Ziele der Millenniumserklärung mit festen Zeitvorgaben für deren Erreichung. Die acht MDGs dieser Liste sind durch 21 Ziele präzisiert, und der Grad der Zielerreichung wird durch die Angabe von 60 Indikatoren messbar gemacht.

Die *Millennium Development Goals* der Vereinten Nationen

- MDG 1: Beseitigung der extremen Armut und des Hungers.
- MDG 2: Verwirklichung der allgemeinen Grundschulbildung.
- MDG 3: Förderung der Gleichstellung der Geschlechter und Ermächtigung der Frauen.
- MDG 4: Senkung der Kindersterblichkeit.
- MDG 5: Verbesserung der Gesundheit von Müttern.
- MDG 6: Bekämpfung von HIV/AIDS, Malaria und anderen Krankheiten.
- MDG 7: Sicherung der ökologischen Nachhaltigkeit.
- MDG 8: Aufbau einer weltweiten Entwicklungspartnerschaft.

Mit der Verabschiedung der Millenniumserklärung haben sich Industrie- und Entwicklungsländer auf internationale Entwicklungsziele für das 21. Jhdt. verständigt, die für alle Staaten gleichermaßen gelten. Niemals zuvor in der Geschichte der internationalen Zusammenarbeit hat die Weltgemeinschaft einen so breiten und zugleich inhaltlich sehr konkreten Konsens für gemeinsame Entwicklungsziele und Partnerschaft gefunden. Zudem wurde mit den MDGs der Fokus von *Input*-orientierten Zielvorgaben wie bei dem „0,7%-Ziel“ von 1970 hin zu *Outcome*-orientierten Zielen verlagert. Jährlich veröffentlichen die Vereinten Nationen einen Bericht über weltweite Fortschritte bei der Erreichung der MDGs, in dem regionen- und länderspezifische Informationen zahlreicher UN-Unterorganisationen verarbeitet sind.

Auch die Weltbank und der Internationale Währungsfonds (IWF) publizieren jährlich gemeinsam einen „Global Monitoring Report", in dem der aktuelle Stand der Zielerreichung bei den MDGs in Ländern und Regionen dargestellt wird, aber auch, wie (un-)wahrscheinlich es ist, die einzelnen Ziele bis zum vorgegebenen Zeitpunkt zu erreichen. Bei einem Vergleich der beiden Berichte zeigen sich nicht unerhebliche Unterschiede in der Beurteilung der Fortschritte, die auf dem Weg zur Erreichung der MDGs erzielt werden.

Wie die MDGs durch konkrete Zielvorgaben und Indikatoren zur Überprüfung der Zielerreichung operationalisiert werden	
Beispiel MDG 1: Extreme Armut und Hunger beseitigen	
Zielvorgaben	**Indikatoren**
Ziel 1.A: Zwischen 1990 und 2015 den Anteil der Menschen halbieren, deren Einkommen weniger als ein US-Dollar pro Tag beträgt	*Indikator 1.1*: Anteil der Bevölkerung mit weniger als einem US-Dollar pro Tag (berechnet in Kaufkraftparitäten) *Indikator 1.2*: Armutslückenverhältnis: Armutsinzidenz (Zahl der extrem Armen) multipliziert mit der Armutstiefe (d.h. um wie viel Prozent das Einkommen der Armen unterhalb der Armutsgrenze liegt) *Indikator 1.3*: Anteil des ärmsten Fünftels der Bevölkerung am gesamten nationalen Konsum
Ziel 1.B: Produktive Vollbeschäftigung und menschenwürdige Arbeit für alle, einschließlich Frauen und junger Menschen, verwirklichen	*Indikator 1.4*: Wachstum des Bruttoinlandsproduktes (BIP) pro Erwerbstätigem *Indikator 1.5*: Verhältnis Beschäftigung – Bevölkerung *Indikator 1.6:* Anteil der Erwerbstätigen, die mit weniger als einem US-Dollar (berechnet in Kaufkraftparitäten) pro Tag auskommen müssen *Indikator 1.7*: Anteil der Selbstständigen ohne Beschäftigte und der Familienarbeitskräfte an der Gesamtbeschäftigung
Ziel 1.C: Zwischen 1990 und 2015 den Anteil der Menschen halbieren, die Hunger leiden	*Indikator 1.8*: Anteil der untergewichtigen Kinder unter fünf Jahren *Indikator 1.9*: Anteil der Bevölkerung unter dem Mindestniveau der Nahrungsenergieaufnahme
Quelle: Bundesministerium für wirtschaftliche Zusammenarbeit und Entwicklung. Unter: http://www.bmz.de/de/ziele/ziele/millenniumsziele/zielvorgaben/index.html. [Zugriff: 28.02.2010].	

Wenige Jahre bleiben nur noch bis zum Erreichen der Zielmarke 2015, die für die meisten MDGs gilt. Wie nicht anders zu erwarten, sind die bislang erzielten Fortschritte angesichts der heterogenen Ausgangsbedingungen in den EL sehr unterschiedlich. Zudem hat die globale Wirtschafts- und Finanzkrise der Jahre 2008/09 in vielen EL zu Rückschlägen im Kampf gegen die Armut und bei den entwicklungspolitischen Bemühungen zur Verbesserung der materiellen Lebensbedingungen der verwundbarsten Bevölkerungsgruppen geführt.

Wo stehen die Entwicklungsländer auf dem Weg zur Erreichung der MDGs? Dem „Global Monitoring Report 2008“ der Weltbank und des IWF zufolge sieht die Zwischenbilanz für MDG 1 – Beseitigung der extremen Armut und des Hungers – gemischt aus. Von den 81 Entwicklungs- und Transformationsländern, für die Daten verfügbar waren (von 144, welche die Millenniums-Erklärung unterzeichneten), haben 45 Länder das Ziel im Berichtsjahr bereits erreicht oder sind auf einem guten Weg dorthin. 40 Entwicklungs- und Transformationsländer werden das Ziel kaum oder überhaupt nicht erreichen können. Für 15 von 21 osteuropäischen und zentralasiatischen Länder wird dies ebenso der Fall sein wie für 4 von 8 Ländern in der Region Ostasien und Pazifik, und für 4 von 5 Ländern in Südasien. Soweit für fragile Staaten überhaupt Daten verfügbar sind, deutet alles darauf hin, dass zehn von 12 Ländern MDG 1 bis 2015 nicht erreichen werden. Neueren Schätzungen der Weltbank zufolge wird MDG 1 in vielen Ländern Afrikas südlich der Sahara auch im Jahr 2020 nicht erreicht worden sein.

Abbildung 4: Anteil der Menschen, die von weniger als 1,25 US-Dollar pro Tag leben müssen – 1990 und 2005 sowie Zielwert 2015 (in %)

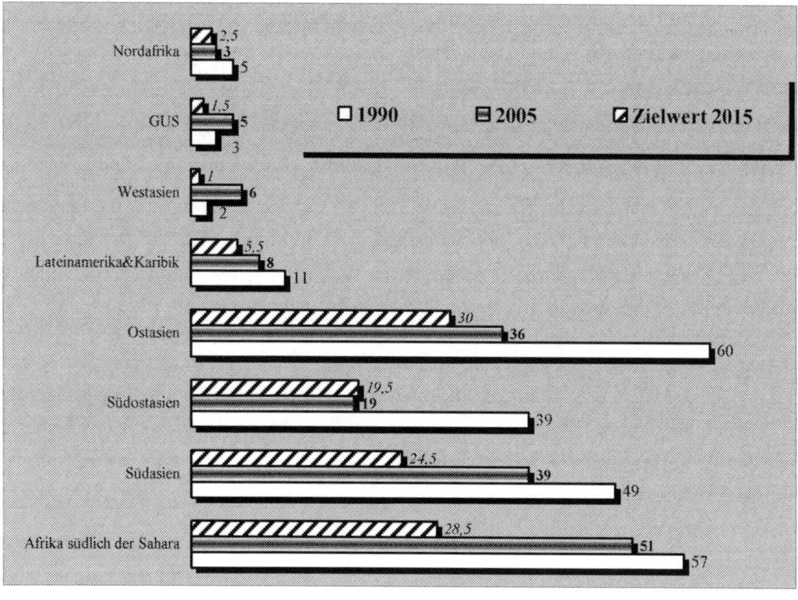

Quelle: Vereinte Nationen, *Millenniums-Entwicklungsziele Bericht 2009*, New York 2009.

Bei MDG 2 – Verwirklichung der allgemeinen Grundschulbildung – ergab sich acht Jahre nach dem Millenniums-Gipfel folgendes Bild: 12 (von 14) EL in Ostasien und Pazifik (für die entsprechende Daten verfügbar sind) haben das Ziel bereits erreicht, für weitere zehn Länder der Region sind die erforderlichen Daten nicht vorhanden. In Lateinamerika und der Karibik haben bereits 17 (von 24) Länder das Ziel erreicht oder sind auf sicherem Weg dorthin. Die meisten Länder Afrikas südlich der Sahara (33 von 36) und in Südasien (drei von fünf) werden hingegen das Ziel nicht erreichen. Die Gruppe der fragilen Staaten schneidet ebenso schlecht ab: nur drei (von 22) Länder haben das Ziel erreicht, allen Kindern eine Grundschulbildung zu ermöglichen.

Besonders schlecht ist es um das Ziel bestellt, die Sterblichkeitsrate von Kindern unter fünf Jahren zwischen 1990 und 2015 um zwei Drittel zu senken (MDG 4): 109 (von 142) EL werden das Ziel kaum oder überhaupt nicht erreichen, die Kindersterblichkeitsrate bis zum Jahr 2015 um zwei Drittel gegenüber dem Stand von 1990 zu reduzieren. Für kein einziges Land von 46 Ländern in Afrika südlich der Sahara zeichnet sich wenige Jahre vor Erreichung des Zeithorizontes für MDG 4 die Möglichkeit der Zielerreichung ab.

Trotz der feierlichen Verpflichtung der internationalen Staatengemeinschaft auf die MDG-Orientierung der Entwicklungszusammenarbeit, und trotz der wiederholten Beschwörung einer weltweiten Entwicklungspartnerschaft, kommen Fortschritte auf dem Weg zu einer besseren Welt in vielen Ländern nur schleppend voran, vor allem in Afrika südlich der Sahara. Die Gründe dafür sind vielfältig. Finanzzusagen von Geberländern werden nicht eingehalten und/oder es fehlt an politischem Willen in Industrie- und Entwicklungsländern, die richtigen grundsatzpolitischen Entscheidungen zu treffen. Hinzu kommen die Auswirkungen der globalen Finanz- und Wirtschaftskrise, die dazu beitragen, dass die Zielvorgaben der Millenniumserklärung noch schwieriger zu bewältigen sein werden. Einmal mehr zeigt sich, dass entwicklungspolitische Visionen durch bloße Absichtserklärungen noch lange nicht Wirklichkeit werden.

Auch wenn eine Zielerreichung der MDGs bis zum Jahr 2015 in vielen EL illusorisch ist, sind dennoch bedeutende Verbesserungen in verschiedenen Ländern und Regionen erzielt worden. Immer mehr Entwicklungsländer haben ihre nationalen Strategien zur Bekämpfung der Armut an den MDGs ausgerichtet, und die Geberländer haben die Notwendigkeit erkannt, ihre EZ-Aktivitäten hinsichtlich der Kohärenz mit den MDGs zu überprüfen und untereinander besser abzustimmen. Aber all dies ist nicht ausreichend, solange widersprüchliche Motive die internationale EZ bestimmen und die vereinbarten Grundsätze für ihre Durchführung nicht strikt wirkungsorientiert eingehalten werden.

Vier Gründe für den Rückstand bei der Erreichung der MDGs

Es gibt keine allgemein gültige Erklärung dafür, warum die Millenniumsziele in manchen Fällen erreicht werden und in anderen nicht. [...] Für jede Region und jedes Ziel bedarf es einer sorgfältigen Analyse. Jedoch lassen sich vier übergreifende Gründe für die Nichterreichung der Ziele feststellen.

Versagen der Regierungsführung
Die wirtschaftliche Entwicklung gerät ins Stocken, wenn Regierungen es unterlassen, die Rechtsstaatlichkeit zu bewahren, eine solide Wirtschaftspolitik zu verfolgen, ausreichende öffentliche Investitionen zu tätigen, die öffentliche Verwaltung zu steuern, die grundlegenden Menschenrechte zu schützen und die Organisationen der Zivilgesellschaft – auch diejenigen, die die Armen vertreten – zu unterstützen.

Armutsfallen
Viele gut regierte Länder sind zu arm, um sich selbst helfen zu können. Viele Regierungen haben gute Absichten, verfügen aber nicht über die Haushaltsmittel für Investitionen in die Infrastruktur, soziale Dienste oder Umweltmanagement und nicht einmal die zur Verbesserung der Regierungsführung notwendigen öffentlichen Verwaltung. Ferner werden Dutzende hochverschuldete armer Länder und Länder mit mittlerem Einkommen von den Gläubigerregierungen gezwungen, einen Großteil ihrer begrenzten Steuereinnahmen für den Schuldendienst zu verwenden – auf Kosten ihrer Fähigkeit, unerlässliche Investitionen in das Humankapital und die Infrastruktur zu tätigen. In einem sinnlosen und kräfteraubenden Kreislauf geben die Gläubiger mit der einen Hand Entwicklungshilfe und holen sie sich mit der anderen Hand über den Schuldendienst wieder zurück.

Inseln der Armut
In den meisten Volkswirtschaften bestehen große Unterschiede in den Haushaltseinkommen, so dass sogar in Ländern mit mittlerem Einkommen unter Umständen eine große Zahl von Haushalten extrem arm ist, insbesondere in großen Ländern mit erheblicher regionaler und ethnischer Vielfalt. Die wirtschaftliche Entwicklung geht an Teilen einer Volkswirtschaft oder an manchen Gesellschaftsgruppen oft vorüber. Dies trifft sowohl auf zurückgebliebene Regionen als auch auf Städte zu, wo ein immer größerer Teil der Armen in Slums lebt. In vielen Ländern gibt es Städte innerhalb der Städte – eine doppelte Realität, in der Arm und Reich in enger Nachbarschaft leben. In vielen Fällen werden geographische Nachteile (Entfernung zu den Märkten) durch die politische Machtlosigkeit der Minderheitengruppen verschärft.

Von der Politik vernachlässigte Bereiche
Manche Ziele werden einfach deshalb nicht erreicht, weil sich die politischen Entscheidungsträger der Probleme nicht bewusst sind, nicht wissen, was zu tun ist, oder grundlegende öffentliche Fragen vernachlässigen.

Quelle: Millenniumsprojekt. Bericht an den Generalsekretär der Vereinten Nationen: *In die Entwicklung investieren. Ein praktischer Plan zur Erreichung der Millenniums-Entwicklungsziele* [Sachs-Report], New York 2005, S. 19.

Motive der internationalen Entwicklungszusammenarbeit

Wenn öffentliche EZ darin besteht, dem Empfängerland zusätzliche Ressourcen zur Verfügung zu stellen, dann legt dies die Frage nahe, was einen Staat veranlasst, einem anderen Staat solche zusätzlichen Ressourcen ohne unmittelbare Gegenleistung zur Verfügung zu stellen. Aufgrund welcher Motive und Interessen wird EZ geleistet?

Seit *Adam Smith* lernen Ökonomen, dass Eigeninteresse das wirtschaftliche Handeln der Menschen bestimme. Wie Eigeninteresse als Basismotivation für Austauschökonomien wirkt, hat *Smith* in seinem 1776 erschienenen Werk „An Inquiry into the Nature and Causes of the Wealth of Nations" am Beispiel des täglichen Tauschgeschäfts gezeigt. Die Menschen erwarten, ihr Essen vom Metzger, vom Bierbrauer und vom Bäcker geliefert zu bekommen, aber nicht aufgrund deren Mildtätigkeit, sondern weil es in deren Interesse liegt. Der Metzger, der Bierbrauer und der Bäcker wollen von ihnen Geld und sie wollen das Fleisch, das Bier und das Brot, das diese zu verkaufen haben. Der Tausch begünstigt alle. Und es scheint dabei keinerlei Notwendigkeit für irgendwelche moralischen Normen zu geben, um alle Beteiligten besser zu stellen. Die Konsequenz der „klassischen Wirtschaftstheorie: notwendig sei einzig und allein die „Eigenliebe" aller Marktteilnehmer. Im Übrigen könne man darauf vertrauen, dass die „unsichtbare Hand des Marktes" für einen wechselseitig gewinnbringenden Austausch sorge.

Tatsächlich wird *Smith* von Ökonomen (fast) ausschließlich als Apologet des Eigeninteresses gesehen, da dieses als Basismotivation der Wirtschaftssubjekte verstanden wird. Dabei sollte allerdings nicht vergessen werden, dass *Smith* hauptberuflich Professor der Moralphilosophie war. Sechs Jahre vor Erscheinen des Buchs „The Wealth of Nations" hatte er bereits ein weit weniger bekannt gewordenes Werk veröffentlicht: „The Theory of Moral Sentiments" (1790). In diesem Buch nennt er Motive, die gegen das „Diktat des Eigeninteresses" – auch bei wirtschaftlichen Beziehungen – wirken können und sollen: Sympathie, Generosität, Gemeinsinn (*Public spirit*). Überträgt man diese Gedanken von *Smith* auf die internationale Zusammenarbeit, dann mag es nahe liegen, wirtschaftliche Eigeninteressen der Geberländer als einziges Motiv für die internationale EZ zu sehen, aber eine solche Sichtweise greift zu kurz. Tatsächlich lässt sich für den Ressourcentransfer im Rahmen der internationalen Zusammenarbeit ein ganzes Bündel sehr unterschiedlicher Motive mit einem breiten Begründungsspektrum identifizieren. Diese Motive für EZ sind zeitlich nicht invariant und sie sind von den je dominierenden Werturteilen und Normen einer Gesellschaft abhängig.

Für analytische Zwecke lassen sich vier Hauptmotive für EZ unterscheiden:

- politische Motive
- ökonomische Motive
- ethische Motive
- ökologische Motive.

Politische Motive für EZ ergeben sich beispielsweise aus außenpolitischen oder militärstrategischen Opportunitätserwägungen. So leisteten die USA in den Anfangsdekaden der internationalen EZ häufig „Entwicklungshilfe", um damit Verbündete in der „Dritten Welt" gegen die Sowjetunion zu gewinnen; EZ wurde zur Stärkung der westlichen Front gegen den Kommunismus instrumentalisiert. Die Bundesrepublik Deutschland setzte in den sechziger Jahren des 20. Jhdt. „Entwicklungshilfe" zur Absicherung ihrer „Hallstein-Doktrin" ein, d.h. sie erbrachte Leistungen an Entwicklungsländer, wenn diese versprachen, keine diplomatischen Beziehungen zu der damaligen Deutschen Demokratischen Republik (DDR) aufzunehmen oder diese Beziehungen abzubrechen. Die ehemalige UdSSR gab Kuba „Entwicklungshilfe" in Milliardenhöhe, um einen militärstrategisch wichtigen Stützpunkt vor der Ostküste der USA zu erhalten. Auch die Volksrepublik (VR) China, als neuer Geber in der internationalen EZ, verknüpft ihre Unterstützungsangebote an Entwicklungsländer in Afrika und Lateinamerika im Sinne ihrer „*One-China*-Doktrin" mit der politischen Bedingung, die diplomatischen Beziehungen zu Taiwan abzubrechen. Aber auch andere als strategisch-außenpolitische Erwägungen können ein wichtiges Motiv für EZ sein, wie etwa Friedenssicherung und Demokratieförderung in den Empfängerländern – also eminent wichtige politische Motive.

Ökonomische Motive sind für EZ bestimmend, wenn diese beispielsweise zur Sicherung neuer Rohstoffquellen eingesetzt wird. So haben sich die USA bereits während des 2. Weltkriegs nach dem Verlust ihrer bisherigen Rohstoffquellen in Asien und Europa mit einer Art „Entwicklungshilfe" neue Bezugswege aufgebaut. In ähnlicher Weise setzt die VR China ihre Angebote der EZ gezielt ein, um sich in Afrika und Lateinamerika den Zugang zu Rohstoffen und Energieressourcen zu sichern. Auch die Erweiterung und Sicherung von Absatzmärkten in EL für die Produkte der eigenen Wirtschaft können wichtige ökonomische Motive für ein entwicklungspolitisches Engagement von Geberländern sein; dies gilt ebenso für den Kapitalexport in Entwicklungsländer und die Absicherung der dort getätigten Direktinvestitionen. In einem sehr allgemeinen Sinne sollen durch EZ und durch die Stärkung der Wirtschaften die Entwicklungsländer stabilisiert und gefestigt werden, um dadurch auch die Wirtschaft in den Geberländern zu stärken, die auf eine möglichst krisenfreie und dynamische Weltwirtschaft angewiesen ist. Durch die enge Verflechtung des heutigen Weltwirtschaftssystems bleibt keine Volkswirtschaft unberührt von den Krisen anderer Länder und Regionen, wie dies die globale Wirtschaftskrise in den Jahren 2008/09 erneut gezeigt hat. Finanz- und Wirtschaftskrisen in Afrika, Asien oder Lateinamerika haben nicht nur lokale und regionale Auswirkungen auf die dortigen Märkte, sondern können durch die globale Vernetzung auch in den Geberländern zu einem Verlust von Arbeitsplätzen und Exportmöglichkeiten führen. Zwar können durch EZ kurzfristig nur begrenzte Beiträge zur wirtschaftlichen Stabilisierung in EL geleistet werden, mittelfristig kann sie aber durch Beratungsleistungen, Finanzhilfen und nachhaltige Wirtschaftsförderung durchaus wichtige Impulse für die weitere Entwicklung in dem Empfängerland geben.

Für analytische Zwecke lässt sich zwar zwischen politischen und ökonomischen Motiven der Entwicklungszusammenarbeit unterscheiden, aber *de facto* besteht ein interdependenter Begründungszusammenhang zwischen beiden Motiven. So lautet ein gängiges Argument zur Rechtfertigung von EZ, sie trage dazu bei, die innere Stabilität in EL zu sichern, damit dort handlungsfähige Regierungen bestünden, die günstige Rahmenbedingungen für den wachsenden Absatz von Exportgütern der Geberländer und für die wirtschaftlichen Betätigungen von ausländischen Unternehmungen schaffen. Dementsprechend verknüpften die USA während der 1960er und 1970er Jahre ihre „Entwicklungshilfe" für Lateinamerika mit militärischen „Hilfen" und Aktivitäten, mit dem Ziel, Stabilität in ihrem lateinamerikanischen „Hinterhof" zu gewährleisten, und Lateinamerika gegen kommunistische Einflüsse zu immunisieren, welche die wirtschaftlichen Interessen der US-Konzerne in Lateinamerika zu gefährden drohten.

Zumindest in den ersten Dekaden der internationalen EZ waren politische und ökonomische Motive für den Ressourcentransfer in EL dominierend und zudem eng miteinander verknüpft. Dies trug dazu bei, dass die Geber tendenziell bereit waren, den *Status quo* in den gesellschaftlichen Schichtungsstrukturen und Machtverhältnissen der EL zu akzeptieren, oder sogar zu der Bewahrung der bestehenden Verhältnisse beizutragen. So wurden bevorzugt konservative Regierungen in EL unterstützt (oder gelegentlich durch diskrete Hilfen für einen Staatsstreich solchen Regierungen zur Macht verholfen), von denen in der Regel keine Experimente, keine substanziellen strukturverändernden Maßnahmen zu befürchten waren, welche die Interessen westlicher Investoren in diesen Ländern hätten bedrohen können. Als schützenswert galten den Geberländern im Zweifelsfall auch die Interessen solcher Unternehmen in EL, die sich noch zu Kolonialzeiten Privilegien und Konzessionen gesichert hatten, auch wenn diese unter den aktuellen Gegebenheiten nicht mehr zu rechtfertigen waren. Das Wunschbild der Geberländer war politische und soziale Stabilität in den EL – während die Realität in den EL durch Widersprüchlichkeiten, Disharmonien und Instabilitäten gekennzeichnet war, die oft an Chaos grenzten, und als Bedrohung der wirtschaftlichen und politischen Interessen der Geberländer in der „Dritten Welt" empfunden wurden. Dortige Diktaturen mit EZ zu unterstützen, konnte den Gebern als zweckrational erscheinen, wenn sie diese Diktaturen als vermeintlich einzige Garanten der gewünschten Stabilität betrachteten.

Für die westlichen Geberländer wurde damit allerdings ein „Doppelstandard" für die Beurteilung von Diktaturen in EL etabliert. Autoritäre Regime galten nur dann als verabscheuungswürdig und mussten bekämpft werden, wenn sie kommunistisch waren und mithin in einem (wirklichen oder vermeintlichen) weltpolitischen Antagonismus zu dem eigenen Lager standen; sie galten jedoch als akzeptabel, wenn sie außenpolitisch auf der eigenen Seite standen oder sich zumindest neutral verhielten. In diesen Fällen wurde die Benennung als Diktatur tunlichst vermieden, auch wenn sie sachlich angebracht gewesen wäre, und es wurde weitestgehendes Verständnis für die „Unmöglichkeit" einer demokratischen Ordnung in „unterentwickelten" Gesellschaften und die „Notwendigkeit" von „starken Erziehungs- und Entwicklungsregimen", von „benevolenten Entwicklungsdiktaturen" bekundet. Inzwischen sind der EZ allerdings mit der Verankerung der Menschenrechte, von Demokratie und guter Regierungsführung in der Millenniumserklärung der Vereinten Nationen klare politische Vorgaben erteilt, die für alle Beteiligten verbindlich sein sollten.

Während in den ersten Entwicklungsdekaden politische und ökonomische Motive für die Begründung von EZ im Vordergrund standen, hat zunehmend auch die Rechtfertigung durch *ethische Motive* an Bedeutung gewonnen. Schlüsselwörter entwicklungspolitischer Diskurse dieser Art sind Partizipation, Selbstverantwortlichkeit, Selbstbestimmung etc., wobei das Nebeneinander von politischem und ökonomischem Eigeninteresse und Handeln aus ethischer Verantwortung durchaus anerkannt wird.

Ethische Motive für die EZ sind dann gegeben, wenn diese normativ begründet und/oder gerechtfertigt werden. Während in der antiken Philosophie des *Aristoteles* Ökonomik und Politik noch Bestandteil der Ethik waren, d. h. der Lehre von den Normen menschlichen Handelns und deren Rechtfertigung als philosophischer Disziplin, hat sich zwischenzeitlich die inhaltliche Bedeutung des Begriffs Ethik auf die Moralphilosophie verengt. Dementsprechend wird die Bezeichnung „ethische Motive" der EZ als Sammelbezeichnung für die der entwicklungspolitischen Praxis zugrunde liegenden, als verbindlich akzeptierten und auch eingehaltenen ethischen Normensysteme verwendet. Dabei kann es sich um ubiquitär gültige Normensysteme handeln, aber auch um gesellschaftlich-kulturell klar abgegrenzte und abgrenzbare Normensysteme. So lässt sich beispielsweise EZ aus christlicher Gesinnungsethik heraus begründen, aus der sich die Verpflichtung ergibt, „mit den Armen zu teilen"; EZ wird dann als Instrument zur Beseitigung sozialer Ungerechtigkeiten im Weltmaßstab verstanden. Viele in kirchlichen Entwicklungshilfegruppen engagierte Christen können sich dabei auf das Alte und Neue Testament berufen und ihr entwicklungspolitisches Engagement gleichsam „im Namen Gottes" verstehen. In ähnlicher Weise lässt sich aus dem Koran eine ethische Verpflichtung zur Zusammenarbeit ableiten, die sich den armen und gesellschaftlich schwachen Menschen dieser Welt zuwendet.

EZ lässt sich auch normativ als ethische Verpflichtung zur Herstellung von Frieden und Gerechtigkeit in der Welt begründen. So nannte beispielsweise *Erhard Eppler*, der dritte deutsche „Entwicklungshilfe"-Minister (1968-1974), als Ziel der deutschen EZ nicht die Suche nach der heilen Welt, sondern die Verminderung einer radikal unheilen, unheilvollen und möglicherweise unheilbaren Welt. Eine ethisch motivierte EZ geht explizit oder implizit von der Annahme aus, dass niemand das Recht habe, keine Stellung zu nehmen zu der Ungleichheit, Ungerechtigkeit und Unmenschlichkeit der Welt. Oder wie es der Dichter *Joseph Roth* (wenn auch im Hinblick auf seine Mission unter den politischen Umständen des Jahres 1934) formulierte:

> „Es gibt kein wahrhaft wertvolles Talent, ohne die folgenden Eigenschaften: 1. Mitgefühl für die unterdrückten Menschen; 2. Liebe zum Guten; 3. Hass gegen das Böse; 4. Mut, das Mitgefühl für die Menschen, die Liebe zum Guten, den Hass gegen das Böse auch laut und unzweideutig, also deutlich, zu verkünden."

So gesehen ist EZ ohne die Bereitschaft und Fähigkeit, sich für andere Menschen verantwortlich zu fühlen und sich in ihre Situation einzufühlen, nicht denkbar, aber Empathie allein stillt keinen Hunger und schafft keine Zukunftsperspektiven.

Ökologische Motive waren in der internationalen EZ lange Zeit allenfalls von untergeordneter Bedeutung. Das hat sich zwischenzeitlich grundlegend geändert. Spätestens seit der UN-Konferenz Umwelt und Entwicklung 1992 in Rio de Janeiro stehen die Themen Umwelt und nachhaltige Entwicklung auf der Agenda der Entwicklungszusammenarbeit. Eine ökologisch motivierte EZ geht davon aus, dass die Bewahrung der natürlichen Lebensgrundlagen eine gemeinsame Aufgabe der Weltgesellschaft ist, und dass kein Land der Welt alleine fähig sei, die Umweltprobleme zu lösen, die an nationalen Grenzen nicht halt machen. Entwicklungszusammenarbeit, die in den Partnerländern den Umweltschutz, umweltfreundliche Produktionsweisen und den Einsatz erneuerbarer Energien fördert, will auf lokaler Ebene helfen, Umweltprobleme zu lösen, trägt damit gleichzeitig aber auch zum globalen Umweltschutz bei. Allerdings macht der anhaltende Anstieg der weltweiten Schadstoffemissionen deutlich, dass die Weltgemeinschaft der Bekämpfung des menschengemachten Klimawandels noch nicht die erforderliche Priorität zukommen lässt. Bei dem Weltklimagipfel in Kopenhagen 2009 konnte für ein international verbindliches Rahmenabkommen über Maßnahmen zum Klimaschutz kein Durchbruch erzielt werden. Einzelstaatliche Politiken können zwar zu beachtlichen Erfolgen führen, wie beispielsweise der Rückgang der CO_2-Emissionen pro Wertschöpfungseinheit in mehreren Industrieländern zeigt, aber die Umsetzung einer international abgestimmten Integration der Grundsätze nachhaltiger Entwicklung in die EZ ist bislang noch nicht durchgängig gelungen.

Abbildung 5: Das Motivbündel der Entwicklungszusammenarbeit

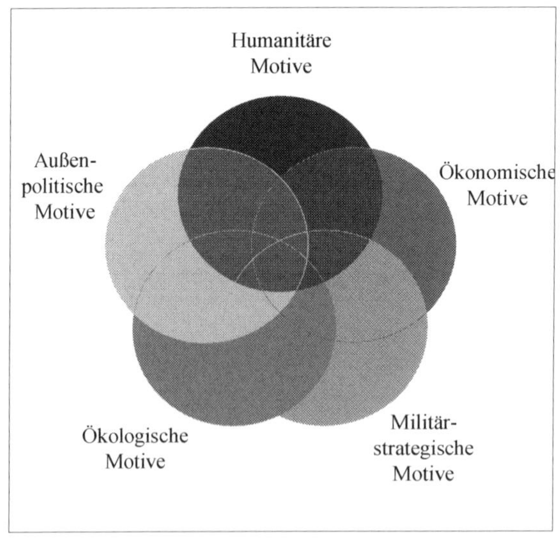

Tatsächlich lässt sich die Praxis der EZ nicht mit einigen wenigen, widerspruchsfreien Axiomen begründen, sondern für sie gilt ein breites Spektrum politischer, ökonomischer, ökologischer und ethischer Rechtfertigungszusammenhänge. Zudem können sich solche Beweisführungen im Zeitablauf verändern; ursprünglich vorhandene Begründungen werden aufgegeben, andere umformuliert, und wiederum andere treten neu hinzu. So sind beispielsweise nach den Anschlägen vom 11. September 2001 in den USA verstärkte Aufwendungen für Entwicklungszusammenarbeit als „Versicherungsprämie“ gegen den Terrorismus gefordert worden. In ähnlicher Weise werden seit einiger Zeit in der EU mehr EZ-Leistungen für Afrika verlangt, um mit diesem „Risikozuschlag“ die Migrationsströme fernzuhalten. EZ lässt sich aber auch als Beitrag zu einer globalen Sozial- und Friedenspolitik begründen, die mehr bedeutet als karitative Fürsorge für „die Armen“ in Afrika, Asien und Lateinamerika. Eine solchermaßen verstandene EZ will dazu beitragen, unverschuldete, unzumutbare oder unhaltbare Notstände durch Ressourcentransfers zu beseitigen mit dem Ziel, die Empfänger in die Lage zu versetzen, sich selbst zu helfen.

Grundsätze der internationalen Entwicklungszusammenarbeit

Internationale Entwicklungszusammenarbeit besteht als eigenständiges, institutionalisiertes Politikfeld seit mehr als fünf Dekaden. Die Anfänge der „Entwicklungshilfe“ lassen sich auf die frühen fünfziger Jahre des 20. Jhdt. datieren. Der bald nach dem Ende des 2. Weltkrieges einsetzende „Kalte Krieg“ machte es aus Sicht der USA erforderlich, den Vormarsch des Kommunismus zu stoppen und der Ausdehnung des sowjetischen Einflussbereichs auf die jungen Staaten in Afrika und Asien zu begegnen. Abgeleitet aus modernisierungstheoretischen Überlegungen sollten durch massive Kapitaltransfers in die „weniger entwickelten Gebiete“ deren interne Entwicklungsblockaden überwunden und ein sich selbsttragender wirtschaftlicher Wachstumsprozess in Gang gesetzt werden. Es galt, in den Ländern der „Dritten Welt“ dem Modell demokratischer und marktwirtschaftlicher Entwicklung als Gegenentwurf zu dem Sowjetmodell mit externer „Entwicklungshilfe“ zum Durchbruch zu verhelfen.

Aus der „Entwicklungshilfe“ ist schon längst „Entwicklungszusammenarbeit“ geworden, und die Empfängerländer der EZ-Leistungen werden inzwischen euphemistisch als „Partnerländer“ bezeichnet; damit soll deutlich werden, dass Entwicklungszusammenarbeit nicht in der wohltätigen Verteilung von Hilfsgütern besteht, sondern dass die mit der Zusammenarbeit anzustrebenden Ziele gemeinsam festgelegt und durch geeignete Maßnahmen in gemeinsamer Verantwortung erreicht werden sollen. Sofern es sich bei veränderten Begrifflichkeiten der EZ nicht um reinen Euphemismus handelt, dann muss sich dies auch in veränderten Grundsätzen der Zusammenarbeit widerspiegeln. An die Stelle der ursprünglichen Belehrungskultur der „Entwicklungshilfe“ muss eine partnerschaftliche Lernkultur mit gemeinschaftlicher Rechenschaftspflicht treten.

Anlässlich seines 25-jährigen Bestehens hat das DAC 1985 eine umfassende Überprüfung der EZ seiner Mitgliedsländer sowie eine kritische Reflexion der bisherigen Instrumente und (Miss-)Erfolge der EZ in Auftrag gegeben, deren Ergebnisse in dem *Cassen-Report* „Does Aid Work?“ dokumentiert sind. Auch andere wichtige Akteure der internationalen EZ – Weltbank, IWF oder das *United Nations Development Programme* (UNDP) – haben in den achtziger Jahren des 20. Jhdt. eine Bestandsaufnahme und differenzierte Überprüfung ihrer bisherigen Aktivitäten durchgeführt. Diese kritische Reflexion der internationalen EZ führte schließlich 1992 zu der gemeinsamen Formulierung der DAC *Principles for Effective Aid*, auf die sich die internationale Gebergemeinschaft verständigte. Diese Grundsätze sehen u.a. eine verbesserte Koordination der Geberaktivitäten in den Entwicklungsländern vor; sie betonen aber auch die Hauptverantwortung der Regierungen der Empfängerländer für die Festlegung der wirtschafts- und entwicklungspolitischen Ziele und deren Prioritäten, als verbindliche Vorgaben für die Auswahl und Konzipierung von EZ-Projekten und -Programmen.

Operationale Lektionen der DAC-*Principles for Effective Aid* von 1992

- EZ kann nur so effektiv sein, wie es die politischen, wirtschaftlichen und administrativen Rahmenbedingungen gestatten, unter denen sie stattfindet.
- Viele Fehler und Misserfolge der EZ, die in der Implementierungsphase von EZ-Programmen und -Projekten aufgetreten sind, lassen sich bereits in der Planungsphase vermeiden.
- Die Motivation der Zielgruppen von EZ muss gestärkt werden und mehr Verantwortung auf die Durchführungsorganisationen in den Empfängerländern der EZ übertragen werden.
- Besondere Bedeutung kommt der Beteiligung von Frauen und lokalen Frauengruppen bei der Vorbereitung, Durchführung und Evaluierung von EZ-Projekten und -Programmen zu.
- Sofern EZ einen merklichen und dauerhaften Beitrag zu dem wirtschaftlichen und sozialen Wohlstand des Empfängerlandes leisten soll, muss sie stärker in die Unterstützung und Ergänzung nationaler Politiken eingebunden werden; dies erfordert einen *shift* von dem in der Vergangenheit dominierenden Projektansatz der EZ zu einem integrierten Programmansatz.
- Die Koordination der internationalen EZ mit den Regierungen der Empfängerländer muss deutlich verbessert werden.
- Nur wenn die Vergabe von Aufträgen für EZ-Projekte und -Programme effizient und flexibel erfolgt, können die Empfängerländer davon profitieren.

Die DAC-*Principles for Effective Aid* haben zunehmend in der EZ-Praxis Berücksichtigung gefunden und sie sind auf der Grundlage der dabei gewonnenen Erfahrungen kontinuierlich weiterentwickelt worden. Aber erst mehr als eine Dekade später, 2005, haben sich Geberländer und Empfängerländer in der *Paris Declaration on Aid Effectiveness* gemeinsam auf Grundsätze für eine wirkungsorientierte Entwicklungszusammenarbeit verpflichtet. Die Grundsätze der *Paris Declaration* zur Wirksamkeit der Entwicklungszusammenarbeit betonen Eigenverantwortung (*Ownership*), Partnerausrichtung (*Alignment*) und Harmonisierung der Geberaktivitäten (*Harmonisation*), und sie legen erstmals explizit für Geber- und Partnerländer gleichermaßen die konsequente Wirkungsorientierung der EZ fest (*Managing for Results*); beide sind sowohl gegenüber ihren Bürgern (*Domestic Accountability*) als auch gegenseitig (*Mutual Accountability*) rechenschaftspflichtig.

The Paris Declaration on Aid Effectiveness 2005

Mit der *Paris Declaration on Aid Effectiveness* von 2005 haben sich erstmals Geberländer und Empfängerländer gemeinsam auf Grundsätze für eine wirkungsorientierte EZ verpflichtet:

- *Ownership* (Eigenverantwortung): „Die Partnerländer übernehmen eine wirksame Führungsrolle bei ihren Entwicklungspolitiken und -strategien und koordinieren die entwicklungspolitischen Maßnahmen".
- *Alignment* (Partnerausrichtung): „Die Geber gründen ihre gesamte Unterstützung auf die nationalen Entwicklungsstrategien, -institutionen und -verfahren der Partnerländer".
- *Harmonisation* (Geberharmonisierung): „Die Aktionen der Geber sind besser harmonisiert und transparenter und führen zu einer kollektiv größeren Wirksamkeit".
- *Managing for results* (Wirkungsorientierung): „Ergebnisorientierung beim Ressourcenmanagement und entsprechende Verbesserung der Entscheidungsprozesse".
- *Domestic and Mutual accountability* (Rechenschaftspflicht gegenüber den Bürgern und gegenseitige Rechenschaftspflicht): „Geber wie Partnerländer legen Rechenschaft über die Entwicklungsergebnisse ab".

Quelle: OECD/DAC.

Die Grundsätze der *Paris Declaration* verlangen von allen EZ-Akteuren, ihre Arbeitsweisen zu optimieren, um die verfügbaren Mittel effektiv und effizient einzusetzen. Geberländer und Empfängerländer müssen ihre Politiken, Strategien und Maßnahmen konsequent an den entwicklungspolitischen Wirkungen orientieren, als unabdingbare Voraussetzung für die gemeinsame Steuerung sowie für die gegenseitige Rechenschaftspflicht. „*Managing for Results*" als viertes Prinzip der Paris-Erklärung bedeutet eine permanente Überprüfung der EZ-Leistungen, und zwar nicht lediglich im Sinne der Vorgabe verbindlicher Verfahrensabläufe der Erfolgsmessung, sondern als Etablierung einer umfassenden „Kultur der Ergebnisorientierung" auf allen Ebenen und in allen beteiligten Institutionen.

Ergebnisorientiertes Management kann sich insofern nicht auf die nachträgliche Wirkungskontrolle von EZ beschränken, sondern ist als umfassende Management-Strategie für Entwicklungsprozesse zu verstehen.

Mit der feierlichen Verabschiedung der *Paris Declaration* ist die Umsetzung der darin enthaltenen Grundsätze in der Praxis der EZ keineswegs gewährleistet. Gerade die großen nationalen und internationalen Durchführungsorganisationen der EZ mit ihren administrativ-bürokratischen Strukturen zeigen eine ausgeprägte Tendenz zur Beibehaltung erprobter Abwicklungsroutinen. Tatsächlich sind Fortschritte bei der Umsetzung der *Paris Declaration* nur langsam vorangekommen. So verfügten Angaben der OECD zufolge im Jahr 2007 beispielsweise lediglich drei von 56 überprüften Entwicklungs- und Transformationsländern über ein hinreichend praktikables System zur Beurteilung von Entwicklungsfortschritten. Solange ein solches System fehlt, ist die unabdingbare Rückkoppelung politikrelevanter Informationen in die strategische Planung der Ressourcenallokation des ergebnisorientierten Managements nicht gewährleistet.

Abbildung 6: Die fünf Prinzipien der *Paris Declaration on Aid Effectiveness*

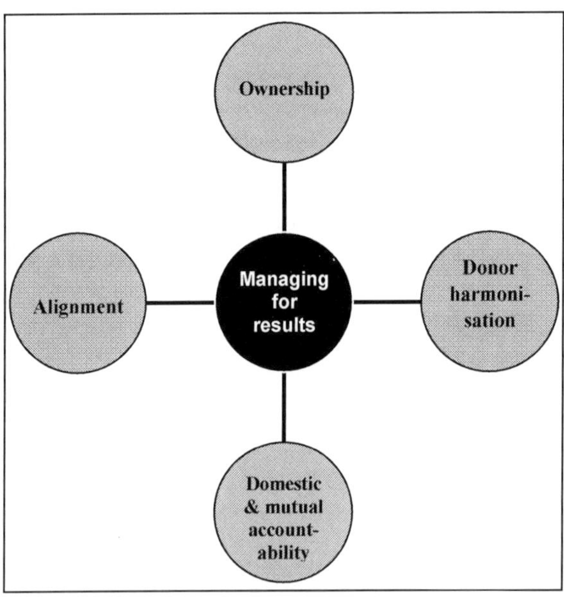

Mit der *Accra Agenda for Action* haben 2008 Geber- und Empfängerländer sowie Durchführungsorganisationen und in der EZ engagierte Nichtregierungsorganisationen (NRO) erneut die Notwendigkeit deutlich gemacht, die Wirksamkeit der EZ durch gemeinsame Anstrengungen weiter zu erhöhen und die Grundsätze der *Paris Declaration* bis 2010 konsequent anzuwenden.

Um Fortschritte hin zu einer wirksameren EZ zu beschleunigen, sind entsprechend der *Accra Agenda* drei wichtige Herausforderungen zu bewältigen:

1. Die Eigenverantwortung der Entwicklungsländer ist entscheidend. Die Regierungen der Entwicklungsländer müssen daher die Steuerung der Entwicklungspolitik noch stärker in die Hand nehmen und ihre Parlamente sowie ihre Bürgerinnen und Bürger in die Gestaltung dieser Politik einbeziehen. Die Geber müssen sie dabei unterstützen, indem sie die ländereigenen Prioritäten beachten, in die menschlichen Ressourcen und Institutionen investieren, bei der Umsetzung der EZ stärker auf die vorhandenen Kapazitäten der Länder zurückgreifen und die Kalkulierbarkeit und Vorhersehbarkeit der EZ-Zuflüsse verbessern.
2. In den letzten Jahren sind zusätzliche entwicklungspolitische Akteure – Länder mit mittlerem Einkommen, globale Fonds, die Privatwirtschaft, zivilgesellschaftliche Organisationen – mit steigenden Beiträgen und besonderen Erfahrungen tätig geworden; dies muss bei der Steuerung und Koordinierung der internationalen EZ berücksichtigt werden, um wirksamere und umfassendere entwicklungspolitische Partnerschaften aufzubauen.
3. Mehr denn je erwarten die Bürgerinnen und Bürger, die Steuerzahlerinnen und Steuerzahler aller Länder, dass sich entwicklungspolitische Arbeit sichtbar in greifbaren Ergebnissen niederschlägt. Das Erreichen von Entwicklungsergebnissen und eine offene Berichterstattung darüber müssen daher im Zentrum des entwicklungspolitischen Handelns stehen.

Von der strikten Befolgung der fünf Prinzipien der *Paris Declaration* für eine wirkungsorientierte EZ und der schnellen Umsetzung der *Accra Agenda* wird letztendlich eine positive Systemwirkung der Entwicklungszusammenarbeit erwartet.

Die Systemwirkung der Entwicklungszusammenarbeit

Für die Systemwirkung der EZ ist zum einen die Summierung ihrer Aktivitäten in einem Land zu einer zusammenhängenden Wirkungskette ebenso von Bedeutung wie die Ergänzung sonstiger entwicklungsrelevanter Aktivitäten in einem Land durch EZ. Dies ist die Systemwirkung im engeren Sinn auf der operativen Ebene der EZ. In einem weiteren Sinn bedeutet die Systemwirkung der EZ, wie sie als Subsystem des politischen und gesellschaftlichen Systems von Gebern und Empfängern gestaltet ist, oder mit anderen Worten, inwieweit sie als Querschnittsaufgabe wahrgenommen wird und kohärent mit Handels-, Agrar-, Außen-, Struktur-, Finanz-, Sozial-, Umwelt-, Sicherheits- und Rüstungskontrollpolitik in Geber- und Empfängerländern ist.

Negative Systemwirkungen der EZ im engeren Sinn sind in der Vergangenheit vor allem durch drei Faktoren verursacht worden:

- durch Konkurrenz der EZ-Geber um prestigeträchtige Projekte und Programme,
- durch *Overaiding* in Folge einer Projektproliferation,
- durch fehlende oder unzureichende Komplementarität der EZ zu den eigenen Ressourcen des Empfängerlandes.

Diese Verursachungsfaktoren negativer Systemwirkungen der EZ im engeren Sinn erreichten allerdings von Land zu Land ganz unterschiedliche Ausmaße.

Abbildung 7: Negative Systemwirkungen der Entwicklungszusammenarbeit im engeren Sinn

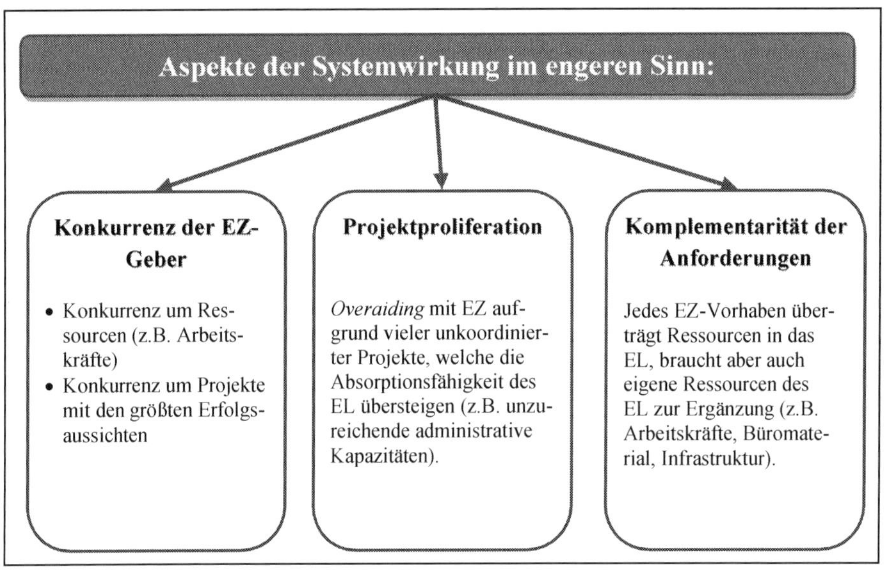

Negative Systemwirkungen der EZ im engeren Sinn hängen u.a. damit zusammen, dass Geberländer tendenziell möglichst prestigeträchtige EZ-Vorhaben einer machbaren Größenordnung und Lenkbarkeit bevorzugen, da damit die Legitimierung gegenüber der Bevölkerung des eigenen Landes erleichtert wird. Ein gleichgerichtetes Geberverhalten bei der Auswahl von EZ-Vorhaben in einem Land kann ohne hinreichende Koordinierung zur Duplizität von Maßnahmen führen, welche die knappen Ressourcen des Empfängerlandes in hohem Maß beanspruchen. Besonders nachteilig kann sich dies beispielsweise im Bereich lokaler Führungskräfte in LICs auswirken. Die Geberinstitution möchte für ihre Vorhaben die besten einheimischen Manager, die sie möglicherweise einer wichtigen Regierungsinstitution des Empfängerlandes abwirbt, oder die sie von einer leitenden Position in einem EZ-Projekt eines anderen Gebers rekrutiert. Auf diese Weise wird eventuell ein qualifizierter einheimischer Fachmann seine Zeit und seine Fähigkeiten immer wieder in einer Reihe von anderen kurzfristigen Aufgaben suboptimal einsetzen.

Zudem gibt es in der internationalen EZ so etwas wie „Modezyklen“ der jeweils dominierenden entwicklungsstrategischen Konzepte, denen die Akteure in einer Art von Herdentrieb folgen, so dass dann bestimmte EZ-Vorhaben als besonders wünschenswert erscheinen. So gab es etwa Ende der siebziger Jahre des 20. Jhdt. eine Welle der Begeisterung für das Konzept der Grundbedürfnisbefriedigung; folglich versuchten sich die meisten EZ-Institutionen mit „grundbedürfnisrelevanten“ Projekten zu profilieren, wie zum Beispiel mit Vorhaben der Wasserversorgung in ländlichen Gebieten. In Kenia führte dies dazu, dass sich eine sehr große Anzahl öffentlicher und nichtstaatlicher Geberinstitutionen in diesem Sektor betätigte. Dadurch wurde nicht nur die Auswahl der Technologie verzerrt, sondern die komplexen administrativen Strukturen und die verschiedenartigen operationalen Prozeduren der einzelnen Geber überforderten das seinerzeit noch nicht sehr leistungsfähige zuständige kenianische Ministerium für Wasserwirtschaft. Jeder einzelne Geber betrachtete seine direkte Beteiligung im Bereich der Wasserversorgung ländlicher Gebiete als unabdingbaren Schritt zur Erreichung der mit der kenianischen Regierung vereinbarten allgemeinen Entwicklungsziele. Aber die kollektive Wirkung der Aktionen der Geber führte dazu, dass es für das kenianische Ministerium für Wasserwirtschaft immer schwieriger wurde, sein Entwicklungsbudget zu verwalten und die Folgekosten der Projekte angemessen zu antizipieren. Die EZ in diesem Bereich war nach übereinstimmender Beurteilung der Geber und der kenianischen Regierung letztendlich eine Katastrophe, weil die Systemwirkung der EZ auf der operativen Ebene nicht hinreichend berücksichtigt wurde.

Jede Geberinstitution der EZ besitzt ein eigenes Beziehungsschema zwischen ihrer Vertretung im Empfängerland und ihrem Hauptsitz, ihre eigenen Prozeduren für Projektanträge, ihre eigenen Modalitäten für Auswahl und Anstellung von Fachkräften, für die Beschaffung von Vorräten und Ausrüstungen und natürlich auch ihr eigenes Abrechnungssystem. Die *Counterparts* des Empfängerlandes müssen also bei einer Vielzahl von Gebern eine Vielzahl verschiedener Verfahren der Rechenschaftslegung beherrschen. Hinzu kommt, dass die Geberaktivitäten von der Antragstellung eines EZ-Vorhabens bis zur Schlussevaluierung von dem Empfängerland administrativ begleitet werden müssen. Ein markantes Beispiel dafür ist Burkina Faso: in einem bestimmten Jahr musste das Land nicht weniger als 350 separate Geber-Missionen zu „Vor-Ort-Besuchen“ begleiten. Die Besuche dieser Missionen mussten vorbereitet werden, Informationen beschafft, das „Kleingedruckte“ in den Projektabkommen überprüft werden und es galt, die verschiedenen Antragsprozeduren und Modalitäten der einzelnen Geber zu beherrschen; alles zusammen bedeutete eine erhebliche administrative Bürde für die Verwaltung des Landes, dessen vorhandene Kapazitäten damit schnell überfordert waren. Unter diesen Umständen konnte nicht erwartet werden, dass die EZ reibungslos vonstatten ging.

Die OECD hat ermittelt, dass 2007 in 54 Entwicklungs- und Transformationsländern insgesamt 14.420 Besuche von Geber-Missionen stattgefunden haben, von denen lediglich ein Fünftel in koordinierter Weise ablief. Eine große Zahl von Gebern, die weitgehend unkoordiniert agieren, führt tendenziell dazu, Systemprobleme zu schaffen. Allerdings haben die Geber in den letzten Jahren dazu beigetragen, dieses Systemproblem zu lösen; sie haben erhebliche Anstrengungen unternommen, um die administrativen Fähigkeiten der Empfängerländer im Bereich des EZ-Managements zu verstärken.

Der Begriff *Overaiding* durch Projektproliferation bezeichnet das Problem, dass EZ-Projekte und -Programme zum Teil aufs Geratewohl und in einer Anzahl implementiert werden, welche die Absorptionskapazität des Empfängerlandes bei weitem übersteigt und gegebenenfalls auch die Korruption fördert. Der *Cassen-Report* beschreibt einige drastische Exempel. Haiti, ein *Least Developed Country* (LDC), in dem nicht erst seit dem Erdbeben des Jahres 2010 gewaltige Probleme bestehen, stellt ein Paradebeispiel der Projektproliferation dar. In diesem Land kam es zeitweise zu einer völligen Überhäufung mit EZ, da eine Vielzahl von bilateralen Gebern weitgehend unkoordiniert eine Fülle von Projekten ins Leben gerufen und finanziert hat. Dies überstieg die administrativen Fähigkeiten der haitianischen Regierung bei weitem und verschlimmerte die schon bestehenden Unzulänglichkeiten in dem Empfängerland auf den Gebieten der fachlich qualifizierten Arbeitskräfte und der Verwaltung. Die zahlreichen Projekte stritten sich mit dem nationalen *Public Investment Programme* (PIP) um die knappen fachlich qualifizierten einheimischen Arbeitskräfte; zudem gab es verschiedentlich Doppelspurigkeiten bei den EZ-finanzierten Investitionen. Durch diese „Projektwucherung“ entstand nach einiger Zeit ein überdimensionierter bürokratischer Apparat, in dem die Mehrzahl der lokalen Institutionen nicht mehr in der Lage war, den administrativen und technischen Anforderungen der EZ-Projekte und des nationalen PIP zu entsprechen. Die meisten nationalen Arbeitskräfte übernahmen innerhalb der Projekte Aufgaben, die in keiner Weise ihrem Wissen oder ihrer Ausbildung entsprachen. Versuche, die Lücken mit ausländischen Beratern und Experten zu schließen, hatten wenig Erfolg.

Haiti stellt zweifellos einen extremen Fall dar, bei dem die Kombination von schwacher Verwaltung und politischer Korruption die beabsichtigten Wirkungen der EZ substantiell gefährdet. Aber negative Erfahrungen mit EZ-Projektproliferation mussten auch andere EL machen. Die Tendenz vor allem von Institutionen der bilateralen EZ, direkt mit einzelnen Ministerien im Empfängerland zu verhandeln, kann Versuche zu einer besseren Koordination und generellen Kontrolle der EZ zunichte machen. In zahlreichen EL sind erst seit den achtziger Jahren des 20. Jhdt. Institutionelle Vorkehrungen getroffen worden, um die Verhandlungen mit den Gebern über die EZ-Vorhaben und deren Durchführung zu zentralisieren. Aber auch wenn ein solches System besteht, gelingt es nicht immer, die Projektproliferation zu vermeiden. So hatte z.B. Bangladesh auf dem Papier eine bessere Struktur zur Koordination der EZ als die meisten anderen Empfängerländer in der Gruppe der LDCs. Trotzdem konnte nicht vermieden werden, dass die Eisenbahn des Landes im Rahmen der EZ mit einer Vielfalt unterschiedlicher Materialtypen ausgerüstet wurde: Diesellokomotiven aus Japan, Kanada und den USA, Rangierlokomotiven aus Ungarn, der Bundesrepublik Deutschland und Großbritannien, Güterwagen aus Indien, Südkorea und Großbritannien. Durch das Fehlen standardisierten Eisenbahnmaterials wurden die Ausbildungs- und Unterhaltskosten der Bahn in Bangladesh erheblich erhöht.

Eine Vielfalt der Geber kann allerdings auch positive Wirkungen haben, wenn sie dem Empfänger eine größere Auswahl an Möglichkeiten bietet und ihm den Zugang zu Neuerungen eröffnet, die ihm möglicherweise vorenthalten blieben, wenn nur einige wenige EZ-Geber in dem Land tätig wären. Gebervielfalt darf indes nicht zu weit gehen, denn sie setzt ein funktionsfähiges EZ-Management in dem Empfängerland voraus, dessen Aufbau erforderlichenfalls von den Gebern zunächst unterstützt werden muss.

Unzureichend koordinierte EZ-Vorhaben infolge von Geber- und Projektproliferation können zu einer weiteren negativen Systemwirkung führen: mangelnde oder sogar fehlende Komplementarität der EZ zu den eigenen Ressourcen des Empfängerlandes. Praktisch jedes EZ-Vorhaben stellt ergänzende Anforderungen an finanzielle und personelle Ressourcen des Empfängers. In dem Maß, in dem EZ-Vorhaben zunehmen, steigen auch die Anforderungen an das Budget des Empfängers für laufende Projektkosten, an Arbeitskräfte und Devisen. In zahlreichen Empfängerländern wurden in der Vergangenheit neue EZ-Vorhaben in Angriff genommen, ohne die Konsequenzen für das Budget, den Arbeitsmarkt und die Zahlungsbilanz zu berücksichtigen. Die größten negativen Systemwirkungen der EZ im engeren Sinn sind dann vorprogrammiert, wenn das Empfängerland nicht in der Lage ist, ein konsistentes Budget über den Bedarf an Arbeitskräften, über die wiederkehrenden Folgekosten der EZ-Maßnahmen sowie über die damit einhergehenden Zahlungsbilanzeffekte aufzustellen. Dies kann dazu führen, dass zu viele Vorhaben gleichzeitig in Angriff genommen werden, welche die Kapazitäten des Landes zu ihrer Weiterführung und Vollendung übersteigen. Beim Auftreten von Engpässen sind dann die viel zitierten „Entwicklungsruinen“ unausweichliche Folge, d.h. der Abbruch oder zumindest die zeitweilige Unterbrechung des EZ-Vorhabens.

Diese negative Systemwirkung der EZ ist im *Cassen-Report* beispielhaft am Fall Malawis aufgezeigt. Während der weltwirtschaftlichen Rezession zu Beginn der achtziger Jahre des 20. Jhdt. nahmen die laufenden Kosten für EZ-Projekte und der daraus resultierende Devisenbedarf im Staatshaushalt des armen Landes einen immer größeren Anteil ein. Da der IWF als Voraussetzung für die weitere Kreditgewährung eine Konsolidierung des Budgets verlangte, bot sich für die erforderlichen Ausgabekürzungen der Posten für laufende Kosten im Zusammenhang mit der EZ an. Dies führte zu Streitigkeiten zwischen den Gebern, die sich nicht darüber einigen konnten, zu Lasten welcher Projekte diese Kürzungen vorgenommen werden sollten. Im Fall Malawis verursachte die negative Systemwirkung der EZ eine „institutionellen Vernichtung“ und zeitweise sogar eine ernsthafte Behinderung des Entwicklungsprozesses.

In einem weiter gefassten Sinn gehen von der EZ als Subsystem des politischen und gesellschaftlichen Systems in den Geber- und Empfängerländern Systemwirkungen aus. Positive Systemwirkungen sind zu erwarten, wenn die EZ kohärent mit der Umwelt-, Handels-, Agrar-, Außen-, Struktur-, Finanz-, Sozial-, Sicherheits- und Rüstungskontrollpolitik in Geber- und Empfängerländern gestaltet, und auch als Beitrag zu Umweltschutz, zu Energieversorgung, Ressourcenschonung und Bevölkerungspolitik verstanden wird. Dies bedeutet zum einen, dass EZ als Querschnittsaufgabe des Regierungshandelns zu betrachten ist, so dass entwicklungspolitische Gesichtspunkte nicht gegenüber den jeweils aktuellen Anliegen ihrer nationalen Außen-, Wirtschafts- und Finanzpolitik zurückgestellt werden dürfen. EZ als Querschnittsaufgabe kann dann aber auch nicht mehr in der isolierten Kompetenz eines Ressorts liegen, sondern muss als ressortübergreifende Gemeinschaftsaufgabe begriffen werden, bei der auch Maßnahmen der Konjunktursteuerung, des Zollabbaus, der Exportförderung, der Umwelt-, Agrar-, Energie-, Technologie- und Sicherheitspolitik zu berücksichtigen sind.

Zum anderen bedeutet das Kohärenzgebot der EZ, dass diese nicht nur Aufgabe von Regierungen und staatlichen Organisationen der Geber- und Empfängerländer ist, sondern eine gesamtgesellschaftliche Querschnittsaufgabe von Staat, Nichtregierungsorganisationen und privater Wirtschaft aller Länder. Eine positive Systemwirkung der EZ im weiteren Sinn ergibt sich dann beispielsweise durch Strukturanpassungen in den Geberländern, durch den Abbau von nichttarifären Handelshemmnissen (z.B. Importquoten, Normen, Verwaltungsvorschriften etc.) und von Verarbeitungszöllen zugunsten weltmarktfähiger Anbieter aus Entwicklungsländern, insbesondere in den Bereichen Landwirtschaft, Textilien, Schiffsbau und Stahl.

Abbildung 8: Systemwirkungen der EZ im weiteren Sinn

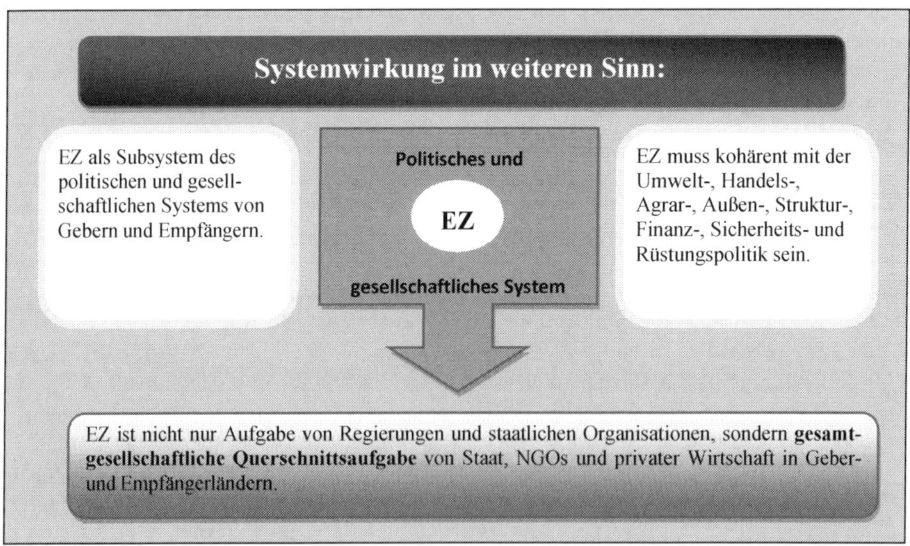

Weiterführende Literatur

Berg, E.: *Rethinking Technical Cooperation*, United Nations Development Programme, New York 1993.

Cassen, R. & Associates: *Does Aid Work? Report to an Intergovernmental Task Force*, 2. Auflage, Oxford 1994.

Hirsch, K./Seitz, K. (Hrsg.): *Zwischen Sicherheitskalkül, Interesse und Moral. Beiträge zur Ethik der Entwicklungspoliti*k, Frankfurt am Main 2005.

International Bank for Reconstruction and Development: *Effective Implementation: Key to Development Impact. Report of the World Bank`s Portfolio Management Task Force*, Washington DC 1992.

–: *Global Monitoring Report 2008. MDGs and the Environment. Agenda for Inclusive and Sustainable Development*, Washington DC 2008.

International Bank for Reconstruction and Development/International Monetary Fund: *Serving a Changing World. Report of the Task Force on Multilateral Development Banks*, Washington DC 1996.

Kesselring, T.: *Ethik in der Entwicklungspolitik. Gerechtigkeit im Zeitalter der Globalisierung*, München 2003.

Organisation for Economic Co-operation and Development: *The Paris Declaration on Aid Effectiveness*, Paris 2005.

–: *The Accra High Level Forum (HLF3) and the Accra Agenda for Action*, Paris 2008. Unter: www.accrahlf.net [Zugriff: 15.02.2010].

–: *2008 Survey on Monitoring the Paris Declaration. Making Aid More Effective by 2010*, Paris 2010.

Riddell, R. C.: *Does Foreign Aid Really Work?*, Oxford 2007.

United Nations: *In Larger Freedom: Report of the Secretary-General of the United Nations for Decision by Head of State and Government in September 2005*, New York 2005.

–: *The Millennium Development Goals Report 2009,* New York 2009.

UN Millennium Project: Investing in Development: *A Practical Plan to Achieve the Millennium Development Goals*, London 2005.

3. *Who is Who* in der internationalen Entwicklungszusammenarbeit

Hauptakteure in der internationalen Entwicklungszusammenarbeit sind die Entwicklungsländer auf der einen Seite und die Mitgliedstaaten des DAC, des Entwicklungsausschusses der OECD, auf der anderen Seite. Dem DAC gehören derzeit 23 von insgesamt 30 Mitgliedstaaten der OECD sowie die Europäische Kommission an. Das Basismandat des DAC lautet: die Verbesserung von Quantität, Qualität und Effektivität in der EZ seiner Mitgliedsländer. Das DAC führt in regelmäßigen Abständen Prüfungen der EZ-Leistungen seiner Mitglieder als *Peer Review* durch andere DAC-Mitglieder durch. Geleitet wird die Arbeit des DAC durch das *Development Co-operation Directorate* (DCD) der OECD.

Im Jahr 2008 hat die DAC-Gebergemeinschaft ODA-Leistungen in Höhe von rund 121 Milliarden US-Dollar erbracht. Diese Zahlen relativieren sich allerdings, wenn man sie in Beziehung zu der wirtschaftlichen Leistungskraft der Geberländer (gemessen an deren BNE) setzt. 1993 hatten die Geberländer im Durchschnitt 0,3 Prozent ihres BNE für ODA aufgebracht, schon damals also weit weniger als die 0,7 Prozent, auf die sie sich im Jahr 1970 verpflichtet hatten; im Lauf der neunziger Jahre des vorigen Jhdt. ist der Anteil der ODA-Leistungen an dem BNE der Geberländer weiter gesunken, auf 0,24 Prozent im Jahr 1999 und nur noch 0,22 Prozent im Jahr 2000. Inzwischen ist wieder eine Steigerung der ODA-Leistungen zu registrieren. 2008 wurden 0,34 Prozent des BNE der DAC-Mitglieder für öffentliche Entwicklungszusammenarbeit aufgewendet.

Zwischen den Geberländern bestehen deutliche Unterschiede in ihrer Bereitschaft, finanzielle Ressourcen für die internationale Entwicklungszusammenarbeit bereitzustellen. Während z.B. Schweden im Jahr 2008 immerhin 0,98 Prozent seines BNE für ODA ausgab und Norwegen 0,88 Prozent, waren es im Fall Deutschlands nur 0,38 Prozent, und im Fall der USA lediglich 0,19 Prozent, die damit das Schlusslicht der DAC-Geber bildeten (vgl. Abbildung 9). Die meisten Geberländer sind also von der 0,7-Prozent-Zielvorgabe der Vereinten Nationen aus dem Jahr 1970 weit entfernt, auch wenn sie dieses Ziel seitdem mehrfach bestätigt haben – allerdings nie mit völkerrechtlicher Verbindlichkeit.

Abbildung 9: Die ODA-Leistungen der DAC-Mitglieder 2008 (in % des BNE)

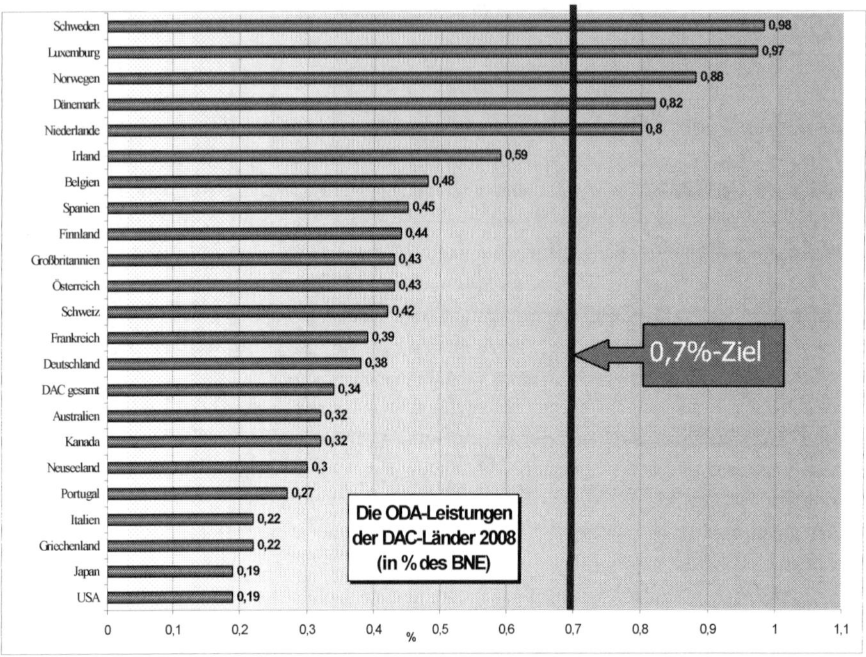

Quelle: OECD/DAC.

In absoluten Zahlen ergibt sich jedoch eine andere Rangfolge der Geberleistungen: so war im Jahr 2008 Deutschland mit ODA-Leistungen in Höhe von rund 13,9 Milliarden US-Dollar nach den USA mit 26,8 Milliarden zweitwichtigster Geber innerhalb der DAC-Mitgliedsländer. Hinter Deutschland folgten Großbritannien (11,5 Milliarden), Frankreich (10,9 Milliarden) und Japan (9,5 Milliarden). Schweden, das 2008 prozentual die höchsten ODA-Leistungen erbrachte, stellte rund 4,7 Milliarden US-Dollar bereit und lag damit nur auf Platz 10 der absoluten Geberleistungen (vgl. Abbildung 11). Dabei ist zu berücksichtigen, dass die ODA-Leistungen in absoluten Zahlen bei wirtschaftlichem Wachstum tendenziell steigen können, selbst wenn die relativen Leistungen (gemessen in Prozent des BNE) stagnieren oder sogar sinken.

Für die Anrechnung von EZ-Leistungen eines Gebers als ODA müssen alle Bedingungen der ODA-Definition erfüllt sein (siehe Seite 29). Entwicklungsfördernde Leistungen öffentlicher Stellen an EL, die das 25-Prozent-Zuschuss-kriterium der ODA-Definition nicht erfüllen, werden als *Other Official Flows* (OOF) der *Official Development Finance* (ODF) zugerechnet, von der die ODA eine Teilmenge ist.

Abbildung 10: Finanzierungsströme in der Entwicklungszusammenarbeit

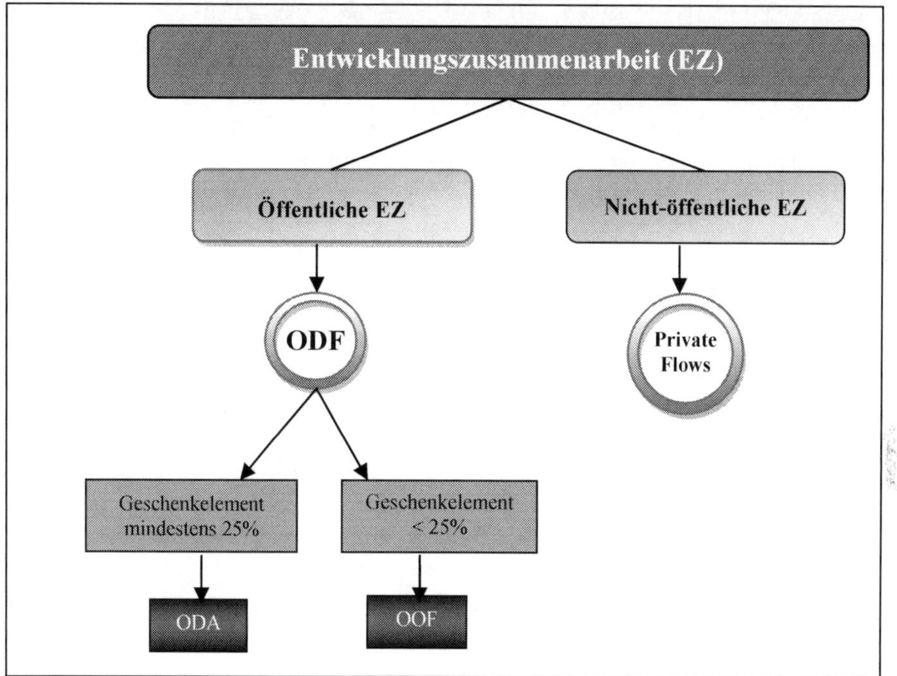

Bei den ODA-Leistungen handelt es sich um Transfers (*flows*) von Mitteln (Geld, Waren, Dienstleistungen) in Entwicklungsländer, die ein Zuschusselement von mindestens 25% enthalten. Dies bedeutet, dass auch öffentliche Darlehen an EL vollständig als ODA angerechnet werden, sofern sie das geforderte Zuschusselement enthalten, das aus den Gesamtkonditionen (Zinsen, Laufzeit, Freijahre) des Kredits ermittelt wird. Als ODA angerechnet werden ebenfalls Beiträge an multilaterale Entwicklungsbanken und -fonds, die in Form von Schuldscheinen erfolgen, sowie Schuldenerlasse und Umschuldungen eines Geberlandes für ein EL. Aber auch bestimmte öffentliche Ausgaben für Entwicklung im Geberland selbst werden als ODA angerechnet, wie z.B. Studienplatzkosten für Studierende aus EL, Kosten für Flüchtlinge aus EL im ersten Jahr, Förderung von Forschungsvorhaben, die direkt für EL relevant sind, Ausgaben für entwicklungspolitische Bewusstseinsbildung der eigenen Bevölkerung sowie die EZ-Verwaltungskosten des Gebers. Die in den DAC-Statistiken ausgewiesenen ODA-Beträge fließen also keineswegs in der gesamten Höhe direkt in die Entwicklungsländer. Andererseits sind für die Berechnung der ODA nur die Nettoleistungen maßgeblich, so dass beispielsweise bei der ODA-Ermittlung Tilgungen von Darlehen abgezogen werden, die im Rahmen der EZ gewährt wurden.

Als ODA anrechenbare Geberleistungen müssen die Förderung der wirtschaftlichen und sozialen Entwicklung im Empfängerland als Hauptziel haben. Ob dies der Fall ist, hängt davon ab, welche Definition Entwicklung zugrunde gelegt wird. Um Interpretationsspielräume einzuschränken und dadurch eine möglichst vergleichbare Statistik der Geberleistungen erstellen zu können, müssen sich die Aufwendungen anhand eines von dem DAC vorgegebenen Förderbereichsschlüssels eindeutig zuordnen lassen. Aufwendungen für militärische Operationen in einem EL sind darin nicht vorgesehen.

Abbildung 11: Die ODA-Leistungen der DAC-Mitglieder 2008 (in Mrd. US-Dollar)

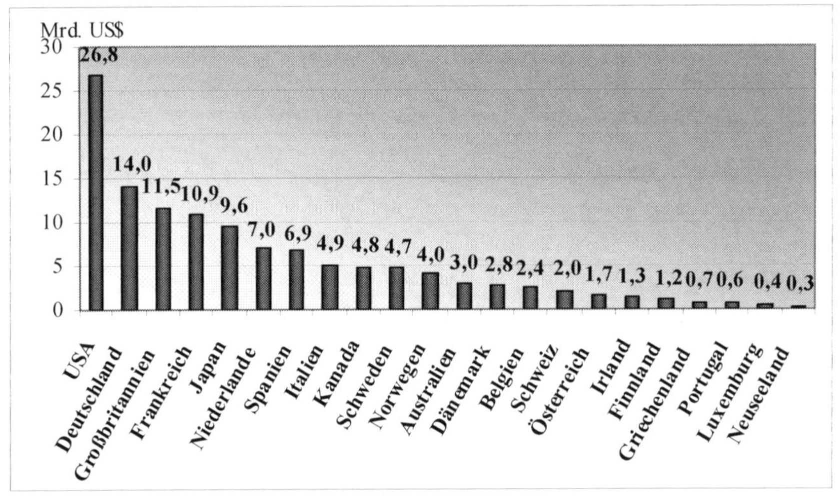

Quelle: OECD/DAC.

Akteure der internationalen Entwicklungszusammenarbeit

Es sind staatliche und nichtstaatliche Akteure in Geber- und Empfängerländern, die das internationale *development business* in Gang halten. Bei den staatlichen Akteuren handelt es sich um Ministerien und öffentliche Institutionen auf gesamtstaatlicher, teilstaatlicher und kommunaler Ebene. Öffentliche EZ mit EL findet in bilateraler und multilateraler Form statt. Hauptträger der EZ sowohl in bilateraler als auch in multilateraler Form sind staatliche Einrichtungen, zwischenstaatliche/überstaatliche Institutionen sowie Nichtregierungsorganisationen (NRO).

Die bilaterale EZ umfasst alle Leistungen, die ein Staat einem Entwicklungsland oder einer Gruppe von Entwicklungsländern direkt gewährt. Von multilateraler EZ wird gesprochen, wenn zwischen- oder überstaatliche Institutionen Leistungen an ein Entwicklungsland oder eine Gruppe von Entwicklungsländern erbringen, die von mehreren Geberländern finanziert werden. Darunter fallen diejenigen finanziellen

Beiträge eines Landes an internationale Organisationen und Institutionen, die Entwicklungsmaßnahmen durchführen oder fördern. Bei diesen internationalen Organisationen und Institutionen handelt es sich um zwischenstaatliche oder überstaatliche Einrichtungen, die speziell für Entwicklungsaufgaben geschaffen wurden oder denen Entwicklungsaufgaben übertragen worden sind.

Abbildung 12: Bilaterale und multilaterale Entwicklungszusammenarbeit

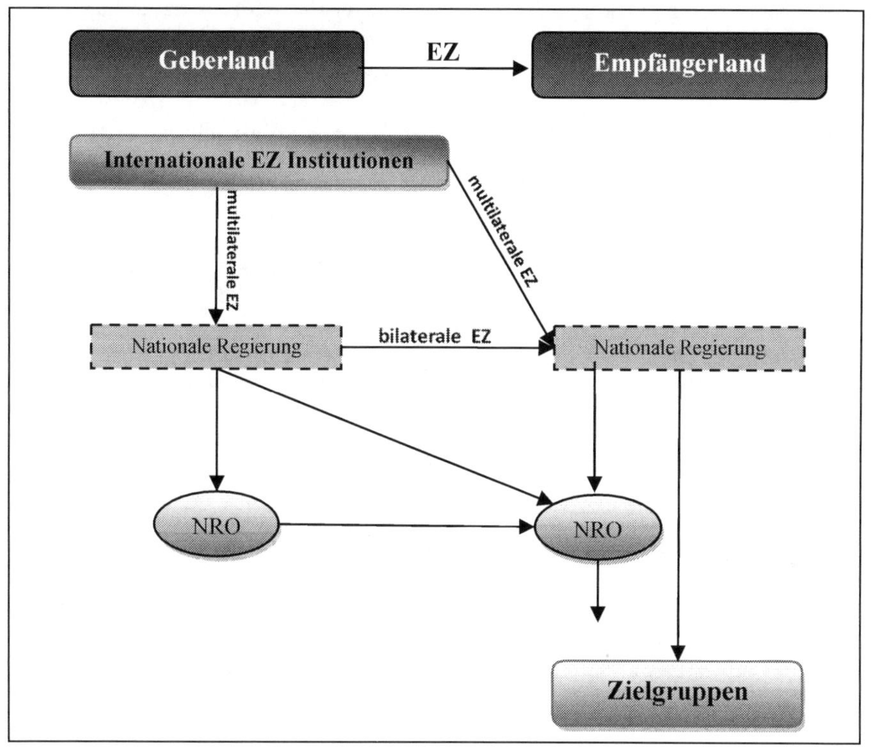

Hauptakteure der multilateralen EZ sind die internationalen Finanzierungsinstitute (IFIs) wie die Weltbank-Gruppe und die regionalen Entwicklungsbanken, spezialisierte Sonderfonds wie der *International Fund for Agricultural Development* (IFAD) sowie die Vereinten Nationen mit ihren Sonderorganisationen und Sonderkörperschaften. Auch die Europäische Union (EU) ist im Lauf der Zeit zu einem gewichtigen supranationalen Akteur der EZ geworden. Ebenfalls der multilateralen EZ zugerechnet werden bestimmte internationale NRO, wie z.B. der Internationale Familienplanungsverband (*International Planned Parenthood Federation*/IPPF).

Die Leistungen der multilateralen EZ-Institutionen werden durch satzungsgemäße oder freiwillige Zahlungen der Mitgliedsländer finanziert, bei den IFIs durch Kapitaleinlagen der Mitglieder sowie durch Kreditaufnahme an den internationalen Kapitalmärkten.

So erbrachte beispielsweise Deutschland 2008 ODA-Leistungen an multilaterale Organisationen und an die EU in Höhe von 3,4 Milliarden Euro, mehr als ein Drittel der gesamten bundesdeutschen Netto-ODA von 9,7 Milliarden Euro. Die Finanzierungsbeiträge eines Geberlandes an die Organisationen und Institutionen der multilateralen EZ erfolgen in Form von Kapitalzeichnungen, Barzuweisungen oder durch Hinterlegung von Schuldscheinen, die im Bedarfsfall eingelöst werden. Darüber hinaus beauftragen einzelne Geberländer internationale Institutionen als Treuhänder mit der Durchführung bestimmter EZ-Vorhaben, für die sie besondere Finanzmittel zur Verfügung stellen. Zudem werden neben den finanziellen Beiträgen im Rahmen der multilateralen EZ auch personelle Beiträge von den Geberländern erbracht.

Abbildung 13: Die Hauptakteure der multilateralen Entwicklungszusammenarbeit

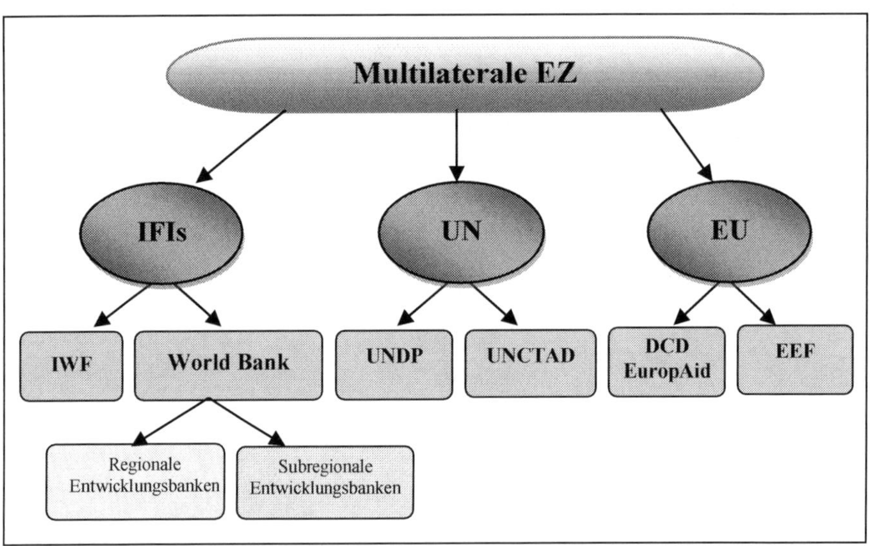

In der multilateralen EZ stehen den Hauptakteuren deutlich höhere Finanzmittel zur Verfügung als dies in der bilateralen EZ der Regelfall ist. Sie können daher EZ-Vorhaben durchführen, welche in mehreren Empfängerländern gleichzeitig realisiert werden, oder welche die Leistungsfähigkeit einzelner Geberländer übersteigen. Wegen ihrer internationalen Aufstellung haben die multilateralen EZ-Akteure auch einen umfassenderen Zugang zu entwicklungspolitischer Expertise und zu *Know-how*. Zudem kommt Institutionen der multilateralen EZ die wichtige Aufgabe der Geber-Koordination zu, da sie in vielen EL mit eigenen Vertretungen „vor Ort“ präsent sind. Dies ermöglicht auch das frühzeitige Erkennen von außergewöhnlichen Situationen in EL und damit die Vorbereitung abgestimmter Maßnahmen der Gebergemeinschaft zur Linderung oder Überwindung solcher Notstände.

Aus der Sicht mancher Entwicklungsländer wird der multilateralen EZ zugute gehalten, dass bei ihr die Eigeninteressen eines Gebers in dem Verhältnis zu dem Empfängerland weniger zum Tragen kommen können als dies bei der bilateralen EZ häufig der Fall ist. Aus der Sicht der Geberländer hingegen lässt die bilaterale EZ ihre Entwicklungsanstrengungen in dem jeweiligen EL deutlicher sichtbar werden.

Die internationalen Finanzierungsinstitute

Die internationalen Finanzierungsinstitute, die in der multilateralen EZ tonangebend sind, können teilweise auf eine Unternehmensgeschichte von mehr als 60 Jahren zurückblicken. Dies gilt für die *Bretton-Woods*-Institutionen Weltbank und Internationaler Währungsfonds (IWF), deren Gründung bereits im Juli 1944 auf der in Bretton Woods in den USA tagenden „Internationalen Währungs- und Finanzkonferenz der Vereinten und Assoziierten Nationen“ beschlossen wurde.

Die 45 Nationen, die auf dieser Konferenz vertreten waren, einigten sich auf den Text des IWF-Übereinkommens und die darin niedergelegte Währungsordnung für die Nachkriegszeit. Das IWF-Abkommen trat am 27. Dezember 1945 in Kraft und wurde seither mehrmals geändert. Mit der Unterwerfung ihrer Wechselkurs- und Devisenkontrollpolitik unter die internationale Aufsicht des IWF erkannten die Mitgliedstaaten an, dass ihre Wechselkurs- und Außenwirtschaftspolitiken auch die Interessen anderer Länder berühren. Durch das *Bretton-Woods*-System sollte eine Wiederholung der wirtschafts- und finanzpolitischen Fehler der Vorkriegszeit vermieden werden; in der neuen Weltwirtschaftsordnung sollte anstelle des isolierten, teilweise rücksichtslosen Handelns der einzelnen Staaten ein kooperatives Verhalten sowohl in der Völkergemeinschaft, als auch bei den Mitgliedsländern entstehen, und mit dem finanziellen Rückhalt des IWF durch Beistandskredite etc. auch bei zeitweiligen Zahlungsbilanzstörungen gewährleistet werden.

Dem IWF gehören nunmehr 186 Staaten rund um den Globus an, mehrheitlich Entwicklungsländer. Zur Hauptaufgabe des IWF zählt inzwischen die Förderung der makroökonomischen Stabilität in den Mitgliedstaaten und in der Weltwirtschaft. Zur Überwindung von Zahlungsbilanzproblemen und gesamtwirtschaftlichen Ungleichgewichten kann der IWF finanzielle Hilfestellungen in Form von Krediten leisten. Diese finanziellen Hilfestellungen reichen von Darlehen zur Behebung strukturbedingter Zahlungsbilanzungleichgewichte, zur Strukturanpassung für einkommensschwache Entwicklungsländer sowie zur Kompensierung von Exporterlösausfällen oder unerwarteter externer Störungen. Außerdem hat der IWF auch Darlehen zur Finanzierung von Rohstoffausgleichslagern sowie Systemtransformationskredite vergeben. Die Kreditgewährung ist im Regelfall mit der Vereinbarung finanz- und wirtschaftspolitischer Maßnahmen verbunden, die aus der Sicht des IWF erforderlich sind, damit das kreditnehmende Land ein stabiles gesamtwirtschaftliches Gleichgewicht erreichen kann.

Der Internationale Währungsfonds

Gründung: 27.12.1945.
Organisation: Der IWF besteht aus dem Gouverneursrat, dem Exekutivdirektorium, dem Internationalen Währungs- und Finanzausschuss, dem Entwicklungsausschuss und dem Finanzstabilitätsforum.
Hauptsitz: Washington DC, USA.
Mitglieder: 186 Länder (Stand 2009).
Budget: 462 Milliarden US-Dollar gezeichnetes Kapital der Mitgliedstaaten sowie 770 Milliarden US-Dollar zugesichertes zusätzliches Kapital (Stand 2009).
Kreditzusagen 2009: 175,5 Milliarden US-Dollar.
Größte Schuldner des IWF: Mexiko, Ungarn, Ukraine.
Mitarbeiter: ca. 2500 Mitarbeiter aus 143 Ländern.
Hauptaufgabe: Förderung der makroökonomischen Stabilität in den Mitgliedstaaten und in der Weltwirtschaft.

Geschäftsführender Direktor des IWF ist traditionsgemäß ein Europäer.

Die Höhe der Kredite, die ein Mitgliedsland im Bedarfsfall bei dem IWF aufnehmen kann, richtet sich u.a. nach den eingezahlten Kapitalanteilen des Landes, der sogenannten Quote, und den daraus abgeleiteten Sonderziehungsrechten (*Special Drawing Rights*/SDR). Die Höhe der Quote richtet sich nach der wirtschaftlichen Leistungsfähigkeit eines Landes und wird daher alle fünf Jahre seitens des IWF überprüft und gegebenenfalls neu festgesetzt. Von der Quote hängt auch der Stimmanteil eines Landes ab, was im Ergebnis dazu führt, dass die wirtschaftlich führenden Industrieländer die Stimmenmehrheit in den Entscheidungsgremien des IWF haben. Bei einer 2006 durchgeführten *Ad-hoc*-Quotenerhöhung wurden China, Südkorea, Mexiko und der Türkei höhere Quoten – und damit einhergehende höhere Stimmrechte – zugeteilt. Die 2007 beschlossene umfassende Reform der Quotenregelung und damit der *Voting power*, die vor allem den dynamischen Schwellenländern einen stärkeren Einfluss auf die IWF-Politik bringen soll, kommt allerdings nur zögerlich voran. Aktuell (Stand Februar 2010) verfügen beispielsweise die USA über 16,77 Prozent der Stimmrechte (bei einer Quote von 17,09 Prozent), Deutschland über 5,88 Prozent (bei einer Quote von 5,98 Prozent), Tonga hingegen nur über 0,01 Prozent der Stimmrechte (bei einer Quote von 0,003 Prozent).

Die IWF-Sonderziehungsrechte und die Entwicklungsländer

Die 1969 geschaffenen und 1970 erstmals den IWF-Mitgliedern in Höhe ihrer Quote zugeteilten Sonderziehungsrechte (SZR) stellen Währungsreserven dar, die nicht durch außenwirtschaftliche Transaktionen verdient werden. In Höhe ihrer SZR können die Mitgliedsländer zusätzliche IWF-Kredite in Anspruch nehmen. Bei Bedarf wendet sich ein Mitglied an den IWF, der von einem anderen Mitglied mit ausgeglichener Zahlungsbilanz dessen SZR in konvertierbare Währung umtauschen lässt, die dann dem kreditnehmenden Land zur Verfügung gestellt werden. Seit 1970 wurden insgesamt 21,4 Milliarden SZR zugeteilt, letztmals 1981. Der Wert eines SZR wird anhand eines Währungskorbes börsentäglich neu ermittelt, wobei 1 SZR = 0,6320 US-Dollar + 0,0903 Pfund Sterling + 18,4 Yen + 0,41 Euro bei den am 28.02.2010 geltenden Wechselkursen betrug der Gegenwert für 1 SZR = 1,53258 US-Dollar. Vor allem Entwicklungsländer setzen sich für erneute SZR-Zuteilungen ein, da sie ihnen zusätzliche Kreditmöglichkeiten verschaffen würden. Auch gibt es Vorschläge, SZR zweckgebunden für die Finanzierung von Maßnahmen der EZ zuzuteilen. Forderungen von EL nach Neuzuteilungen von SZR scheiterten bislang am Widerstand der Industrieländer, die darin eine Inflationsgefahr sehen; denn die Zuteilung von SZR bedeutet die Ausweitung internationaler Liquidität.

Die zweite wichtige Institution der Weltwirtschaftsordnung nach den Plänen von *Bretton Woods* ist die Weltbankgruppe. Zusammen mit der Errichtung des IWF hatte die Konferenz von *Bretton Woods* 1944 auch die Gründung der *International Bank for Reconstruction and Development* (IBRD) beschlossen, die 1946 ihre Geschäftstätigkeit aufgenommen hat. Im Sinne einer arbeitsteiligen Organisation war der IBRD hauptsächlich die Aufgabe zugedacht, langfristig produktive Entwicklungsprojekte (z.B. im Energie- und Infrastrukturbereich etc.) zu stimulieren. Der IWF sollte hingegen über die Stabilität der Währungen und der Wechselkurse seiner Mitgliedstaaten wachen und die Stabilisierung kurzfristiger Zahlungsbilanzkrisen über konditionierte Kredite unterstützen. Regeln für ein offenes und faires Welthandelssystem mittels Handelsliberalisierung, Zollabbau und Meistbegünstigung sollten mit dem 1947 abgeschlossenen *General Agreement on Tariffs and Trade* (GATT) geschaffen werden. Nach dem Zusammenbruch der Sowjetunion wurden die Aufgaben des GATT ab 1995 der *World Trade Organization* (WTO) übertragen, deren Gründung als dritte Institution einer neuen Weltwirtschaftsordnung bei der Konferenz von *Bretton Woods* am Widerstand der UdSSR gescheitert war.

Die IBRD war zunächst vor allem im Hinblick auf den für die Nachkriegszeit erwarteten großen Bedarf an langfristigem Kapital zum Wiederaufbau in den kriegszerstörten Ländern Europas und Asiens gegründet worden sowie zur Unterstützung der wirtschaftlichen Entwicklung ihrer Mitgliedstaaten. Bereits ab den frühen fünfziger Jahren des 20. Jhdt. widmete sich die IBRD dann überwiegend der wirtschaftlichen Förderung von EL, was inzwischen zu ihrer Kernaufgabe geworden ist.

Bereits die Begründer des *Bretton-Woods*-Systems hatten die Rolle der multilateralen Finanzierungsinstitutionen auch darin gesehen, die unabhängig werdenden Kolonien und die „Entwicklungsländer“ in das marktwirtschaftliche System der internationalen Arbeitsteilung zu integrieren.

Die Weltbank-Gruppe

Organisation: Die Weltbank-Gruppe umfasst fünf Organisationen, von denen zwei unmittelbar mit Entwicklungsfinanzierung beschäftigt sind.

- *International Bank for Reconstruction and Development* (IBRD); gegründet 1945.
- *International Development Association* (IDA); gegründet 1960.
- *International Finance Corporation* (IFC); gegründet 1956.
- *Multilateral Investment Guarantee Agency* (MIGA); gegründet 1988.
- *International Centre for Settlement of Investment Disputes* (ICSID); gegründet 1966.

Hauptsitz: Washington DC, USA.
Mitglieder: 186 Staaten (Stand 2009).
Kreditvolumen der IBRD für *Middle Income Countries*: 10-15 Milliarden US-Dollar jährlich (im Geschäftsjahr 2007 wurden 12,8 Milliarden für 112 Vorhaben bewilligt).
Kreditvolumen der IDA für berechtigte *Low Income Countries* (siehe Anhang A3): 25,1 Milliarden US-Dollar.

Mitarbeiter: Mehr als 10 000 Mitarbeiter aus über 160 Ländern. Zwei Drittel der Mitarbeiter sind in Washington DC beschäftigt, ein Drittel arbeitet in den über 100 Außenstellen.

Hauptaufgabe: Das gemeinsame Ziel der Weltbankgruppe ist es, Wirtschaftswachstum und soziale Entwicklung in den weniger entwickelten Mitgliedsländern durch die Vergabe von langfristigen Darlehen von IBRD und IDA, durch Unternehmensbeteiligungen über die IFC oder durch Übernahme von Garantien durch die MIGA zu fördern.

Präsident der Weltbankgruppe ist traditionsgemäß ein US-Amerikaner.

Mitglieder der IBRD können nur Staaten werden, die auch Mitglieder des IWF sind und die damit verbundenen Verpflichtungen übernommen haben. Die Bundesrepublik Deutschland gehört ihr seit Ende 1952 an und ist drittgrößter Anteilseigner (4,6 Prozent), nach den USA (16,84 Prozent) und Japan (8,07 Prozent). Die VR China, inzwischen drittgrößte Volkswirtschaft der Welt, hat hingegen nur einen Kapitalanteil von 2,85 Prozent und eine entsprechend geringe *Voting power* (Platz 19), da sich die Stimmrechte in der Weltbank – genauso wie im IWF – nach den Kapitalanteilen der Mitglieder richten. Bei den wirtschaftlich stärkeren Ländern sind die Stimmrechte geringfügig niedriger als ihre Kapitalanteile (so hat z.B. Deutschland ein Stimmrecht von 4,49 Prozent bei einem Kapitalanteil von 4,6 Prozent), während den wirtschaftlich schwächeren Mitgliedern unwesentlich höhere Stimmrechte zugeteilt sind (z.B. hat Ecuador 0,19 Prozent der Stimmrechte bei einem Kapitalanteil von 0,18 Prozent).

Die IBRD (die synonym kurz als *World Bank* oder Weltbank bezeichnet wird) finanziert langfristige Darlehen mit einer Laufzeit von 15 bis 20 Jahren. Die Kreditvergabe refinanziert sie überwiegend durch die Mittelaufnahme in Form von Anleihen an den internationalen Kapitalmärkten (hauptsächlich in Europa, Japan, USA). Das ist ihr zu relativ günstigen Konditionen möglich, da insbesondere die OECD-Länder mit ihrem „Haftungskapital" als Garanten hinter der Weltbank stehen, der damit ein *AAA-Rating* zukommt. Zunehmende Bedeutung haben die Rückflüsse aus früher gewährten Darlehen gewonnen, auch wenn zwischenzeitlich das Prinzip gelockert wurde, demzufolge es bei der Weltbank grundsätzlich keinen Schuldenerlass gibt. Die Kapitaleinzahlungen der Mitgliedsländer der Weltbank spielten nur zu Beginn ihrer Geschäftstätigkeit als Finanzierungsquelle eine nennenswerte Rolle.

Die Weltbank ist sowohl ein Finanzierungsinstitut als auch eine Entwicklungsagentur. Daher beschränkt sie sich nicht auf reine Finanzierungsaufgaben, sondern achtet zudem darauf, dass die Projekte und Programme die langfristige Entwicklung in den Nehmerländern günstig beeinflussen. Zur Finanzierung vorgeschlagene Projekte und Programme werden u.a. auf ihre Bedeutung für die Einkommensverteilung und Beschäftigungslage untersucht, auf Umweltbelastungen, auf die Möglichkeiten zur Mobilisierung lokaler Ressourcen und zur Weiterentwicklung von Institutionen sowie auf ihren Beitrag zur Ausbildung einheimischen Personals – aber auch darauf hin, ob sie wirtschaftlich rentabel sind. Von der Weltbank finanzierte Vorhaben müssen mit der *Country Assistance Strategy* (CAS) vereinbar sein, die für jedes kreditnehmende Land als umfassende Diagnose der Entwicklungsherausforderungen erstellt wird, einschließlich einer Analyse der Verursachungsfaktoren von Armut in diesem Land.

Nachdem die Schwerpunkte der von der Weltbank finanzierten Maßnahmen anfänglich hauptsächlich im Auf- und Ausbau von Produktionsanlagen sowie der materiellen Infrastruktur lagen, haben sich die Weltbank-Aktivitäten in den zurückliegenden Jahren deutlich verlagert: finanziert werden jetzt in stärkerem Maß Projekte und Programme, die unmittelbar der Masse der armen ländlichen und städtischen Bevölkerung in EL zugute kommen sollen. Auch die Finanzierung von Struktur- und Sektoranpassungsprogrammen spielte zeitweise eine wichtige Rolle. Vor dem Hintergrund der Klimaveränderung sind die Aktivitäten der Weltbank im Umwelt- und Ressourcenschutz seit einiger Zeit erheblich ausgeweitet worden.

Die Finanzierungsangebote der IBRD richten sich hauptsächlich an die Entwicklungsländer mit mittlerem Einkommen sowie an kreditwürdige ärmere Länder. Darlehen werden im Prinzip nur an Regierungen der Mitgliedsländer vergeben.

Bei anderen Kreditnehmern – beispielsweise öffentliche Unternehmen eines Mitgliedslandes – ist eine staatliche Garantieübernahme erforderlich, um in den Genuss der günstigen Konditionen zu kommen, wie sie Regierungen gewährt werden. Die Verzinsung der IBRD-Darlehen (*flexible loans*) orientiert sich an den internationalen Kapitalmärkten. Die kreditnehmenden Länder profitieren aber von langen Laufzeiten der Darlehen bis zu 30 Jahren, die bei kommerziellen Geschäftsbanken unüblich sind. Zudem bietet die Weltbank ihren Schuldnern Instrumente zur Absicherung gegen Zins- und Wechselkursrisiken an (*Risk Management Tools*). Eine zusätzliche Kreditlinie, das *catastrophe risk financing*, besteht für die Absicherung gegen die finanziellen Risiken von (Natur-)Katastrophen. Um kommerziellen Kapitalgebern keine Konkurrenz zu machen sowie um die Mittel der Bank möglichst zielgerichtet einzusetzen, sollen von der IBRD keine Darlehen zu Zwecken bereitgestellt werden, deren Finanzierung auch aus anderen Quellen zu angemessenen Bedingungen möglich wäre. Zusätzlich zu ihren Finanzierungsangeboten in Form von Krediten, Kreditgarantien und Risikoabsicherungen bietet die Weltbank ihren Kreditnehmern auch kostenfreie umfassende Beratungsleistungen für eine ergebnisorientierte Planung und Implementierung der finanzierten Projekte und Programme. International beachtete wissenschaftliche Unterstützung für die finanzielle und technische Zusammenarbeit der Weltbank mit den Entwicklungsländern liefert das *World Bank Institute* (WBI), das auch entwicklungspolitische Qualifizierungskurse für *Development Manager* aus aller Welt anbietet.

Abbildung 14: Die Weltbank-Gruppe

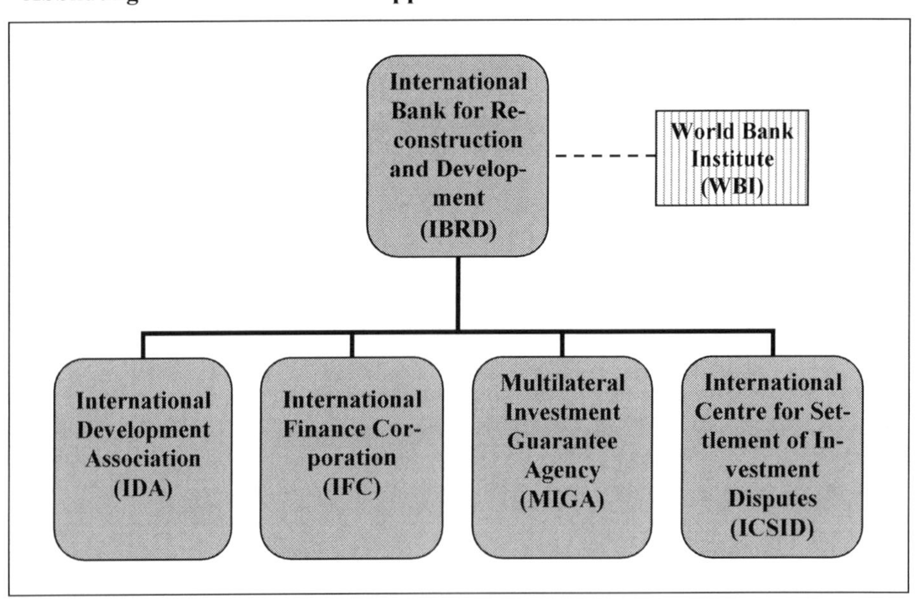

Die Finanzierungsangebote der Weltbank-Tochter *International Development Association* (IDA) richten sich in erster Linie an diejenigen Entwicklungsländer, die nicht hinreichend kreditwürdig sind, um IBRD-Darlehen zu erhalten. Dies sind an ihrem Pro-Kopf-BNE gemessen die ärmsten EL (2010: unter 1.135 US-Dollar), aber auch einige *Small Developing Island States* (SDISs), die keinen Zugang zu IBRD-Krediten haben. Zu den Voraussetzungen für die Inanspruchnahme einer IDA-Finanzierung in Form zinsfreier Kredite und nicht zurückzuzahlender Zuschüsse gehört, neben der relativen Armut des Landes, auch eine Wirtschafts- und Sozialpolitik, die Wirtschaftswachstum fördert und zur Armutsreduzierung beiträgt. Derzeit kommen 79 Länder für IDA-Finanzierungen in Frage, von denen etwa die Hälfte in Afrika südlich der Sahara liegt (siehe Anhang A3).

Für die Gründung der IDA im Jahr 1960 war maßgebend, dass es vor allem den ärmsten Entwicklungsländern zunehmend immer weniger möglich wurde, sich bei der IBRD zu deren kapitalmarktorientierten Bedingungen zu verschulden. Auf US-Initiative hin wurde deshalb ein Finanzierungsinstitut geschaffen, das gemäß Artikel 1 des IDA-Abkommens beauftragt ist, den Entwicklungsländern Finanzierungsmittel zu Bedingungen bereitzustellen, die „elastisch sind und die Zahlungsbilanz weniger belasten als die Konditionen herkömmlicher Darlehen". Ihrer Zielsetzung entsprechend sind die Kredite der IDA unverzinslich; es wird lediglich eine Bearbeitungsgebühr in Höhe von 0,75 Prozent p.a. erhoben und sie haben noch längere Laufzeiten als die IBRD-Darlehen (35 bis 40 Jahre, mit anfänglich 10 tilgungsfreien Jahren).

Anders als die IBRD beschafft sich die IDA die Mittel für ihre Kredite nicht auf den internationalen Kapitalmärkten, sondern finanziert sich aus freiwillig eingezahlten Beiträgen von Geberländern sowie aus Gewinnüberweisungen der IBRD und der IFC. Die für eine kontinuierliche Kreditvergabe notwendige Wiederauffüllung des IDA-Kapitals (*Replenishment*) erfolgt alle drei Jahre. An der 15. Wiederauffüllung des IDA-Kapitals im Jahr 2007 beteiligten sich 45 Länder, darunter erstmalig auch ehemalige Empfänger von IDA-Finanzierungen wie China und Ägypten. Die höchsten Einzahlungen leisteten Großbritannien, die USA, Japan und Deutschland, aber auch die neuen EU-Mitglieder Estland, Lettland und Litauen zählten zu den Gebern. Die nächste IDA-Auffüllung ist für 2011 vorgesehen.

Abbildung 15: IDA-Finanzierungen 2009 nach Sektoren und Regionen (in %)

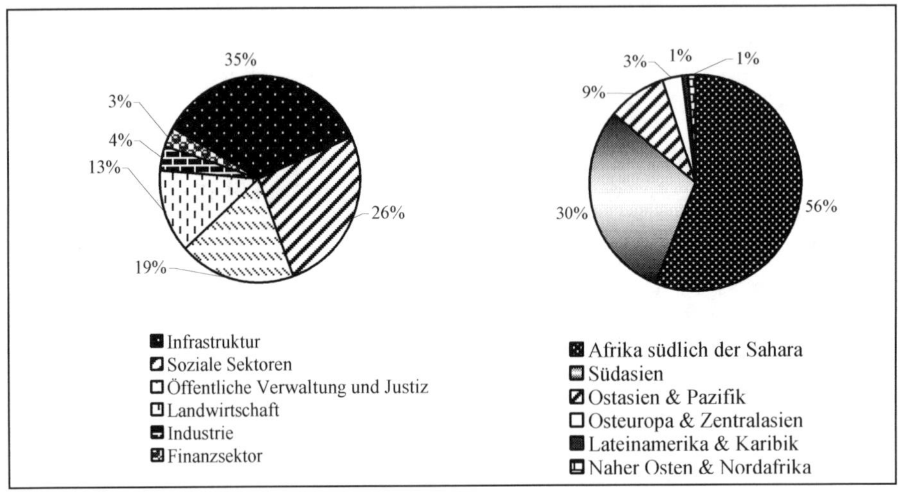

Quelle: IDA.

Aufgabe der *International Finance Corporation* (IFC) ist es, die wirtschaftliche Entwicklung der weniger entwickelten Länder zu unterstützen, indem sie das Wachstum des privaten Sektors fördert und bei der Mobilisierung von Inlands- und Auslandskapital Hilfe gewährt. Zu diesem Zweck übernimmt sie Beteiligungen und vergibt Kredite vor allem an Privatunternehmen in EL. Rechtlich und finanziell sind IFC und IBRD getrennte Organisationen. Die IFC beschäftigt eigene Mitarbeiter, nimmt allerdings für administrative Arbeiten Dienste der IBRD in Anspruch.

Der *Multilateral Investment Guarantee Agency* (MIGA) gehören 175 Mitgliedstaaten an, von denen 25 Industrieländer sind sowie 150 Entwicklungs- und Transformationsländer. Die MIGA wurde 1988 nach langjährigen Beratungen gegründet mit dem primären Ziel, *Foreign Direct Investments* (FDIs) in EL zu fördern, indem sie Garantien gegen nicht-kommerzielle Risiken solcher Investitionen anbietet, wie z.B. Enteignungen oder Bürgerkriege. Häufig sind es politische Risiken, die ausländische Investoren vor einem direkten Engagement in Schwellen- und Entwicklungsländern abhalten. Die MIGA versucht daher, mit ihrem (begrenzten) Instrumentarium nationale Investitionsgarantieabkommen bzw. Kapitalschutzabkommen als auch private Versicherungen gegen politische Risiken zu ergänzen, um ausländische Investitionen zu fördern, die im entwicklungsstrategischen Sinn positiv bewertet werden. Außerdem berät die MIGA Regierungen von EL im Hinblick auf die Verbesserung des Investitionsklimas, z.B. bei der Formulierung von Programmen zur Förderung von FDIs oder bei dem Verfassen von Investitionsgesetzen. Seit ihrer Gründung hat die MIGA für rund 600 Investitionsprojekte in EL Garantien erteilt, musste bislang jedoch erst in drei Fällen Entschädigungen zahlen, wie beispielsweise für die Schäden an einem Wasserkraftwerk in Nepal, die 2002 bei dem Angriff einer maoistischen Guerillagruppe verursacht worden waren.

Das ebenfalls der Weltbank-Gruppe zugehörende *International Centre for Settlemente of Investment Disputes* (ICSID) schlichtet Investitionsstreitigkeiten zwischen Regierungen und ausländischen Investoren. So ist das ICSID z.B. in ein aktuelles Verfahren der deutschen *Fraport AG* gegen die Philippinen wegen einer Investition in Manila involviert; dabei geht es um die Entschädigung für den Bau eines Flughafenterminals, nachdem das oberste philippinische Gericht 2003 den Vertrag über den Bau und den Betrieb des neuen Passagier-Terminals für nichtig erklärt hatte. Sobald ein ICSID-Schiedsspruch ergangen ist, wirkt er wie ein unmittelbar vollstreckbarer Rechtstitel, da jeder der 155 Unterzeichnerstaaten der ICSID-Konvention verpflichtet ist, diesen Schiedsspruch wie ein rechtskräftiges Urteil der eigenen Gerichte durchzusetzen.

Die bisherigen Präsidenten der Weltbank-Gruppe			
Name	Amtszeit	Nationalität	Vorherige Tätigkeit
Eugene Mayer	1946-1947	USA	Partner, Lazard Frères
John J. McCloy	1947-1949	USA	US-Assistant Secretary of War
Eugene R. Black	1949-1963	USA	Vice President, Chase National Bank
George D. Woods	1963-1968	USA	Board Chairman, First Boston Corp.
Robert McNamara	1968-1981	USA	US-Secretary of Defense
Alden Clausen	1981-1984	USA	CEO, BankAmerica
Barber B. Conable	1984-1991	USA	US-Congress-man
Lewis Preston	1991-1995	USA	CEO, J.P. Morgan
James D. Wolfensohn	1995-2005	USA	Executive Partner, Salomon Brothers
Paul Wolfowitz	2005-2007	USA	US-Deputy Secretary of Defense,
Robert B. Zoellick	2007-	USA	Vice Chairman, Goldman Sachs Group, US-Trade Representative

Während die Weltbank-Gruppe ohne regionale Begrenzung tätig ist, finanzieren die *(sub-)regionalen Entwicklungsbanken* und deren Sonderfonds nur Projekte und Programme in den Mitgliedsländern ihres regionalen Zuständigkeitsbereichs. Dabei operieren sie nach ähnlichen Prinzipien wie die Weltbank-Gruppe: sie stellen projekt- und programmgebundene Finanzierungen zur Verfügung, die durch technische Beratungsleistungen ergänzt werden. Aus ihrem ordentlichen Kapital sind dies Darlehen zu marktnahen Konditionen, aus ihren Sonderfonds Kredite zu stark vergünstigten Bedingungen. Die vergünstigten Finanzierungen werden vorzugsweise an die am wenigsten entwickelten Mitgliedsländer der jeweiligen Region vergeben.

Zu den Hauptaufgaben der (sub-)regionalen Entwicklungsbanken gehören die Finanzierung der wirtschaftlichen und sozialen Entwicklung ihrer Nehmerländer; die ergänzende Finanzierung privater Investitionen, sofern privates Kapital nicht zu vertretbaren Konditionen verfügbar ist, sowie technische Unterstützung für die Vorbereitung und Implementierung von Entwicklungsplänen. Zudem gehört zu den Aufgaben der regionalen Entwicklungsbanken auch die Förderung der regionalen Integration.

Regionale Entwicklungsbanken (*Regional Development Banks*/RDBs)

- *African Development Bank* (AfDB), gegründet 1964;
- *Asian Development Bank* (AsDB), gegründet 1966;
- *Inter-American Development Bank* (IDB), gegründet 1959;
- *European Bank for Reconstruction and Development* (EBRD), gegründet 1991.

Subregionale Entwicklungsbanken

- *Banco del Sur;*
- *Banque Ouest Africaine de Développement* (BOAD);
- *Caribbean Development Bank* (CDB);
- *Central American Bank for Economic Integration* (CABEI);
- *Corporación Andina de Fomento* (CAF);
- *East African Development Bank* (EADB).

Neben den regionalen Entwicklungsbanken gibt es eine Vielzahl subregionaler Entwicklungsbanken sowie multilateraler Finanzierungsinstitutionen für bestimmte Sektoren oder Bereiche, wie z.B. die *Islamic Development Bank*, den *OPEC Fund for International Development* oder den *International Fund for Agricultural Development* (IFAD).

Älteste und größte regionale Entwicklungsbank ist die *Inter-American Development Bank* (IDB). Sie wurde 1959 mit dem Ziel gegründet, die wirtschaftliche und soziale Entwicklung in Lateinamerika und der Karibik zu beschleunigen. Die Gründung der Bank war die Antwort auf den schon lange formulierten Wunsch der lateinamerikanischen Staaten nach einer eigenständigen Entwicklungsinstitution, die sich ausschließlich den drängenden Entwicklungsproblemen der Region widmen sollte. Bereits 1890 war auf der *First International American Conference* in Washington DC eine Resolution verabschiedet worden, welche die Gründung einer solchen regionalen Entwicklungsbank forderte. Dieser Vorschlag wurde 1959 von dem damaligen brasilianischen Präsidenten *Juscelino Kubitschek* wieder aufgegriffen, der gemeinsame Anstrengungen der amerikanischen Staaten verlangte, um die wirtschaftliche und soziale Entwicklung der Region zu fördern. Innerhalb der *Organization of American States* (OAS) fand der brasilianische Vorschlag breite Unterstützung, der schließlich in der Gründung der IDB mündete.

Gründungsmitglieder der IDB waren 19 Staaten Lateinamerikas und der Karibik sowie die USA; in den Folgejahren wurden acht weitere Staaten der Region Mitglieder, einschließlich Kanada. Seit 1976 können auch Staaten außerhalb der Region Mitglieder der IDB werden, vorausgesetzt, sie sind Mitglieder des IWF. Inzwischen haben 26 Staaten außerhalb der beiden Amerikas als stimmberechtigte Mitglieder IDB-Kapitalanteile gezeichnet, darunter auch Deutschland. Als vorerst letztes *non-regional* Mitglied ist 2009 die VR China Mitglied der IDB geworden, worin sich das gestiegene wirtschaftliche Interesse des Landes an Lateinamerika und der Karibik widerspiegelt. Die nicht-regionalen IDB-Mitglieder haben zwar Kapitalanteile gezeichnet, besitzen jedoch keinen Kreditanspruch. Die IDB-Statuten sehen vor, dass 50,02 Prozent der Stimmrechte den 26 lateinamerikanischen und karibischen Mitgliedstaaten vorbehalten sind, 30,01 Prozent den USA und knapp 20 Prozent den nicht-regionalen Staaten.

Abbildung 16: Die Verteilung der IDB-Darlehen nach Ländern 1996-2006 (in %)

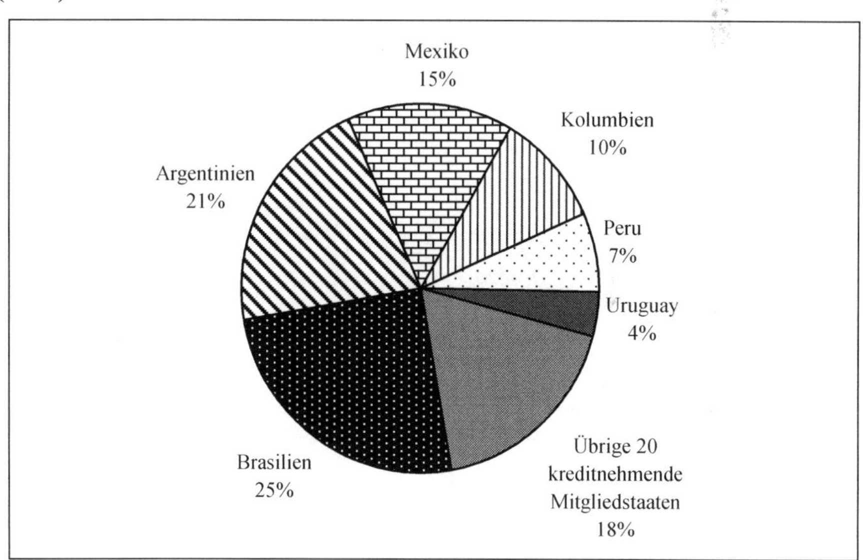

Quelle: Inter-American Development Bank.

Kritiker werfen der IDB vor, parallel zu den privaten Kapitalströmen vor allem diejenigen Länder mit Krediten zu bedienen, die ohnehin Zugang zum internationalen Kapitalmarkt haben. Tatsächlich gehen die Kredite, welche die IDB aus ihren ordentlichen Mitteln vergibt, zum Großteil an die Länder, die auch bei dem Zufluss ausländischer Direktinvestitionen an erster Stelle stehen. Brasilien, Argentinien und Mexiko sind bei der Darlehensvergabe aus den ordentlichen IDB-Mitteln in dem Zeitraum 1996-2006 die drei Hauptschuldner gewesen, auf die rund 61% der gesamten Darlehensgenehmigungen entfielen.

Wie andere regionale *Multilateral Development Banks* (MDBs) hat auch die IDB nach wie vor primär einen Entwicklungsauftrag, wobei heute im Unterschied zu der Gründungszeit Kapitalmangel nicht mehr allein als entscheidender Ansatzpunkt für die Entwicklungsförderung gelten kann. Für die Legitimierung der Existenzberechtigung der IDB sind mittlerweile andere Argumente wichtiger: Förderung der sozialen Gerechtigkeit und Armutsbekämpfung, aber auch die Bewahrung regionaler öffentlicher Güter, durch z.B. Klima- und Umweltschutz. Ähnlich wie bei der Weltbank lagen anfänglich auch bei der IDB die Schwerpunkte ihrer Finanzierung in den landwirtschaftlichen und industriellen Produktionsbereichen sowie in der Infrastruktur des Energie- und Transportsektors. Aber früher als die Weltbank engagierte sich die IDB auch in Gesundheits- und Erziehungsprojekten. Bereits der erste Kredit, den die IDB im Februar 1961 vergab, diente zur Finanzierung eines Projektes zur Verbesserung der Wasserversorgung und Abwasserentsorgung in Arequipa/Peru. In den zurückliegenden Jahren finanzierte die IDB verstärkt auch Bereiche wie Umweltschutz und Stadtentwicklung. Seit 1990 engagiert sich die IDB zudem in Programmen zur Unterstützung des informellen Sektors sowie in Kleinprojekten für Mikrounternehmen. Ungefähr die Hälfte der IDB-Kredite soll in Projekte und Programme fließen, die direkt niedrigen Einkommensgruppen zugute kommen.

Regionale Entwicklungsbanken – ein überholtes Finanzierungsmodell?

Ursprünglich wurden regionale Entwicklungsbanken (*Regional Development Banks*/RDBs) mit der Aufgabe gegründet, als Finanzintermediäre ihren Mitgliedsländern einen besseren Zugang zu Kapital zu ermöglichen und damit zu deren wirtschaftlichen Entwicklung beizutragen. Ihre Zuständigkeit ist auf jeweils eine Region beschränkt: die *Inter-American Development Bank* (IDB) ist in Süd- und Mittelamerika tätig, die *African Development Bank* (AfDB) hat ihren Tätigkeitsschwerpunkt in Afrika und die *Asian Development Bank* (AsDB) agiert in Asien. Die *European Bank for Reconstruction and Development* (EBRD), mit Sitz in London, ist u.a. mit der Aufgabe betraut, Investitionen in den osteuropäischen und zentralasiatischen Nachfolgestaaten der Sowjetunion zu finanzieren; ihre Struktur ist jedoch nicht mit den regionalen Entwicklungsbanken in EL-Regionen vergleichbar.

Existenz und Tätigkeiten der RDBs sind immer wieder in die Kritik geraten, und sie sind besonders in der entwicklungspolitischen Diskussion der zurückliegenden Jahre kontrovers beurteilt worden. Ein Kritikpunkt lautet, dass die RDBs mit der zunehmenden Integration der Kapitalmärkte rund um den Globus nicht mehr zeitgemäß seien.

Gegründet wurden die RDBs Anfang der sechziger Jahre des 20. Jhdt. Damals hatten viele ihrer Mitgliedstaaten keinen ausreichenden Zugang zu den internationalen Kapitalmärkten und damit nur begrenzte Möglichkeiten der Inanspruchnahme externen Kapitals für ihre Entwicklungsfinanzierung. Durch die Errichtung einer gemeinsamen Bank sollte dieses Hemmnis überwunden werden. Aufgrund der gemeinschaftlichen Haftung der Mitglieder war es diesen Banken möglich, Kredite zu günstigen Konditionen auf den internationalen Kapitalmärkten aufzunehmen und an die Mitgliedsländer weiterzugeben. Mit der zunehmenden Integration der Kapitalmärkte haben jedoch viele „Kunden" der RDBs inzwischen unmittelbaren Zugang zu externem Kapital. So konnten beispielsweise die größten Darlehensnehmer der IDB – Argentinien, Brasilien und Mexiko – problemlos Staatsanleihen auf den internationalen Kapitalmärkten platzieren und auch privates Kapital in Form ausländischer Direktinvestitionen ist ihnen in erheblichem Umfang zugeflossen. Fehlender Zugang der regionalen Mitgliedstaaten zu Kapital als wichtiges Argument für die Existenz der IDB ist heute also nicht mehr ohne weiteres überzeugend.

Allerdings muss bei den Kreditnehmern der RDBs unterschieden werden, ob es sich um MICs oder LICs handelt. Es sind vor allem die LICs in der jeweiligen Region, für die nach wie vor kein ausreichender Kapitalzugang besteht, denen aber die RDBs über ihre *soft windows* konzessionäre Kredite anbieten. Während das *soft window* der IDB (der *Fund for Special Operations*) einen relativ kleinen Anteil an den gesamten Finanzoperationen der Bank hat, ist die Bedeutung des *African Development Fund* – das *soft window* der AfDB – für die Region sehr groß. Zudem muss berücksichtigt werden, dass Finanzierungen über die internationalen Kapitalmärkte meist nicht in Projekte fließen, die ein nachhaltiges Wachstum oder die Herstellung von öffentlichen Gütern zum Ziel haben, wie beispielsweise das Bildungssystem.

Fortsetzung: Regionale Entwicklungsbanken – ein überholtes Finanzierungsmodell?

Darüber hinaus haben sich das Tätigkeitsprofil und die sektoralen Ausrichtungen der RDBs im Laufe der Zeit verändert. Heute bieten sie nicht mehr nur Kredite an, sondern sie stellen zusammen mit ihren Finanzierungen Beratungsleistungen und wissensbasierte Operationen bereit.

Seit Ausbruch der globalen Finanzkrise 2008 ist der Zugang zu Kapital für viele EL infolge des allgemeinen Vertrauensverlusts auf den Finanzmärkten wieder schwieriger geworden. Die RDBs haben auf diese Krise mit einer antizyklischen Kreditvergabe reagiert, und ihre Mittel werden wieder stark nachgefragt. Nach einem zeitweiligen Bedeutungsverlust ist die Existenzberechtigung von RDBs in der Krise wieder deutlicher geworden.

Bedeutung für die Entwicklungsfinanzierung kommt auch den subregionalen Entwicklungsbanken zu, die etwa 10 Jahre nach Gründung der RDBs entstanden sind. In Lateinamerika und der Karibik sind beispielsweise nicht nur die Weltbank und die IDB tätig, sondern auch die Andenbank (*Corporación Andina de Fomento/CAF*), die von den Staaten der Andenregion getragen wird, die karibische Entwicklungsbank (*Caribbean Development Bank/CDB)*, die *Central American Bank for Economic Integration* (*CABEI*) und der FONPLATA (*Fondo Financiero para el Desarrollo de la Cuenca de la Plata*). Eine Besonderheit dieser Banken ist die teilweise beschränkte Aufnahme von nicht-regionalen Ländern. Dementsprechend haben diese Einrichtungen einen höheren Grad an *ownership* der subregionalen Mitglieder, die eigenständiger über ihre Belange und die Mittelverwendung entscheiden können. Die subregionalen Entwicklungsbanken stehen in gewisser Weise in Konkurrenz zu den regionalen Entwicklungsbanken, wenn sie Kreditanträge für Projekte in kürzerer Zeit bearbeiten und geringere Anforderungen für die Genehmigung dieser Projektfinanzierung stellen, z.B. in Hinblick auf Sozial- und Umweltstandards. Ob eine raschere Projektprüfung und laxere Anforderungen an die Erfüllung internationaler Standards der Nachhaltigkeit dieser Projekte zuträglich sind, sei dahingestellt. Als entscheidend für die Existenzberechtigung der subregionalen Entwicklungsbanken gilt jedoch vor allem ihr Komplementaritätsverhältnis zu Weltbank und den RDBs, denen gegenüber sie sich themen- und sektorspezifisch abgrenzen. Die Nachfrage nach ihren Krediten bestätigt den Bedarf an Ressourcen sowie an diversifizierten Angeboten der Entwicklungsfinanzierung in der jeweiligen Region.

Alexandra Lisa Thimm

Die Entwicklungsinstitutionen der Vereinten Nationen

Als Organ der UN-Vollversammlung wurde 1964 die *United Nations Conference on Trade and Development* (UNCTAD) gegründet, nachdem sich zuvor erstmals die Vertreter von 77 Staaten zu einer Welthandelskonferenz getroffen hatten. Ursprünglich war der UNCTAD die Aufgabe übertragen worden, den internationalen Handel im Interesse der Entwicklungsländer zu fördern sowie die Tätigkeiten anderer UN-Institutionen auf dem Gebiet des internationalen Handels und der wirtschaftlichen Entwicklung zu koordinieren. Hintergrund waren die Forderungen der Entwicklungsländer nach einer Neuen Weltwirtschaftsordnung zur Überwindung der Asymmetrien zwischen Industrie- und Entwicklungsländern. Mit dem Aufkommen neuer entwicklungsstrategischer Leitbilder folgte seit Beginn der neunziger Jahre des 20. Jhdt. auch eine Neuausrichtung der UNCTAD: sie soll die Integration der Entwicklungs- und Transformationsländer in die zunehmend liberalisierte Weltwirtschaft unterstützen. Der UNCTAD gehören heute alle UN-Mitgliedstaaten an.

Der Hauptakteur des UN-Systems in der internationalen EZ ist das 1965 gegründete *United Nations Development Programme* (UNDP). Das UNDP unterstützt Entwicklungsländer durch Politikberatung (*policy advise*) und den Auf- und Ausbau von Fähigkeiten (*capacity development*) in fünf Schwerpunktbereichen: (1) Demokratische Regierungsführung, (2) Armutsbekämpfung, (3) Krisenprävention und Konfliktbewältigung, (4) Energie und Umwelt sowie (5) Bekämpfung von HIV/AIDS. So stellt beispielsweise das UNDP im Jahr 2010 rund 25 Millionen US-Dollar bereit, um leistungsfähige und glaubwürdige Institutionen in Entwicklungsländern zu stärken, wie Parlamente, Menschenrechtsorganisationen und Anti-Korruptions-Kommissionen. Einer breiten Öffentlichkeit ist das UNDP vor allem durch den jährlichen *Human Development Report* bekannt geworden, der sich bewusst als Gegenstück zu dem *World Development Report* der Weltbank versteht. Das UNDP ist der UN-Koordinator für die MDGs und es ist auch für die Harmonisierung der EZ des UN-Systems in Entwicklungsländern (*Resident Coordinator System*) zuständig.

Die Vereinten Nationen

Gegründet: 24.10.1945.
Organisation: Die UN besteht aus der Generalversammlung, dem Sekretariat, einem Sicherheitsrat, dem Wirtschafts- und Sozialrat (zu dem u.a. der IWF und die Weltbank zählen) und dem Internationalen Gerichtshof. Zudem gehören dem UN-System zahlreiche Sonderorganisationen an, u.a.:

- *United Nations Conference on Trade and Development* (UNCTAD)
- *United Nations Educational, Scientific and Cultural Organization* (UNESCO)
- *Food and Agriculture Organization of the United Nations* (FAO)
- *International Labour Organization* (ILO)
- *World Health Organization* (WHO) u.a.

Neben den Sonderorganisationen gibt es Sonderkörperschaften der UN, u.a.:

- *United Nations Development Programme* (UNDP)
- *United Nations International Children's Emergency Fund* (UNICEF)
- *World Food Programme* (WFP)
- *United Nations Fund for Population Activities* (UNFPA)
- *United Nations Environmental Programme* (UNEP) u.a.

Hauptsitz: New York City, USA.
Mitglieder: 192 Länder (Stand 2009).
Jahresbudget: 4,17 Mrd. US-Dollar für 2008/2009.
Mitarbeiter: mehr als 40 000 Mitarbeiter in aller Welt.
Generalsekretär: Ban Ki-moon (seit 2007).

Als ein Vorteil des UNDP gilt die starke Außenstruktur mit über 130 Vertretungen in Entwicklungsländern. Allerdings ist die Finanzierung der UNDP-Aktivitäten instabil, da sie ausschließlich durch freiwillige Beiträge der UN-Mitgliedsländer erfolgt. 2008 summierten sich diese freiwilligen, nicht projektgebundenen Beiträge auf 1,1 Milliarden US-Dollar. Zusätzlich verwaltet das UNDP den zweckgebundenen *Multi-Donor Trust Fund* in Höhe von 3,7 Milliarden US-Dollar von 53 Gebern für 23 verschiedene Aufgabenbereiche; Deutschland rangiert bei diesem Fonds mit über 24 Millionen US-Dollar auf Platz 18 der Geber. Insgesamt verfügte UNDP 2008 über einen Etat von 4,8 Milliarden US-Dollar; Deutschland beteiligte sich daran mit Einzahlungen von rund 89 Millionen US-Dollar und platzierte sich auf Platz 10 der 166 UNDP-Mitgliedsländer.

Die zehn wichtigsten UNDP-Beitragszahler 2008			
Land	Freiwillige reguläre Beiträge (Mio. US$)	Freiwillige zweckbestimmte Beiträge (Mio. US$)	Insgesamt (Mio. US$)
USA	97,4	201,9	299,3
Großbritannien	96,3	188,8	285,1
Japan	73,1	193,2	266,3
Norwegen	137,6	111,4	249,0
Niederlande	116,6	85,8	202,4
Schweden	109,6	76,4	186,0
Kanada	55,4	123,9	179,3
Spanien	54,4	103,4	157,8
Dänemark	73,1	23,5	96,6
Deutschland	42,2	46,7	88,9
Quelle: UNDP, *Annual Report 2009*, New York 2009, S. 39.			

Weitere entwicklungspolitisch relevante UN-Organisationen sind z.B. das *World Food Programme* (WFP) und die *Food and Agriculture Organization* (FAO); das WFP wurde 1963 gegründet und erhielt die Aufgabe, Vorhaben der EL, in denen Nahrungsmittelhilfe zur ökonomischen und sozialen Entwicklung eingesetzt wird, zu unterstützen; insbesondere werden arbeitsintensive Selbsthilfeprojekte gefördert (ländlicher Straßenbau, Bewässerungskanäle, Deiche etc.), bei denen die Arbeitskräfte durch Nahrungsmittel entlohnt werden („*Food for work*"). Das WFP ist außerdem für die Koordination der Nahrungsmittelhilfe der Geber in Notsituationen zuständig.

Der Bevölkerungsfonds *United Nations Fund for Population Activities* (UNFPA) ist die führende Organisation der multilateralen EZ im Bereich der Bevölkerungspolitik und der Familienplanung; er unterstützt auf Wunsch EL bei der Formulierung ihrer Bevölkerungspolitiken und fördert Projekte in diesem Bereich; die Finanzierung erfolgt aus freiwilligen Beiträgen von UN-Mitgliedern.

Das UN-System mit seinen Sonderorganisationen und Sonderkörperschaften beruht auf vier zentralen Grundsätzen:

- Universalität
- Neutralität
- Souveränität
- Konsens.

Universalität besagt, dass praktisch kein EL von der EZ ausgeschlossen wird, etwa weil sein politisches oder gesellschaftliches System das Missfallen irgendeines anderen Mitgliedslandes der UN erregt. Die praktische Konsequenz dieses Prinzips ist die politische *Neutralität* der EZ-Organisationen des UN-Systems. Eine weitere Wirkung ist: jeder Mitgliedstaat der Vereinten Nationen, der als EL klassifiziert ist, hat Zugang zu und Anspruch auf Mitarbeit in diesen Organisationen in seinem Land.

Aus dem Prinzip der *Souveränität* ergibt sich das Recht jedes Landes, über Prioritäten und Schwerpunkte der EZ selbst zu entscheiden, wie es auch in der *Paris Declaration* von 2005 explizit verankert ist. Für die Entwicklungsorganisationen des UN-Systems galt dieses Recht von Anfang an als Selbstverständlichkeit, so dass sich kein vergleichbar hierarchisches Geber-/Nehmer-Verhältnis herausbildete, wie dies lange Zeit bei der EZ der IFIs und der bilateralen EZ die Regel war. Allerdings bewirkte dieses Prinzip auch einen gewissen Grad von Automatik der EZ-Leistungen des UN-Systems.

Gleichsam als Gegenpol oder zumindest als notwendige Ergänzung zu den Prinzipien der Universalität, Neutralität und Souveränität steht der Grundsatz der Freiwilligkeit bei der Mitwirkung an UN-Entwicklungsaktivitäten und deren Finanzierung. Dieser Grundsatz der Freiwilligkeit findet seinen Ausdruck im *Konsens*-Prinzip: Beschlüsse müssen von allen Mitgliedstaaten gemeinsam getragen werden. Dies führt in der EZ-Praxis der Institutionen des UN-Systems häufig zu Kompromissen auf der Ebene des kleinsten gemeinsamen Nenners, die meist erst nach langen Verhandlungen erzielt werden, dann aber auch von allen Seiten mitgetragen werden (sollen).

Seit ihrer Gründung im Jahr 1945 haben die Vereinten Nationen immer wieder neue Organisationen geschaffen, die sich mit Entwicklungsthemen befassen. Diese Fragmentierung des Systems stellt hohe Anforderungen an die einzelnen Organisationen in Bezug auf Koordinierung und Kohärenz der EZ-Aktivitäten des UN-Systems. Insgesamt gilt die EZ des UN-Systems als deutlich weniger effizient als die Leistungen anderer multilateraler EZ-Institutionen, insbesondere der Weltbank und der regionalen Entwicklungsbanken. Die UN-Institutionen arbeiten wegen der Grundsätze der Universalität, Souveränität und des Konsensprinzips vergleichsweise schwerfällig und sie tendieren zu einer Überbürokratisierung, von der jedoch auch die EZ anderer multilateraler Institutionen nicht gänzlich frei ist.

Seit Ende der neunziger Jahre des 20. Jhdt. haben fast alle entwicklungspolitisch tätigen UN-Organisationen Reformen eingeleitet, um die internen Strukturen und Abläufe leistungsfähiger zu gestalten, und um die Zusammenarbeit untereinander zu verbessern. Diese Reformen sind bislang mit unterschiedlichem Erfolg durchgeführt worden, müssen aber noch deutlich verstärkt werden, um Effektivität und Effizienz der multilateralen EZ des UN-Systems zu steigern.

Ein erster Reformschritt war 1997 die Bildung der *United Nations Development Group* (UNDG) als freiwilliger Zusammenschluss von ca. 30 UN-Organisationen, die in der EZ tätig sind. Ihr Ziel ist, die verschiedenen UN-Organisationen auf Länderebene entsprechend ihrer komparativen Vorteile in das dortige UN-Programm einzubinden, und die UN-EZ vor Ort insgesamt effizient und kohärent agieren zu lassen. Im Idealfall wird die entwicklungspolitische Problemanalyse von allen beteiligten UN-Institutionen gemeinsam durchgeführt (*Common Country Assessment*), die Aktivitäten zur Problemlösung werden gemeinsam geplant (*UN Development Assistance Framework*) und vor Ort von dem UN *Resident Coordinator* gesteuert.

Die Entwicklungszusammenarbeit der Europäischen Union

Die europäische Entwicklungspolitik ist seit der Gründung der Europäischen Wirtschaftsgemeinschaft (EWG) durch die Römischen Verträge im Jahr 1957 mit der Assoziierung belgischer, französischer, italienischer und niederländischer Kolonien und Überseegebiete institutionalisiert. Bereits zwei Jahre später wurde der Europäische Entwicklungsfonds (EEF) gegründet, ein wichtiges EZ-Instrument der Gemeinschaft. Mit dem Abkommen von Jaoundé/Kamerun im Jahr 1964 wurde die Zusammenarbeit mit den assoziierten Staaten Afrikas und Madagaskar vertieft und mit dem Abkommen von Lomé/Togo im Jahr 1975 auf Staaten der Karibik und des Pazifiks ausgeweitet. Diese vertraglich vereinbarte besondere Form der Entwicklungszusammenarbeit mit den Staaten Afrikas, der Karibik und des Pazifiks (AKP-Staaten) wurde von der Europäischen Union (EU) letztmalig im Jahr 2000 mit dem Vertrag von Cotonou/Benin erneuert, in dem auch *Good Governance* und die Einhaltung der Menschenrechte als Grundlagen der Zusammenarbeit genannt sind. Neben dem historisch bedingten besonderen Verhältnis zu den AKP-Staaten umfasst die europäische EZ das Kooperationsabkommen mit den außereuropäischen Mittelmeeranrainer-Staaten sowie die bilaterale Zusammenarbeit der EU mit EL in anderen Teilen der Welt. Nach dem Zusammenbruch der Sowjetunion hat die EU ihre EZ auf Länder des westlichen Balkans und die Gemeinschaft Unabhängiger Staaten (GUS) ausgeweitet.

Die EU ist im Lauf der Zeit zu einem der weltweit wichtigsten Akteure der internationalen EZ geworden. Von der EU und ihren Mitgliedstaaten kommt über die Hälfte der EZ-Mittel für die ärmsten Länder. Die vorrangigen Ziele der im Vertrag zur Gründung der EG in Titel XX, Teil Vier, verankerten Entwicklungszusammenarbeit sind die Bekämpfung der Armut, die nachhaltige wirtschaftliche und soziale Entwicklung, die Eingliederung der EL in die Weltwirtschaft, die Festigung der Demokratie und des Rechtsstaats sowie die Achtung der Menschenrechte. Zudem nimmt die EU für sich in Anspruch, die Entwicklung in den Partnerländern auch dadurch zu fördern, indem sie ihre Märkte für Ausfuhren aus Entwicklungsländern öffnet und diese ermutigt, den Handel untereinander zu verstärken. Mit der Strategie „*Aid for Trade*“ will die EU ihre handelsbezogene Entwicklungszusammenarbeit verbessern und damit die Integration der EL in die Weltwirtschaft unterstützen.

Die EU: Supranationaler Akteur der Entwicklungszusammenarbeit

Gründung: 1951 als *Europäische Gemeinschaft für Kohle und Stahl* (EGKS), 1957 kamen die *Europäische Wirtschaftsgemeinschaft* (EWG) und die *Europäische Atomgemeinschaft* (EAG) hinzu, bevor im Jahr 1967 diese drei Institutionen zu der *Europäischen Gemeinschaft* (EG) zusammengeschlossen wurden. Mit dem Vertrag von Maastricht gründeten die EG-Mitgliedstaaten 1992 die Europäische Union (EU), mit Kompetenzen auch in nicht-wirtschaftlichen Politikbereichen. Heute hat die EU 27 Mitgliedstaaten (Stand Februar 2010).

Organisation: Die EU setzt sich aus dem Europäischen Rat, dem Ministerrat, dem Europäischen Parlament, der Europäischen Kommission, der Europäischen Zentralbank, dem Gerichtshof der Europäischen Union und dem Europäischen Rechnungshof zusammen.

Hauptsitz: Brüssel, Belgien.
Mitglieder: 27 Länder.
Mitarbeiter: ca. 20.000 allein bei der Europäischen Kommission.
Budget: 116 Milliarden Euro (2009).
Budget der EU-Kommission für den entwicklungspolitischen Bereich: 3,4 Milliarden Euro (2009).

Das Budget der EU-Kommission im Jahr 2009 (in Mrd. Euro)

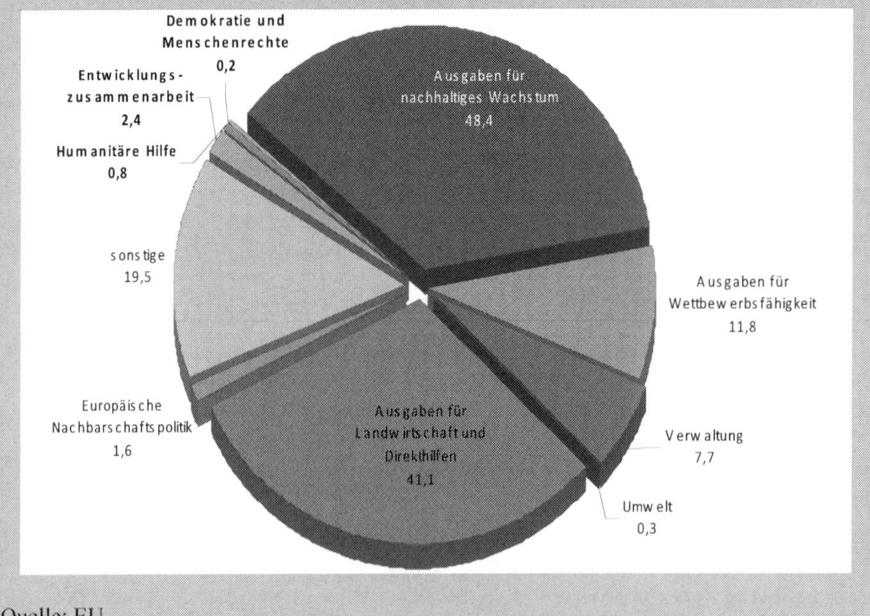

Quelle: EU.

Institutionen der EU-Entwicklungszusammenarbeit

Directorate General (DG) External Relations: zuständig für allgemeine Länderarbeit in Asien, Lateinamerika, dem Mittleren Osten, dem südlichen Mittelmeer, Osteuropa, Russland, Kaukasus, in den zentralasiatischen Republiken und in den Staaten des Westbalkan. Es verfügt über das *Development Co-operation Instrument* (DCI).

DG Development: Zuständig für Grundsatzfragen der EZ und spezialisiert auf die Zusammenarbeit mit den AKP-Staaten.

EuropeAid ist die Durchführungsorganisation der EZ der EU für die Umsetzung von Programmen und Projekten sowie für Monitoring und Evaluierung.

European Community Humanitarian Office (ECHO): Amt für humanitäre Hilfe.

EU-Delegationen vor Ort: Vertretungen in den Nicht-EU-Mitgliedsländern.

Europäischer Entwicklungsfonds (EEF): die Instrumente des EEF sind nicht zurückzuzahlende Finanzierungszuschüsse, Darlehen und *Venture Capital* für den Privatsektor in Entwicklungsländern.

European Investment Bank (EIB): ursprüngliche Aufgabe war die Vergabe langfristiger Darlehen, um die Integration der Mitgliedstaaten zu fördern und zu deren Entwicklung beizutragen; heute gewährt die EIB auch Darlehen an EL.

Ziele der Entwicklungszusammenarbeit der EU: Förderung einer nachhaltigen wirtschaftlichen und sozialen Entwicklung, die harmonische, schrittweise Eingliederung der Entwicklungsländer in die Weltwirtschaft sowie die Bekämpfung der Armut.

2005 hat der Europäische Rat beschlossen, die ODA-Leistungen der EU bis 2015 stufenweise auf 0,7 Prozent des BNE zu erhöhen. Die alten EU-Mitgliedstaaten haben sich dabei verpflichtet, ihre Mittel für EZ bis 2015 auf 0,7 Prozent ihres BNE zu steigern; die neuen EU-Mitgliedsländer streben eine Erhöhung auf 0,33 Prozent bis zum Jahr 2015 an.

Mit ODA-Leistungen in Höhe von insgesamt 14,8 Milliarden US-Dollar im Jahr 2008 rangierte die vergemeinschaftete EU-Entwicklungszusammenarbeit innerhalb des DAC als zweitgrößter Geber, hinter den USA. Zusammen mit den ODA-Leistungen der EU-Mitgliedstaaten machen die europäischen EZ-Aufwendungen über 60 Prozent der weltweiten ODA aus (vgl. Abbildung 17). Finanziert werden diese Fördermittel zu 75 Prozent aus dem EU-Haushalt. Die restlichen 25 Prozent stammen aus freiwilligen Beiträgen der Mitgliedstaaten im Rahmen des EEF, der sich vor allem auf die Zusammenarbeit mit den AKP-Staaten konzentriert. Das *Development Co-operation Instrument* (DCI), das sich hauptsächlich auf die Länder Asiens und Lateinamerikas konzentriert, wird von der Generaldirektion für Außenbeziehungen verwaltet und durch das Jahresbudget der Gemeinschaft finanziert. Zusammen machen das EEF und der DCI einen Großteil der ODA der EU aus. Verantwortlich für die Implementierung der EZ-Programme und -Projekte sowie für Evaluierung und Monitoring ist *EuropeAid*.

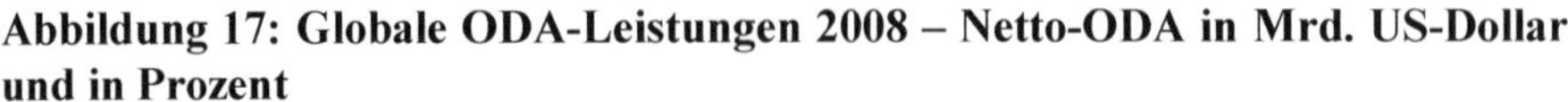
Abbildung 17: Globale ODA-Leistungen 2008 – Netto-ODA in Mrd. US-Dollar und in Prozent

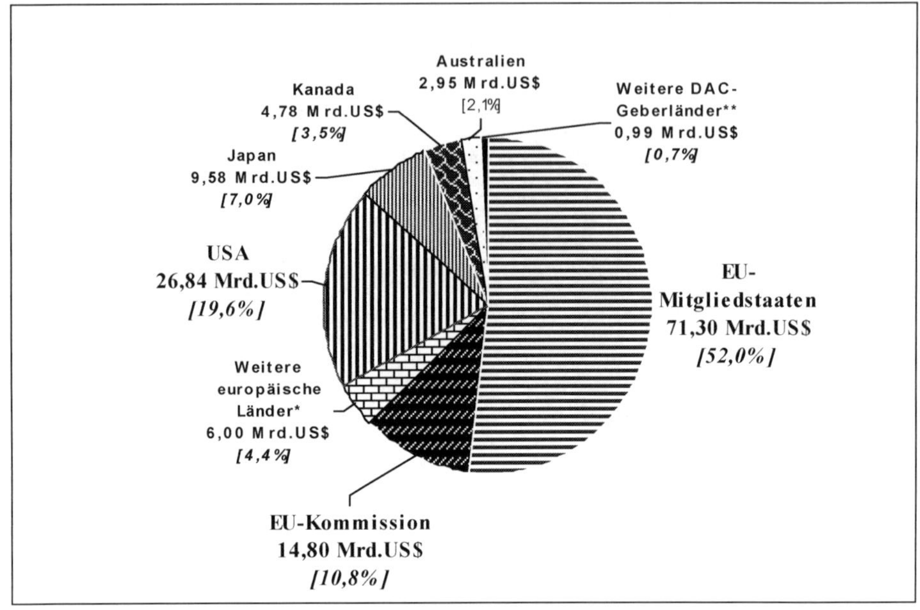

* Island, Norwegen, Schweiz. ** Neuseeland, Südkorea.
Quelle: OECD/DAC.

Die Schwerpunkte der EZ der EU sind u.a. die wirtschaftliche und soziale Entwicklung (fairer Handel, Schema allgemeiner Zollpräferenzen, Bildung, Gesundheit), verantwortungsvolle Regierungsführung (*Good Governance* und Wahrung der Menschenrechte), Umwelt (Klimawandel, Wasser, Energie, Wälder, Fischerei), Nahrungssicherheit (Bekämpfung des Hungers, Nahrungsmittelhilfe-Übereinkommen), Landwirtschaft (Ländliche Politik, z.B. neue Dynamik für die afrikanische Landwirtschaft) und Infrastruktur (Infrastrukturpartnerschaft EU-Afrika, Verkehr, nachhaltiger Tourismus).

Bei der Umsetzung der Schwerpunktthemen nimmt die EU hinsichtlich der Mitgliedsländer eine verbindende Rolle ein. Entsprechend dem 2005 erneuerten „Europäischen Konsens" haben sich die EU-Mitgliedsländer mit der EU-Kommission und dem Europäischen Parlament auf gemeinsame Grundzüge der Entwicklungspolitik geeinigt, um die Komplementarität ihrer entwicklungspolitischen Anstrengungen zu nutzen. Sie haben sich auf eine gemeinsame Vision neben gemeinsamen Zielen und Prinzipien verständigt, für die sich die Mitglieder und die EU selbst einsetzen. Eine institutionelle Herausforderung für die Umsetzung des Konsensus besteht darin, die komparativen Vorteile der bilateralen EZ der Mitgliedstaaten einerseits, und die Vorteile der EZ der EU-Kommission andererseits zu identifizieren und ergänzend einzusetzen. Durch den komplementären Einsatz von Instrumenten der einzelnen EU-Mitglieder sollen Synergieeffekte sowie durch eine bessere Arbeitsteilung in der

EZ eine höhere Effizienz der eingesetzten Mittel erreicht werden. Die EU tritt somit als bilateraler Partner in der Entwicklungszusammenarbeit mit EL auf und sie übernimmt die Koordinierung der EZ ihrer Mitglieder hinsichtlich Strategieplanung und Ausrichtung. In dieser dualen Rolle ist die EU als föderative Geberin in der internationalen EZ ein starker globaler Entwicklungspartner.

Die multilateralen Akteure der Entwicklungszusammenarbeit im Vergleich

Allgemein wird den multilateralen Finanzierungsinstitutionen eine vergleichsweise höhere Effizienz bescheinigt als den anderen multilateralen EZ-Institutionen. Tatsächlich ist der Verwaltungsaufwand bei der Vergabe von Entwicklungskrediten in der Regel deutlich niedriger als bei den Arten der Zusammenarbeit, welche die Schwerpunkte der anderen Akteure in der multilateralen EZ ausmachen. Die direkte Zusammenarbeit „vor Ort" in den Programmen und Projekten ist erheblich personal- und verwaltungsintensiver als die finanzielle Zusammenarbeit, bei der die Zentralen der IFIs Kreditverträge mit den EL abschließen und komplementäre Planungsleistungen erbringen. Man kann daher den entwicklungspolitischen Institutionen des UN-Systems nicht die Tatsache zum Vorwurf machen, dass sie stärker verwaltungsintensivere Formen der multilateralen EZ in den EL durchführen als die *Bretton-Woods*-Institutionen und die regionalen Entwicklungsbanken, die sich in stärkerem Maße mit der Finanzierung von Projekten befassen.

Leitung und Kontrolle der multilateralen EZ-Einrichtungen sind unterschiedlich organisiert. Bei den multilateralen Finanzierungsinstitutionen sind es die Regierungen der Mitgliedstaaten, welche – entsprechend ihren Stimmanteilen – die wesentlichen Entscheidungen treffen und die Richtlinien für die Arbeit der Institutionen festlegen. Alle Organisationen haben inzwischen interne Mechanismen zur Überprüfung der Mittelverwendung, der Effizienz und der Nachhaltigkeit ihrer EZ-Maßnahmen etabliert.

Im Lauf der Zeit ist es auch zu einer deutlich verstärkten Kooperation und Koordination zwischen den Trägerinstitutionen der multilateralen EZ gekommen. So hat beispielsweise das UNDP in mehreren afrikanischen EL die Organisation der „Runden Tische" übernommen. Als Gemeinschaftsprojekt von Weltbank, UNDP und UNEP wurde die „Globale Umweltfazilität" (GEF) zur Finanzierung von Umweltprojekten in EL geschaffen. Trotz solcher Verbesserungen besteht für die multilateralen entwicklungspolitischen Aktivitäten weiterer konzeptioneller und institutioneller Reformbedarf. Im Sinne einer besseren demokratischen Legitimierung wird von EL – und vor allem von den Schwellenländern – ein größeres Mitspracherecht an den Entscheidungen der IFIs gefordert, damit diese den Rahmenbedingungen und tatsächlichen Gegebenheiten in ihren Ländern besser Rechnung tragen.

Komparative Vorteile multilateraler Organisationen in der Entwicklungszusammenarbeit						
Komparative Vorteile	UN-Programme[1]	UN-Sonderorganisationen[2]	Humanitäre UN-Organisationen[3]	Weltbank-Gruppe[4]	Regionale Entwicklungsbanken[5]	EU
Eintreten für spezielle Zielgruppen	* *	*	* *			
Kapazität für Katastrophenhilfe	* *	*	* *			* *
Neutrale Beratung	* *	*	* *	*	*	
Zugang zu finanziellen Mitteln	*		*	* *	* *	* *
Ausschaltung kommerzieller Interessen	* *	* *	* *	*	*	
Zugang zu weltweiter Expertise	*	* *		* *	*	
Verbindung zwischen Analyse, Politikdialog und Projekten	*	*		* *	*	*
Präsenz in vielen EL	* *	*	* *	*		* *
Erfahrungsaustausch zwischen den Ländern	* *	* *	* *	* *	* *	
Von den EL kontrollierte Organisation	* *	* *	*		*	

* = kleiner Vorteil; ** = großer Vorteil.

[1] UNDP, UNSO, UNICEF; [2] FAO, ILO, WHO; [3] UNHCR; [4] IBRD, IDA; [5] AfDB, AsDB, IDB, CDB.

Quelle: Department of International Cooperation, Danish Ministry of Foreign Affairs, *Effectiveness of Multilateral Agencies at Country Level. Case Study of 11 Agencies in Kenya, Nepal, Sudan and Thailand,* Kopenhagen 1991, Bd. 1, S. 7.

Die Zahl der Nichtregierungsorganisationen (NRO) hat sich in den zurückliegenden Dekaden weltweit vervielfacht. Diese zivilgesellschaftlichen Gruppierungen, die sich auf private Initiativen hin bilden und unterschiedliche Organisationsstrukturen annehmen, verfolgen höchst unterschiedliche Zielsetzungen, jedoch überwiegend in sozialen, humanitären, ökologischen und entwicklungspolitischen Bereichen. Die Zahl der international tätigen NRO beläuft sich schätzungsweise auf mehrere Tausend. Ihre Vertreter sind inzwischen auf vielen Weltkonferenzen präsent und werden bisweilen als lautstarke Akteure der internationalen Weltpolitik wahrgenommen. So haben beispielsweise die medienwirksam in Szene gesetzten Aktionen von *Greenpeace* oder *Attac* in der Regel einen hohen Nachrichtenwert.

Auch auf nationaler Ebene gibt es in vielen Industrie- und Entwicklungsländern eine große Vielfalt an NRO. Ihre Anfänge gehen teilweise – z.B. in verschiedenen Ländern Asiens – bis auf die zwanziger Jahre des vorigen Jhdt. zurück und heute sind es große Organisationen mit Hunderten oder Tausenden von Mitarbeitern. So gibt es beispielsweise in Indien und Sri Lanka NRO, welche die Ideen von *Mahatma Gandhi* zu verwirklichen suchen; in Afrika südlich der Sahara besteht eine jahrhundertealte Tradition von Selbsthilfe und Solidaritätsgruppen auf Dorfebene; in den Andenstaaten Lateinamerikas versucht man, wieder auf Organisationsformen kooperativer Arbeit aus vorkolumbianischer Zeit zurückzugreifen. Diese lange Tradition der NRO in EL wird in den Industrieländern oft vergessen.

DAC-Kriterien für die Anerkennung von Nichtregierungsorganisationen in der Entwicklungszusammenarbeit

- Unabhängigkeit vom Staat
- Demokratische und transparente Organisationsstruktur
- Breite Basis in der Bevölkerung
- Verantwortliches, leistungsfähiges Management
- Klare und konkrete Ziele
- Bereitschaft zur Zusammenarbeit und zur Mitwirkung an Reformen

Quelle: OECD, *Voluntary Aid for Development. The Role of Non-Governmental Organizations*, Paris 1988.

NRO sind in Geber- und Nehmerländern zu geschätzten Partnern der Entwicklungszusammenarbeit geworden. Von den staatlichen Akteuren der EZ in den Geberländern sind NRO sogar als Mittler dringend gesucht worden, da sie wegen ihrer Basisnähe die Chance boten, die korrupten Staatsbürokratien in den EL beim EZ-Ressourcentransfer umgehen zu können. Zeitweilig sind NRO zu den neuen Hoffnungsträgern der internationalen EZ stilisiert worden. Während sich die staatliche bilaterale Entwicklungszusammenarbeit immer stärkerer Kritik ausgesetzt sah, wurde von den NRO erwartet, sie könnten es besser.

Es ist ein gern gepflegter Mythos, dass es sich bei all diesen zivilgesellschaftlichen Gruppen in EL um egalitäre Basisorganisationen handele. Die Wirklichkeit sieht oft anders aus. Bei vielen NRO, die auf lokaler, regionaler oder nationaler Ebene in EL erfolgreich arbeiten, lassen sich die Erfolge häufig auf das Wirken einzelner Personen mit Führungsqualitäten zurückführen, die in der Lage sind, Anregungen zu geben, Motivation zu gemeinsamen Anstrengungen zu schaffen und Entscheidungen der Mitglieder herbeizuführen. Solche Führungspersönlichkeiten von NRO sind in der EZ unentbehrlich. Denn will die öffentliche EZ mit ihren Unterstützungsangeboten lokale Zielgruppen erreichen, dann ist sie auf die Zusammenarbeit mit Organisationen vor Ort angewiesen, und das heißt auch: mit deren Führungspersönlichkeiten. Der gängige „Partizipations-Jargon" der EZ lässt vor allem die entwicklungspolitischen Akteure der Geberländer leicht Glauben machen, sie könnten vor Ort „mit den Armen direkt" zusammenarbeiten. Das gelingt aber kaum – und insofern sind die staatlichen entwicklungspolitischen Akteure der EL meist gut beraten, wenn sie für den Zugang zu den Zielgruppen die Vermittlung und aktive Mitarbeit von NRO nutzen. Tatsächlich ist die Mitwirkung qualifizierter, durch Basisbezug legitimierter NRO als Projekt- und Programmpartner zu einem festen Bestandteil der öffentlichen EZ geworden. Besonders in der Armutsbekämpfung kommt der Trägerdiversifizierung durch verstärkte Zusammenarbeit mit NRO aus Entwicklungsländern in ihrer Rolle als Mediatoren eine immer wichtigere Bedeutung zu.

Ein Vorteil der Zusammenarbeit mit NRO und deren Führungspersönlichkeiten ist zweifelsohne dann gegeben, wenn sich diese nicht gegen erstarrte bürokratische Apparate durchsetzen müssen, die neue Ideen zu verhindern versuchen, nur weil sie neu sind. Allerdings ist nicht auszuschließen, dass sich auch auf der Ebene der NRO Selbstherrlichkeit und autokratische Strukturen ausbreiten, wie teilweise auf der Ebene der staatlichen EZ. Die entscheidende Frage in Bezug auf die NRO in der Entwicklungszusammenarbeit lautet daher: wer legitimiert und kontrolliert die NRO? Nicht nur staatliche Funktionäre haben sich aus Entwicklungshilfe-Geldern bereichert, auch Mitarbeiter von NRO in Industrie- und Entwicklungsländern haben sich dies schon zu Schulden kommen lassen. Überall auf der Welt sind die Repräsentanten zivilgesellschaftlicher Organisationen auf ähnliche Weise korrumpierbar wie die des Staates.

Gerade bei den NRO, die in dem Bereich der Entwicklungszusammenarbeit aktiv sind, hat deren Nichtstaatlichkeit als konstituierendes Merkmal im Lauf der Zeit zumindest bei der Finanzierung ihrer Aktivitäten an Bedeutung eingebüßt. Bildeten für viele NROs ursprünglich freiwillige Beitragszahlungen und Spenden ihrer Mitglieder und Unterstützer die finanzielle Basis, so stellen inzwischen staatliche Mittel eine Hauptfinanzierungsquelle ihres entwicklungspolitischen Engagements dar; dies gilt beispielsweise für kirchliche Entwicklungshilfeorganisationen in Deutschland und für die Arbeit der deutschen politischen Stiftungen in Entwicklungsländern. Aber auch aus Eigenmitteln (insbesondere Beiträge und Spenden) haben deutsche NRO in dem Zeitraum 2005-2008 jährliche Leistungen an Entwicklungsländer in Höhe von durchschnittlich 1,1 Milliarden Euro erbracht.

Abbildung 18: Leistungen deutscher Nichtregierungsorganisationen aus Eigenmitteln an Entwicklungsländer 2005-2008 (in Mio. Euro)

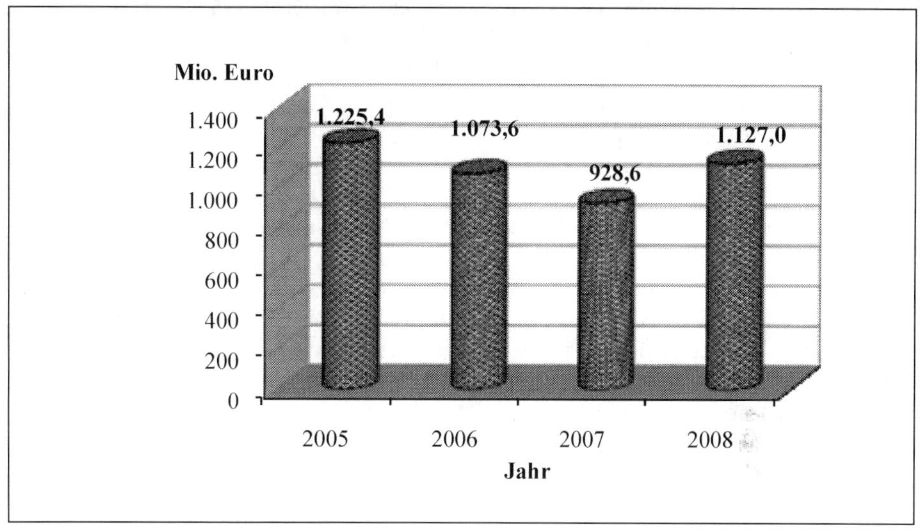

Quelle: BMZ.

Für NRO, die sich zu fast 100 Prozent aus staatlichen Mitteln finanzieren, wurde der Begriff *Quasi Non-Governmental Organizations* (*QUANGOs*) eingeführt. Eine Vielzahl solcher QUANGOs ist auch in Entwicklungsländern entstanden, um an dem *development business* zu partizipieren. Nicht selten handelt es sich dabei um Organisationen mit nur einigen wenigen Mitarbeitern, die quasi unternehmerisch und professionell *fund raising* im Kontext der internationalen Entwicklungszusammenarbeit betreiben, um ihren Lebensunterhalt zu finanzieren.

Die Hauptakteure der deutschen bilateralen Entwicklungszusammenarbeit

Bilaterale öffentliche EZ umfasst ODA-Leistungen, die ein Staat einem EL oder einer Gruppe von EL direkt gewährt. Ebenso wie die multilaterale EZ geht auch die bilaterale EZ von der Hypothese aus, dass staatlich geförderter Ressourcentransfer die Einkommens- und Entwicklungsunterschiede zwischen Industrie- und Entwicklungsländern verringern könne. An dieser Hypothese hält die EZ im Wesentlichen unverändert seit mehr als sechs Dekaden fest.

Die Beteiligung Deutschlands an diesem Ressourcentransfer in Form bilateraler EZ begann 1956 mit einem Haushaltstitel von 50 Millionen DM im Budget des Auswärtigen Amtes, mit der Überschrift: „Förderung wirtschaftlich unterentwickelter Länder“. Zusätzlich wurden im selben Haushaltsjahr 1,25 Millionen DM für die „Beteiligung der Bundesrepublik Deutschland an dem erweiterten technischen Beistandsprogramm der Vereinten Nationen für die wirtschaftliche Entwicklung unterentwickelter Länder“ ausgewiesen.

Seit den bescheidenen Anfängen haben sich die Aufwendungen für Entwicklungszusammenarbeit deutlich gesteigert. 2008 erbrachte Deutschland ODA-Leistungen in Höhe von fast 10 Milliarden Euro, davon rund zwei Drittel als bilaterale ODA. Damit nahm Deutschland als DAC-Geberland in absoluten Zahlen Platz zwei ein, nach den USA und vor Großbritannien, Frankreich und Japan. Die beachtliche Steigerung der deutschen ODA-Leistungen um inflationsbereinigt ca. 6 Prozent innerhalb eines Jahres ist u.a. auf höhere Beiträge für die EU-Entwicklungszusammenarbeit zurückzuführen, aber auch darauf, dass Deutschland im selben Jahr Entwicklungsländern Schuldenerlasse in Höhe von etwa 2 Milliarden Euro gewährte, die ebenfalls zu den ODA-Aufwendungen zählen, aber keinen tatsächlichen Ressourcentransfer darstellen.

Insgesamt erreichte die deutsche bilaterale ODA von 1960 bis 2009 rund 143 Milliarden Euro. Der größte Anteil entfiel im Durchschnitt der Jahre 1960-2002 auf die EL in Asien (36 Prozent) und Afrika (34,5 Prozent); die EL in Lateinamerika und in der Karibik erhielten knapp 12 Prozent, die europäischen EL (früher z.B. Türkei, Griechenland, Spanien, Portugal) ca. 9 Prozent. Seit der zweiten Hälfte der neunziger Jahre des 20. Jhdt. hat sich eine deutliche regionale Verschiebung der deutschen bilateralen ODA-Leistungen zugunsten afrikanischer Länder südlich der Sahara ergeben – mit steigender Tendenz.

Abbildung 19: Netto-ODA-Leistungen der Bundesrepublik Deutschland 1960-2008 (in Mio. Euro)

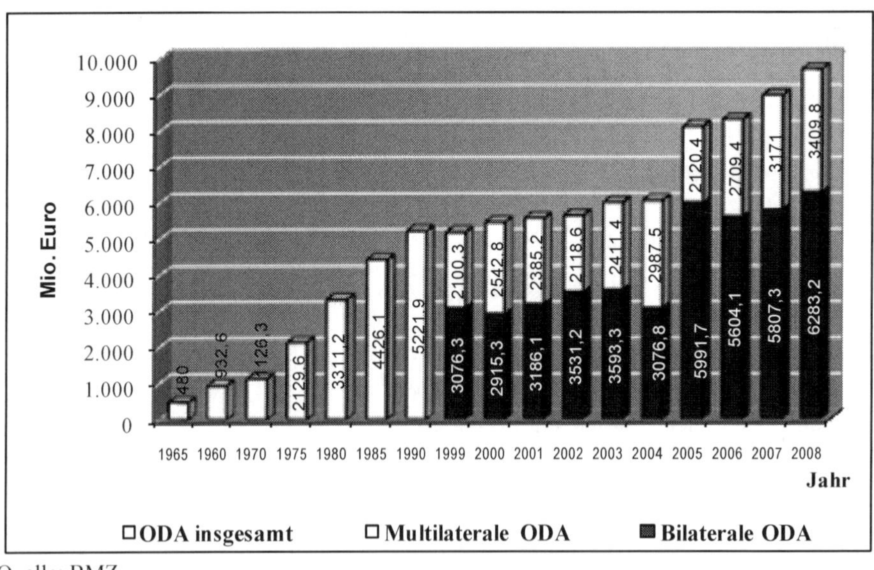

Quelle: BMZ.

Die bundesdeutsche EZ hat sich seit ihrer Verpflichtung, 0,7 Prozent des BNE für ODA aufzuwenden, immer wieder offiziell dazu bekannt. Entsprechend der UN-Zielvorgabe von 1970 soll der gesamte öffentliche und private Kapitalfluss aus Deutschland in die EL sogar mindestens 1 Prozent des BNE betragen. Tatsächlich hat sich jedoch der Anteil der gesamten deutschen ODA-Leistungen am BNE im Verlauf der neunziger Jahre des 20. Jhdt. stetig verringert, auf einen Tiefstand im Jahr 2001 von 0,27 Prozent des BNE; inzwischen sind die ODA-Leistungen wieder angestiegen, auf 0,38 Prozent des BNE im Jahr 2008. Um jedoch das innerhalb der EU vereinbarte Zwischenziel von 0,51 Prozent des BNE bis zum Jahr 2010 zu erreichen, müsste Deutschland seine EZ um etwa 3,8 Milliarden US-Dollar erhöhen, dies entspräche einer Steigerung von 27 Prozent ausgehend vom Jahr 2008. Die FZ in Form von Krediten hat an dem gesamten Finanzierungsvolumen der bilateralen deutschen EZ einen geringeren Anteil als die TZ ausgemacht, allerdings mit deutlichen Unterschieden bei den Zielregionen.

Abbildung 20: Ausgabenstruktur der bilateralen deutschen Entwicklungszusammenarbeit 2008 (in %)

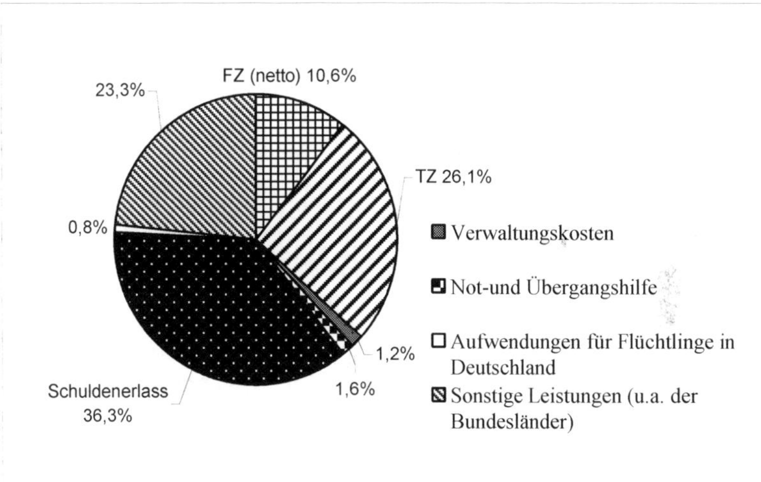

Quelle: BMZ.

Als Teil der Gesamtpolitik war die bundesdeutsche EZ nach Regierungswechseln mancherlei inhaltlichen Revisionen unterworfen. Von einer regionenspezifischen EZ – z.B. für und mit Lateinamerika oder Afrika – konnte lange Zeit keine Rede sein, da sich die praktizierten Verfahren und Instrumente der bilateralen EZ z.B. mit den lateinamerikanischen Staaten nicht wesentlich von denjenigen in anderen Teilen der „Dritten Welt" unterschieden. Inhaltlich lässt sich für die öffentliche EZ der Bundesrepublik Deutschland mit den EL während der ersten vier Entwicklungsdekaden eine gewisse Fixierung auf das modernisierungstheoretisch begründete Paradigma nachholender Industrialisierung von außen nach innen konstatieren.

Bei diesem Konzept, dessen entwicklungsstrategisches Grundmuster westeuropäisch-nordamerikanischen Vorbildern entsprach, wurde allerdings übersehen, dass gegenüber der historischen Modellvorlage völlig veränderte weltwirtschaftliche Rahmenbedingungen bestanden sowie signifikante Unterschiede in der Konfiguration der Machtverteilung innerhalb der Gesellschaften in den EL.

Es entspricht durchaus demokratischen Grundsätzen, dass nach einem Regierungswechsel neue Grundsätze und Leitlinien für die verschiedenen Politikbereiche formuliert werden, mithin also auch für die Entwicklungspolitik. Dennoch zeigt sich in der bilateralen EZ der Bundesrepublik Deutschland eine bemerkenswerte Konstanz der entwicklungspolitischen Grundausrichtung. Dies gilt überraschenderweise auch für den Regierungswechsel vom Herbst 2009, als ein Politiker aus Gründen der Koalitionsarithmetik die Leitung des BMZ übernehmen musste, der zuvor im Wahlkampf die Abschaffung eben dieses Ministeriums propagiert hatte.

Fragt man nach den aktuellen Grundsätzen der deutschen EZ und versucht, diese aus den diversen Publikationen des BMZ heraus zu lesen, dann ergibt sich in etwa folgendes Bild: die deutsche Entwicklungspolitik orientiert sich an dem Leitbild einer global nachhaltigen Entwicklung, die sich gleichermaßen in wirtschaftlicher Leistungsfähigkeit, sozialer Gerechtigkeit, ökologischer Tragfähigkeit und politischer Stabilität ausdrückt. Der Anspruch der Bundesregierung ist es, mit ihrer Entwicklungspolitik dazu beizutragen, die weltweite Armut zu bekämpfen, die Umwelt zu schützen, den Frieden zu sichern und Demokratie zu verwirklichen sowie die Globalisierung gerecht zu gestalten.

Entwicklungspolitik wird als globale Struktur- und Friedenspolitik im Rahmen globaler Partnerschaft verstanden; dementsprechend verfolgt sie einen ganzheitlichen Ansatz mit vier interdependenten Zielsetzungen:

1. Förderung der wirtschaftlichen Leistungsfähigkeit, d.h. wirtschaftliche Zusammenarbeit mit EL sowie die Förderung eines an der Armutsreduzierung orientierten Wirtschaftswachstums (*Pro-Poor-Growth*);
2. Unterstützung politischer Stabilität, d.h. Frieden, Achtung der Menschenrechte, Demokratie und Gleichberechtigung;
3. Herstellung sozialer Gerechtigkeit, d.h. Schaffung armutsmindernder Rahmenbedingungen und des sozialen Ausgleichs;
4. Bewahrung des ökologischen Gleichgewichts, d.h. der natürlichen Ressourcen als Lebensgrundlagen.

Die Interdependenz der vier Zieldimensionen nachhaltiger Entwicklung erfordert die Berücksichtigung von Querschnittsthemen, die in allen EZ-Programmen und -Projekten in der Planung und Durchführung zu berücksichtigen sind, um einem ganzheitlichen Entwicklungsansatz gerecht zu werden.

Diese Querschnittsthemen sind derzeit:

- Bekämpfung der Armut
- Förderung der Gleichberechtigung der Geschlechter
- Partizipative Entwicklung und gute Regierungsführung (*Good Governance*)
- Umwelt- und Ressourcenschutz
- Krisenprävention
- Bekämpfung von Drogenmissbrauch
- Ländliche Entwicklung
- Tropenwaldschutz.

Kriterienkatalog der deutschen Entwicklungszusammenarbeit für die Bewertung der Entwicklungsorientierung von Partnerregierungen

- Armutsorientierte und nachhaltige Politikgestaltung
- Achtung, Schutz und Gewährleistung aller Menschenrechte
- Demokratie und Rechtsstaatlichkeit
- Leistungsfähigkeit und Transparenz des Staates
- Kooperatives Verhalten in der Staatengemeinschaft

Quelle: BMZ

Globale Strukturpolitik setzt an der Verbesserung der für die Entwicklung wichtigen Strukturen auf drei Handlungsebenen an: auf der internationalen Ebene, auf der Ebene der Entwicklungsländer und auf der Ebene der Industrieländer. Auf der internationalen Ebene bedeutet dies Veränderungen internationaler Regelwerke, Vereinbarungen und Institutionen, um entwicklungsfreundlichere internationale Rahmenbedingungen als eine Voraussetzung für erfolgreiche Entwicklung zu schaffen. Auf der Ebene der EL bedeutet Strukturpolitik die Unterstützung struktureller Reformen und Politiken zur Umsetzung der Millenniumserklärung und zur Erreichung der MDGs. Hingegen wird Strukturpolitik auf der Ebene der Industrieländer vorrangig als bewusstseinsschaffende bzw. -verändernde entwicklungspolitische Bildungsarbeit und als entwicklungsfreundliche Politikentscheidungen verstanden.

Das BMZ nennt als konkrete Beiträge der deutschen Entwicklungspolitik zu globaler Strukturpolitik z.B. das Hinwirken auf Änderungen der Strukturanpassungspolitik von Weltbank und IWF in Richtung auf eine in die Strukturanpassung integrierte armutsorientierte Entwicklungsstrategie; das BMZ unterstützt die EU-Initiative „*Everything but Arms*“; es fördert die Umsetzung der Konventionen zur Bekämpfung der Desertifikation, den Schutz der Tropenwälder und den Schutz der EL vor der Gentechnologie; es setzt sich für die Durchsetzung internationaler Sozial- und Umweltstandards in den WTO- und ILO-Verhandlungen ein und unterstützt die WTO-Regelung, die für die EL die Möglichkeiten zum Erwerb preisgünstiger Medikamente erweitert. Zudem ist mit dem „Aktionsprogramm 2015“ der Bundesregierung eine konsequente Ausrichtung der deutschen bilateralen EZ an der Millenniumserklärung der Vereinten Nationen und an den MDGs beschlossen worden.

Zu den wichtigsten Institutionen der staatlichen EZ zählt das BMZ als politischer Entscheidungsträger. Die Aufgaben des BMZ liegen vor allem in der Planung, Abstimmung und Verhandlung der Programme und der Vorhaben in der Zusammenarbeit mit den EL, in der Finanzierung, Steuerung und Koordinierung mit nichtstaatlichen Organisationen, in der Abstimmung mit anderen Geberländern und multilateralen Organisationen sowie in der Kontrolle der Mittelverwendung. Im Rahmen der bilateralen EZ ist das BMZ ferner für Maßnahmen wie z.B. Nahrungsmittelhilfe verantwortlich und für die Förderung der Zusammenarbeit der deutschen Wirtschaft mit EL, der sogenannten *Public Private Partnership* (PPP).

Das Bundesministerium für wirtschaftliche Zusammenarbeit und Entwicklung

Hauptsitz: Bonn und Berlin
Mitarbeiter: über 600 (80 Prozent in Bonn)
Jährliches Budget: ca. 6 Milliarden Euro

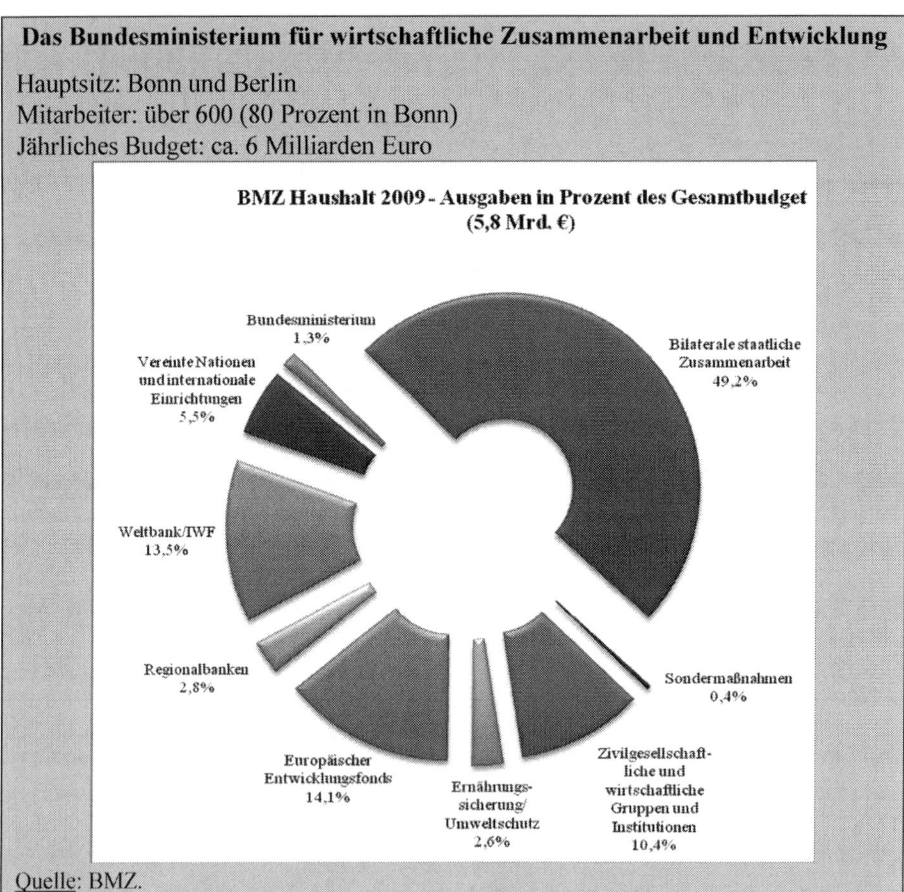

Quelle: BMZ.

Die Durchführungsorganisationen der deutschen EZ sind im Wesentlichen die KfW-Entwicklungsbank für die Finanzielle Zusammenarbeit (FZ), die Deutsche Gesellschaft für Technische Zusammenarbeit (GTZ) für die Technische Zusammenarbeit (TZ), und im weiteren Sinne die Organisationen Internationale Weiterbildung und Entwicklung (InWEnt), der Deutsche Entwicklungsdienst (DED), das Centrum für internationale Migration und Entwicklung (CIM) sowie der Senior Experten Service (SES) für die Personelle Zusammenarbeit (PZ).

In zunehmendem Maße sind in den zurückliegenden Dekaden auch NRO (Kirchen, politische Stiftungen etc.) EZ-Mittel aus dem Bundeshaushalt zugewiesen worden. Allerdings ist der Anteil dieser Mittel zur Unterstützung der entwicklungspolitischen Aktivitäten von NRO an den gesamten ODA-Leistungen nach wie vor vergleichsweise gering. So erhielten die sechs geförderten politischen Stiftungen für ihre entwicklungspolitische Arbeit 2009 aus dem BMZ-Haushalt 216 Millionen Euro – knapp 4 Prozent des BMZ-Budgets. Die politischen Stiftungen, die in EL mit Bildungs-, Beratungs- und Dialogprogrammen tätig sind, arbeiten zwar mit Zustimmung und finanzieller Unterstützung der Bundesregierung, nicht aber in deren Auftrag. Damit sind sie in dem jeweiligen Land von den vertraglichen Vereinbarungen im Rahmen der bilateralen staatlichen EZ weitgehend unabhängig. Dies eröffnet ihnen Handlungsmöglichkeiten, die der staatlichen EZ verschlossen bleiben. So betreiben sie beispielsweise *capacity building* auch für zivilgesellschaftliche Organisationen, die in der Opposition zur Regierung ihres Landes stehen.

Nichtregierungsorganisationen in der deutschen Entwicklungszusammenarbeit

a) *Kirchliche Hilfswerke* u.a.

- Adveniat
- Arbeitsgemeinschaft für Entwicklungshilfe (AGEH)
- Brot für die Welt
- Evangelischer Entwicklungsdienst (EED)
- Misereor

b) *Parteinahe politische Stiftungen*

- Friedrich-Ebert-Stiftung
- Friedrich-Naumann-Stiftung für die Freiheit
- Hanns-Seidel-Stiftung
- Heinrich-Böll-Stiftung
- Konrad-Adenauer-Stiftung
- Rosa-Luxemburg-Stiftung

c) *Sonstige Nichtregierungsorganisationen* u.a.

- Deutsche Lepra- und Tuberkulosehilfe (DAHW)
- Deutsche Welthungerhilfe
- Kindernothilfe
- Rhein-Donau-Stiftung

Rund 100 deutsche NRO, die in der Entwicklungszusammenarbeit tätig sind, haben sich 2006 zu dem Verband Entwicklungspolitik Deutscher Nichtregierungsorganisationen (VENRO) zusammengeschlossen, um den Stellenwert einer alle Politikbereiche einbeziehenden Entwicklungspolitik zu erhöhen und den Dialog zwischen privaten und staatlichen Trägern der EZ zu fördern.

Entwicklungszusammenarbeit in Gottes Namen?!

Während ein weltweiter Gründungsboom politischer und privater NRO auf drängende entwicklungspolitische Fragen vor allem in den achtziger Jahren des 20. Jhdt. zu beobachten war, bauten kirchliche NRO ihr Entwicklungsengagement insbesondere in den unmittelbaren Jahren nach dem Ende des Zweiten Weltkrieges aus. In den Anfängen konzentrierten sie sich dabei vor allem auf die räumlich und zeitlich begrenzte humanitäre Nothilfe, wo sie auf langjährige Erfahrungen in ihren Heimatländern zurückgreifen konnten. Auch geographisch gesehen betraten die kirchlichen NRO nicht völliges Neuland: so waren sie gelegentlich Ableger beharrlicher und eindringlicher Missionsbestrebungen in denjenigen Ländern, in denen sie nun entwicklungspolitisch aktiv wurden. Dies brachte ihnen nicht nur die Kritik ein, ihre Entwicklungshilfeleistungen seien nicht neutraler, altruistischer Natur und an die Bekehrung zum christlichen Glauben gebunden, sondern darüber hinaus produzierten sie sogenannte *Rice-bowl-christians*, die für Nahrung, medizinische Versorgung oder Unterkunft konvertierten und sich dadurch von ihrer Kultur entfremdeten.

Die deutschen kirchlichen NRO waren in gewisser Weise Nachzügler, denn erst Ende der fünfziger Jahre des 20. Jhdt. wurden dauerhafte entwicklungspolitische Institutionen geschaffen. Die evangelische Kirche rief 1959 die jährliche Spendenaktion „Brot für die Welt“ ins Leben. Das seither bestehende Hilfswerk hatte 2008, im 50. Aktionsjahr, ein Spenden- und Kollektenaufkommen in Höhe von 51,4 Millionen Euro. Durch weitere Einnahmen aus Drittmitteln, Nachlässen, Zinsen etc. betrug das Gesamtbudget von Brot für die Welt 2008 insgesamt 58,8 Millionen Euro. Während das ebenfalls 1959 gegründete katholische Hilfswerk Misereor 2008 mit 55 Millionen Euro ein ähnlich hohes Spenden- und Kollektenaufkommen wie Brot für die Welt verzeichnete, lagen die Gesamteinnahmen von Misereor mit 161,3 Millionen Euro weit darüber, da dem Hilfswerk neben kirchlichen Haushaltsmitteln 94,2 Millionen Euro aus öffentlichen Mitteln zur Verfügung standen. Die deutschen kirchlichen NRO, wie beispielsweise auch der Evangelische Entwicklungsdienst (EED), der bis 2013 mit Brot für die Welt fusionieren wird, erhalten aufgrund ihrer partnerschaftlichen Zusammenarbeit mit der staatlichen EZ über ihre jeweiligen Zentralstellen öffentliche Zuschüsse, die sich 2009 auf insgesamt 192 Millionen Euro beliefen. Mit ca. 500 Millionen Euro lagen die Leistungen der Kirchen aus Eigenmitteln und Spenden jedoch deutlich darüber. Trotz der unterschiedlichen Spendenanteile an den Gesamtbudgets ist den kirchlichen NRO dabei eines gemein: sie erreichen seit Initiierung der Spendenaktionen eine breite Öffentlichkeit. Um diese aber letztendlich anzusprechen, ist die entwicklungspolitische Bildungs- und Kampagnenarbeit im Inland unverzichtbarer Bestandteil ihres Engagements.

Mit der Inlandsarbeit der kirchlichen Hilfswerke ging einher, dass sich auch das Entwicklungsverständnis der Kirchen veränderte. Sie mussten sich dem zu beobachtenden kulturellen, politischen und sozialen Wandel anpassen, um gesellschaftlich nicht eine Randposition einnehmen zu müssen. So wurde 1968 auf der Weltkirchenkonferenz der protestantischen Kirchen in Uppsala das klassische Missionsverständnis, bei dem die Arbeit der Kirchen in EL stets an den Bekehrungsauftrag zum christlichen Glauben gebunden war, in Frage gestellt.

Fortsetzung: Entwicklungszusammenarbeit in Gottes Namen?!

In den Fokus rückten die Dialogbereitschaft mit anderen Religionen sowie die Schaffung menschenwürdiger Lebensbedingungen in einer gerechten Gesellschaftsordnung. Von Seiten der Katholiken kamen wichtige Impulse aus der katholischen Soziallehre. Insbesondere führte die päpstliche *Enzyklika Populorum Progressio* von 1967 dazu, dass die soziale Frage als eine weltweite in der verkürzten Form „Entwicklung = Frieden" definiert wurde. Entscheidend war hierbei, dass Entwicklung als Humanisierung und nicht nur als wirtschaftliches Wachstum verstanden wurde.

Die kirchlichen NRO erweiterten daher ihre von Beginn an armutsorientierte Entwicklungspolitik hin zu mehr sozialem und politischem Engagement in den EL. Daneben wurden unter dem Stichwort *community development* und *Hilfe zur Selbsthilfe* Projekte durchgeführt, die lokale Gruppen dahingehend befähigen sollten, ihre Lebensbedingungen aus eigener Kraft zu verbessern. Einen entscheidenden Beitrag lieferten die kirchlichen NRO auch zu gerechten Handelsbeziehungen zwischen EL und IL. Sie waren sowohl an der originären Entstehung des *fairen Handels* beteiligt als auch am Aufbau von Handelsstrukturen, wie dem Verkauf oder der Zertifizierung fair gehandelter Produkte. Außerdem waren die Kirchen maßgeblich an der *HIPC II-Initiative* beteiligt, die eine Erweiterung der Entschuldung der hoch verschuldeten armen EL vorsieht.

Wie viele andere politische und private NRO sind auch die kirchlichen Organisationen heute national und international vernetzt. Im Zuge dieser Professionalisierung wird von Kritikern befürchtet, dass sie dadurch ihren basisdemokratischen Anspruch und somit ein entscheidendes Merkmal einer NRO verlieren könnten. Da die kirchlichen NRO aber traditionell von oben bzw. hierarchisch organisiert sind, erfüllen sie das Kriterium der breiten Basis in der Bevölkerung, wenn überhaupt, nur über die Zustimmung der Spendenbereitschaft. Ein weiteres Legitimationsproblem entsteht dann, wenn die Finanzierung nicht mehr durch Spenden, sondern durch öffentliche Zuschüsse zustande kommt. Dann laufen kirchliche Organisationen Gefahr, ihre Autonomie zu verlieren und instrumentalisiert zu werden. Dabei kann zwar weder auf die Verwendung von Steuer- noch von Spendeneinnahmen direkt Einfluss genommen werden, entschieden werden kann jedoch bei letzterem, an wen und für welche Ziele gespendet wird. Dafür bedarf es zwar bei manchem nur des christlichen Glaubens oder der Wohltätigkeit, aber nur durch ein genaues Hinsehen kann letztendlich beurteilt werden, ob die EZ-Projekte kirchlicher Träger effizient, effektiv, nachhaltig und sinnvoll sind. Viel zu oft wird das Engagement kirchlicher NRO pauschal beurteilt und gravierende Unterschiede werden vernachlässigt. Zwar übernehmen die Kirchen durchaus öffentliche Verantwortung, insbesondere für die weltweite Armutsproblematik, oder sie erreichen bestimmte Zielgruppen besser, einige berücksichtigen aber weder den soziokulturellen Kontext in den EL, in denen sie agieren, noch sind sie, insbesondere wie einige amerikanische evangelikale NRO, frei von missionsgeleiteten Interessen. Letztendlich wird auch der *Run* um Spendengelder, öffentliche Mittel und Projektgebiete mit Prestigecharakter zu oft zu Lasten derer ausgetragen, die aus religiösen, öffentlichkeitswirksamen und anderen Gründen nicht in das Profil der kirchlichen NRO passen.

Katja Hilser

Das traditionelle Institutionengefüge der deutschen EZ hat sich in den zurückliegenden Jahren nur geringfügig verändert, aber das BMZ ist als Schaltstelle innerhalb der Bundesregierung für globale Strukturpolitik gestärkt worden. Zudem fand ein Strategiewechsel in Bezug auf die Zusammenarbeit mit EL statt, um die Wirkung der Mittel zu verbessern. Bis Ende der neunziger Jahre des 20. Jhdt. hatte Deutschland rund 120 Entwicklungsländer im Rahmen der bilateralen EZ gefördert. Nach 1998 wurde die Zahl der EZ-Kooperationsländer auf 38 Schwerpunktländer und auf 32 Partnerländer reduziert, in denen jeweils nur maximal drei sektorale Schwerpunkte gefördert werden sollten. Mittelfristig wird eine Konzentration der bilateralen EZ auf deutlich weniger Kooperationsländer angestrebt, um die Wirkung der eingesetzten Mittel zu verbessern. Daneben gibt es bilaterale EZ im Rahmen regionaler bzw. thematischer Programme, wie beispielsweise mit fragilen Staaten Westafrikas. Eine Sonderstellung in der bilateralen Zusammenarbeit nimmt seit 2004 das Konzept der sogenannten Ankerländer ein, wie z.B. Brasilien, China oder Südafrika. Als Länder von besonderer Bedeutung für die Entwicklung einer Region wird mit ihnen entwicklungspolitische Zusammenarbeit auch dann als sinnvoll und notwendig erachtet, wenn sie nicht allen Vergabekriterien entsprechen oder den Status eines Entwicklungslandes bereits überwunden haben.

Während in vielen DAC-Geberländern eine einzige Durchführungsorganisation für die bilaterale EZ zuständig ist (siehe Anhang A2), hat sich in Deutschland eine institutionelle Vielfalt der Zuständigkeiten etabliert. Solche Parallelstrukturen können aber in einem Entwicklungsland zu Irritationen führen, wenn dort beispielsweise die GTZ, die KfW-Entwicklungsbank und der DED mit Vorhaben der deutschen TZ und FZ gleichzeitig präsent sind. Das Gesamtbild der deutschen EZ in diesem Land bleibt dadurch eher diffus. Mehrfach hat das DAC in seinen Beurteilungen der deutschen EZ eine Fusion der Durchführungsorganisationen angeregt, um die Steuerungsmöglichkeiten und die Effizienz der deutschen Entwicklungspolitik zu steigern. Aber bislang sind die Reformen nicht entschieden genug vorangekommen, da ihnen auch Eigeninteressen der betroffenen Institutionen entgegenstehen. Gegner einer fusionierten deutschen Entwicklungsagentur unter einem Dach argumentieren, dass die unterschiedlichen „Unternehmenskulturen“ der Durchführungsorganisationen den unterschiedlichen Anforderungen von Projekten und Programmen von TZ und FZ in EL besser gerecht würden. Aktuell wird über die Fusion von PZ und TZ mit den Organisationen GTZ, InWEnt und DED diskutiert. Gewünscht ist eine Organisation, die unter der politischen Leitung des BMZ auf der operativen Ebene der EZ neben Kreativität und Flexibilität auch die notwendige Dynamik aufweist, um sich an sich ändernde Herausforderungen anpassen zu können.

Abbildung 21: Institutionen der deutschen Entwicklungszusammenarbeit

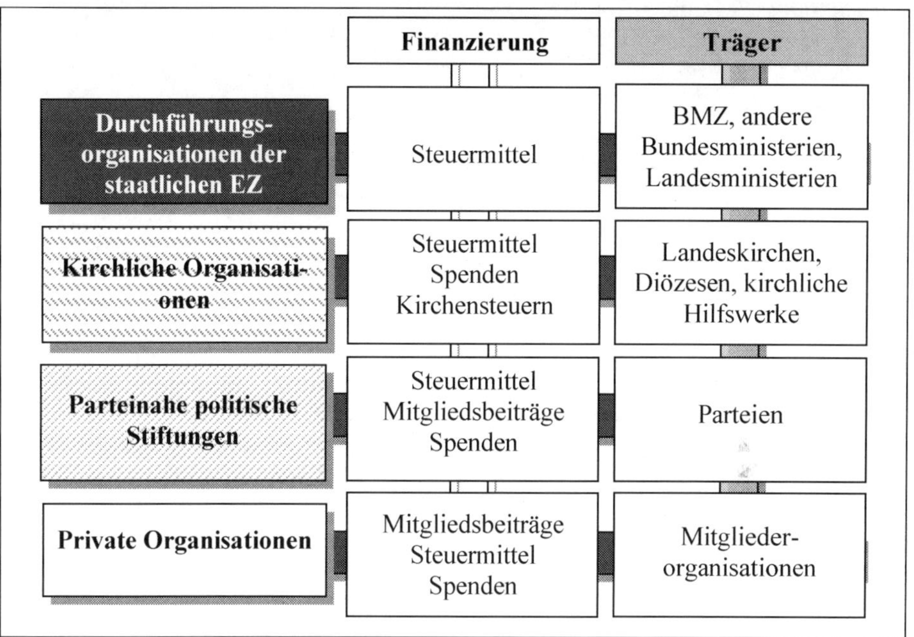

Weiterführende Literatur

Bergesen, H. O./Lunde, L.: *Dinosaurs or Dynamos? The United Nations and the World Bank at the Turn of the Century*, London 1999.

Brunnengräber, A. (Hrsg.): *NGOs im Prozess der Globalisierung: mächtige Zwerge – umstrittene Riesen*, Wiesbaden 2004.

Bundesministerium für wirtschaftliche Zusammenarbeit und Entwicklung: *Die Entwicklungspolitik der Europäischen Union (EU)*, BMZ Konzepte 144, Bonn 2006.

–: *Zur Bekämpfung der Armut – Unsere Ziele in den Regionalen Entwicklungsbanken*, BMZ Konzepte 147, Bonn 2007.

Chakroborty, B.: *The United Nations and the Third World. Shifting Paradigms*, Dehli 1996.

Culpeper, R.: *Titans or Behemoths? The Multilateral Development Banks 5*, Boulder/Col. 1997.

English, P. E./Mule, H. M.: *The African Development Bank, The Multilateral Development Banks 1*, Boulder/Col. 1996.

Hampe, M.: *Das Entwicklungsprogramm der Vereinten Nationen: Anspruch – Probleme – Reformen*, Wiesbaden 1997.

Hardy, Ch.: *The Caribbean Development Bank, The Multilateral Development Banks 3*, Boulder/Col. 1995.

Heuel, J.: *Bilaterale versus multilaterale Entwicklungszusammenarbeit am Beispiel der Vereinten Nationen: eine Analyse aus traditioneller und institutionenökonomischer Sicht*, Universität Gießen 1997.

Hoebing, P. (Hrsg.): *Perspectives on European Development Co-operation: Policy and Performance of Individual Donor Countries and the EU*, London 2005.

Kappagoda, N.: *The Asian Development Bank, The Multilateral Development Banks, 2*, Boulder/Col. 1995.

Sagasti, F./Prada, F.: „Regional Development Banks. A Comparative Perspective", in: Ocampo, J. A. (Hrsg.): *Regional Financial Cooperation*, Washington DC 2006, S. 68-107

Sautter, H.: *Weltwirtschaftsordnung. Die Institutionen der globalen Ökonomie*, München 2004.

Tussie, D.: *The Inter-American Development Bank, The Multilateral Development Banks 4*, Boulder/Col. 1995.

United Nations: *United Nations Development Programme Annual Report 2009. Living Up to Commitments*, New York 2009.

World Bank/International Monetary Fund: *Serving a Changing World. Report of the Task Force on Multilateral Development Banks*, Washington DC 1996.

4. Von der Absicht zur Aktion: die Instrumente der Entwicklungszusammenarbeit

Als Mittel zur Erreichung der Zielvorgaben der Entwicklungszusammenarbeit werden von bi- und multilateralen Akteuren im Rahmen thematisch fokussierter Programme und Projekte auf der operativen Ebene ergebnisorientierte Aktivitäten geplant und durchgeführt. Dabei sollten während des gesamten Lebenszykluses eines EZ-Vorhabens die Grundsätze der *Paris Declaration on Aid Effectiveness* berücksichtigt werden, um die Wirkung der EZ zu optimieren. Lange Zeit wurden die EZ-Mittel überwiegend für einzelne, isolierte Projekte in EL zur Verfügung gestellt, d.h. für gesonderte, abgrenzbare Vorhaben, wie den Bau einer Schule oder die Stromversorgung einer Fabrik, um Arbeitsplätze zu schaffen. Inzwischen stehen entwicklungsfördernde Programme im Vordergrund, d.h. mehrere, aufeinander abgestimmte Maßnahmen, die sich auf eine mehr oder weniger umfassende Förderung eines bestimmten Bereichs konzentrieren (d.h. die Förderung eines Sektors, einer Region oder Bevölkerungsgruppe) und koordiniert durchgeführt werden, wie z.B. Programme integrierter Regionalentwicklung, Kreditprogramme für Kleinbauern oder der Aufbau von Basisgesundheitsdiensten.

In der öffentlichen EZ auf bi- und multilateraler Ebene wird traditionell zwischen Finanzieller Zusammenarbeit (FZ) und Technischer Zusammenarbeit (TZ) unterschieden. Diese begriffliche Unterscheidung, die heute eher irreführend sein kann, ist in der Entstehungsgeschichte der internationalen Entwicklungszusammenarbeit begründet, denn in der Anfangszeit der „Entwicklungshilfe" in den fünfziger und sechziger Jahren des 20. Jhdt. war das vorherrschende entwicklungsstrategische Verständnis, durch massive Kapitalzufuhr aus dem Ausland die „rückständige Entwicklung" in den Ländern Afrikas, Asiens und Lateinamerikas zu überwinden. Dieser Rückstand auf dem Weg in die moderne Industriegesellschaft wurde modernisierungstheoretisch mit unzureichender Sparfähigkeit und Kapitalakkumulation der EL begründet. Folglich galt es, durch „Kapitalhilfe" von außen, die Empfängerländer zu industrialisieren und deren Wirtschaft Wachstumsimpulse zu geben. Allmählich wurde aber die Notwendigkeit deutlich, den Kapitaltransfer durch technische Beratung und den Transfer von *Know-how* zu ergänzen, um den gewünschten Modernisierungsschub in den EL verwirklichen zu können. Die Technische Zusammenarbeit war also zunächst nicht viel mehr als ein Komplement der Finanziellen Zusammenarbeit.

Dieses Verständnis von FZ und TZ und deren funktionalem Ergänzungsverhältnis hat sich im Lauf der Zeit so verändert, dass die begriffliche Unterscheidung zwischen den beiden Aktivitätsbereichen der EZ nicht mehr trennscharf ist.

Nach heutigem Verständnis soll FZ dazu dienen, das Produktionspotenzial des Empfängerlandes durch zusätzliche Investitionen besser nutzbar zu machen oder zu steigern; dies erfordert Investitionen in die materielle und soziale Infrastruktur als komplementäre Güter des Produktionspotenzials. Die Finanzierung solcher Investitionen im Rahmen der FZ muss mit umfangreichen technischen und planerischen Beratungsleistungen einhergehen, sofern entsprechendes *Know-how* in dem Empfängerland nicht verfügbar ist. Damit durch FZ ermöglichte Investitionen zu den erwarteten dauerhaften Verbesserungen in dem EL führen, müssen sie zudem in vielen Fällen von *institution building* zur Schaffung administrativer Kapazitäten und von politischen Reformprozessen begleitet werden. Im Idealfall werden daher die Vorhaben der FZ eng mit anderen Maßnahmen der bi- und multilateralen Entwicklungszusammenarbeit in dem Empfängerland abgestimmt. FZ beinhaltet also wesentlich mehr als den Transfer finanzieller Mittel in die Entwicklungsländer in Form zinsvergünstigter Kredite oder nicht zurückzuzahlender Finanzierungsbeiträge. Die bi- und multilateralen Institutionen der FZ – wie die deutsche KfW-Entwicklungsbank, die IBRD oder die regionalen Entwicklungsbanken – stellen den Entwicklungsländern ein breites Leistungsangebot zur Verfügung, in dem auch viele Elemente der „klassischen" TZ in Form technischer Beratung und Vermittlung von *Know-how* enthalten sind.

Die Konditionen der Finanzierungsangebote im Rahmen der Finanziellen Zusammenarbeit berücksichtigen den wirtschaftlichen Entwicklungsstand des Landes und dessen Schuldentragfähigkeit. So werden Entwicklungsländern mit sehr niedrigem Pro-Kopf-Einkommen beispielsweise von der Weltbank-Tochter IDA besonders günstige Kreditbedingungen gewährt; in der Regel sind dies Darlehen mit einer Laufzeit von 40 Jahren einschließlich zehn tilgungsfreien Jahren zu Beginn der Kreditlaufzeit; für die Darlehen ist lediglich eine Verwaltungsgebühr von 0,75 Prozent p.a. zu entrichten. Nicht zurückzuzahlende Finanzierungszuschüsse erhalten überwiegend nur die ärmsten Entwicklungsländer, die LDCs (siehe Anhang 3).

Für die Durchführung der bilateralen FZ der Bundesrepublik Deutschland ist die KfW-Entwicklungsbank zuständig. Die mit FZ-Mitteln zu fördernden Vorhaben werden von der Bundesregierung mit der Regierung des EL vereinbart. Die KfW-Entwicklungsbank überprüft, ob die geplanten Vorhaben sinnvoll und Erfolg versprechend sind. Das entwicklungspolitische Ziel dieser Vorhaben, der Betrag der finanziellen Förderung und andere wichtige Details, wie z.B. der Projektträger im EL, werden von der KfW-Entwicklungsbank im Namen und im Auftrag der Bundesregierung in einem Finanzierungs- oder Darlehensvertrag vereinbart und durchgeführt. Die KfW unterstützt den Projektträger im EL bei der Vorbereitung und betreut ihn fachlich bei der Durchführung des Vorhabens. Sie kontrolliert den Verlauf der finanzierten Maßnahmen und überprüft am Ende, ob die angestrebten Entwicklungsziele nachhaltig erreicht worden sind.

Die deutsche FZ orientiert sich bei der Ausgestaltung der Kreditkonditionen eng an den entsprechenden Finanzierungsangeboten der Weltbank für die LDCs und die *IDA-only*-Länder (siehe Anhang A3). Die übrigen EL der DAC-Liste erhalten zinsgünstige Darlehen zu zwei Prozent Zinsen, bei einer Kreditlaufzeit von 30 Jahren, ebenfalls einschließlich zehn tilgungsfreier Jahre. Zudem werden Mittel für projektbegleitende und für vorbereitende Maßnahmen (z.B. technische Machbarkeitsstudien, Beratung der Projektträger, Ausbildung von Fachkräften des EL) als Zuschuss bereitgestellt. Weitere FZ-Mittel können Ländern, die keinen Anspruch auf zinsgünstige Kredite haben, als Zuschüsse für Vorhaben gewährt werden, die beispielsweise zur selbsthilfeorientierten Armutsbekämpfung beitragen, der Verbesserung der gesellschaftlichen Stellung von Frauen dienen oder für den Umweltschutz bestimmt sind.

Abbildung 22: Die Finanzierungsangebote der deutschen Finanziellen Zusammenarbeit

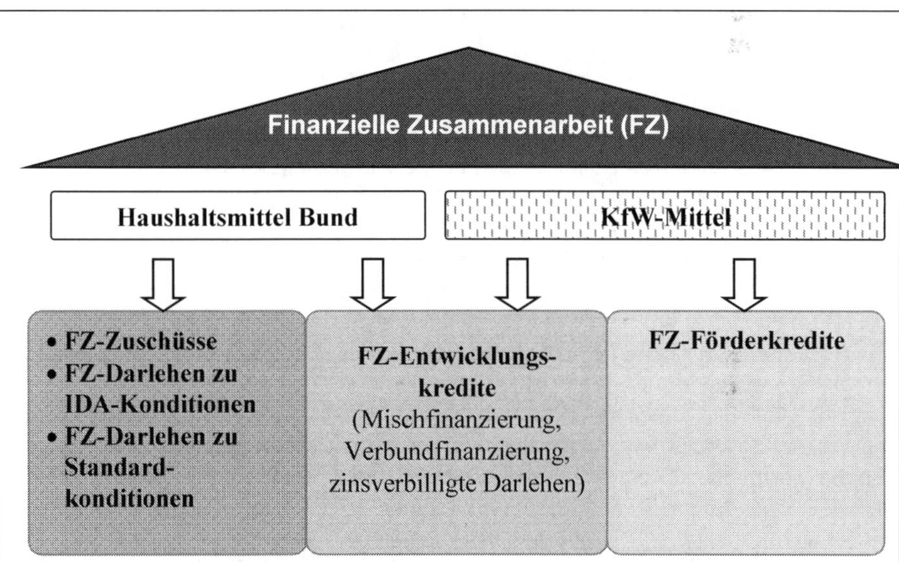

- Zinsgünstige Darlehen für Entwicklungsländer der DAC-Liste.
- Besonders günstige Darlehenskonditionen für *IDA-only*-Länder.
- Nichtrückzahlbare Zuschüsse für *Least Developed Countries*.
- Entwicklungskredite an wirtschaftlich leistungsfähigere Entwicklungsländer, zu deren Finanzierung Haushaltsmittel des Bundes und am Kapitalmarkt aufgenommene Mittel kombiniert werden (Verbund- und Mischfinanzierung).
- Förderkredite für entwicklungspolitisch sinnvolle und betriebswirtschaftlich rentable Vorhaben zu allgemeinen Finanzmarktkonditionen, aber günstiger als vergleichbare Finanzierungen der Geschäftsbanken.

Quelle: BMZ.

Förderkredite bietet die KfW-Entwicklungsbank für Vorhaben an, die entwicklungspolitisch förderungswürdig und betriebswirtschaftlich rentabel sind, für die aber keine Entwicklungskredite gewährt werden. Die Konditionen der Förderkredite orientieren sich an den jeweils geltenden Konditionen des Finanzmarktes. Mit diesem Finanzierungsangebot an wirtschaftlich fortgeschrittenere EL soll die Lücke zwischen den verschiedenen Entwicklungskrediten und der Finanzierung durch kommerzielle Geschäftsbanken geschlossen werden. Solche Förderkredite werden beispielsweise für die Unterstützung von Mikrofinanzinstitutionen verwendet, die kleine Unternehmen und Privatkunden in EL mit Krediten versorgen. Dabei tritt die KfW-Entwicklungsbank als Aktionär auf und stellt Risikokapital bereit.

Für einen dringenden Importbedarf eines EL kann auch FZ-Warenhilfe in begrenztem Umfang gewährt werden, um insbesondere die Aufrechterhaltung von Produktionskapazitäten und die Nutzung der Infrastruktur zu gewährleisten; entsprechend den Erfordernissen können dies beispielsweise Roh- und Betriebsstoffe, Ersatz- und Zubehörteile sein, aber auch Patente und Produktionslizenzen.

Die Leistungen der FZ bestehen demnach überwiegend in der Finanzierung von Anlageinvestitionen und Sachgütern, sie umfassen zunehmend auch Beiträge zur Vorbereitung sowie projektbezogene Leistungen zur Betreuung und Überwachung von FZ-Vorhaben. Diese werden für vorbereitende und projektbegleitende Maßnahmen in der Regel unentgeltlich bereitgestellt, und zwar unabhängig von der Einstufung des Empfängerlandes in eine FZ-Konditionengruppe. Damit wird deutlich, dass es zwischen FZ und TZ viele Ähnlichkeiten, Berührungspunkte und Schnittmengen gibt, die eine Beibehaltung der institutionellen Trennung fraglich erscheinen lassen.

Die Technische Zusammenarbeit dient heute primär dem *capacity development* in Entwicklungsländern, um das Leistungsvermögen von Institutionen sowie die Leistungsfähigkeit der Menschen in diesen Institutionen zu steigern; sie sollen in die Lage versetzt werden, ihre Lebensbedingungen durch effizienten und nachhaltigen Einsatz verfügbarer Ressourcen eigenverantwortlich und aus eigener Kraft zu verbessern. Zu diesem Zweck werden im Rahmen der TZ technische, wirtschaftliche sowie organisatorische Kenntnisse und Fähigkeiten vermittelt, um die Voraussetzung für deren leistungsorientierte Anwendung zu schaffen. Zudem sollen durch TZ in den EL Strukturen gebildet und unterstützt werden, die darauf ausgerichtet sind, breitenwirksame Entwicklungsprozesse zu initiieren und zu gestalten. Daher ist die Zusammenarbeit von staatlichen mit nicht-staatlichen, zivilgesellschaftlichen Organisationen und Institutionen für die TZ von grundlegender Bedeutung. In die heute praktizierte TZ sind viele der Maßnahmen integriert, die früher der PZ als einem eigenständigen Aktivitätsbereich der EZ zugeordnet waren: Maßnahmen der Subjektförderung, um vorhandene Fähigkeiten und Kenntnisse der Menschen in EL zur Entfaltung zu bringen. Der überkommene Begriff „Technische Zusammenarbeit" ist also für die heutige TZ inhaltlich nur noch begrenzt zutreffend; umfassender ist der Begriff *capacity development* für die TZ, in dem Subjekt- und Institutionenförderung enthalten sind. *Capacity development* bedeutet also die Kombination von *institution building* und *human resources empowerment*.

Die Beratungs- und Sachleistungen im Rahmen der TZ werden von den bi- und multilateralen Akteuren überwiegend unentgeltlich für die Empfängerländer erbracht. Die Maßnahmen der TZ knüpfen dabei im Regelfall an bestehende oder geplante Programme und Projekte des Empfängerlandes an, für deren Durchführung dortige Organisationseinheiten als Träger verantwortlich sind. Die TZ-Leistungen eines Geberlandes sollen die Eigenanstrengungen des Empfängerlandes ergänzen, sie aber nicht ersetzen. Zu den Leistungen der TZ gehören die Entsendung von Beratern, Ausbildern, Sachverständigen, Gutachtern und sonstigen Fachkräften, die Bereitstellung von Ausrüstungen und Material für die Ausstattung der geförderten Einrichtungen, die Gewährung von Zuschüssen an Fachkräfte, die das EL als integrierte Fachkräfte unter Vertrag nimmt; hinzu kommen die Aus- und Fortbildung einheimischer Fach- und Führungskräfte im EL selbst oder im Ausland und Finanzierungsbeiträge zu förderungswürdigen Projekten und Programmen leistungsfähiger Träger in den EL. Im Rahmen der bilateralen deutschen EZ wird die Durchführung der Technischen Zusammenarbeit überwiegend der Deutschen Gesellschaft für Technische Zusammenarbeit (GTZ) übertragen.

Der Ablauf eines Vorhabens der deutschen Entwicklungszusammenarbeit

Für EZ-Vorhaben hat sich international ein weitgehend einheitliches Ablaufschema herausgebildet. Zunächst gilt es, in dem Entwicklungsland Projekte und Programme zu identifizieren und zu bewerten, die geeignet sind, einen Beitrag zur Erreichung der entwicklungspolitischen Zielvorgaben zu leisten. Zusammen mit einem Geberland wird dann entschieden, ob dieses Vorhaben mit externer Unterstützung im Rahmen der multi- oder bilateralen Entwicklungszusammenarbeit durchgeführt werden soll, um anschließend mit der wirkungsorientierten Planung des Vorhabens zu beginnen. Auf Grundlage dieser Planung wird das Vorhaben in der Verantwortlichkeit des Entwicklungslandes (*Ownership*) implementiert. Nach Abschluss der externen Förderung erfolgt die Wirkungskontrolle, an der sich Geber- und Empfängerland beteiligen.

Die deutsche bilaterale EZ folgt auf der operativen Ebene weitgehend diesem Ablaufschema. Zunächst werden Ziele und Schwerpunkte der EZ mit den Partnerländern in Regierungsverhandlungen vereinbart. Die Ergebnisse der Regierungsverhandlungen werden in einem völkerrechtlich verbindlichen Protokoll festgehalten. Im Anschluss an die Regierungsverhandlungen werden Abkommen über die Durchführung der bei diesen Verhandlungen vereinbarten Vorhaben geschlossen. Die staatliche deutsche EZ verläuft grundsätzlich nach dem Antragsprinzip. Dies bedeutet, dass die Regierung eines Partnerlandes ihren Wunsch nach deutscher Förderung eines Entwicklungsvorhabens formal durch einen schriftlichen Antrag mitteilt. Diese Förderanträge werden über die jeweils zuständige deutsche Auslandsvertretung und das Auswärtige Amt an das BMZ geleitet, das über Annahme oder Ablehnung entscheidet.

Abbildung 23: Auftragsmanagement in der bilateralen TZ

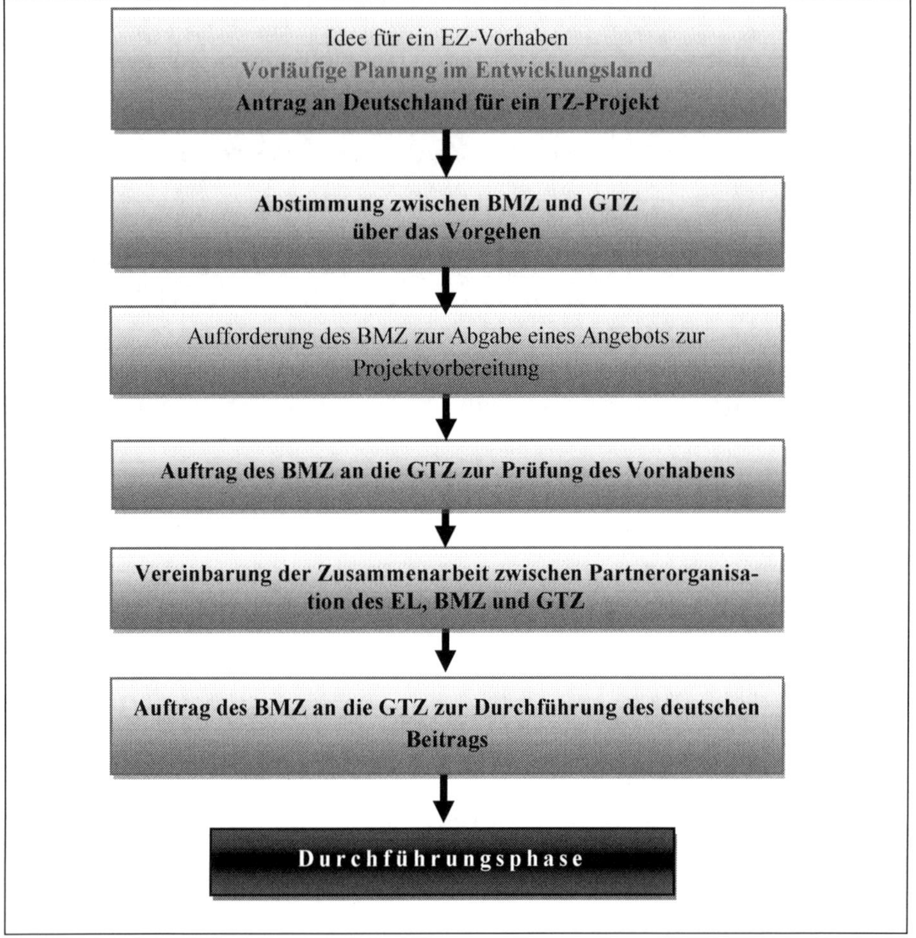

Welche Projektanträge für eine Förderung in Betracht kommen, entscheidet das BMZ anhand der geltenden entwicklungspolitischen Zielvorgaben der Bundesregierung sowie auf der Grundlage von Länderkonzepten und Schwerpunktstrategiepapieren. Zur Einschätzung der Förderungswürdigkeit eines Vorhabens lässt sich das BMZ bei der Projektvorauswahl beraten, je nach Art des Vorhabens z.B. durch die GTZ oder die KfW-Entwicklungsbank. Die endgültige Auswahl der geförderten EZ-Vorhaben erfolgt anschließend im Einvernehmen zwischen der Bundesregierung und der Regierung des Partnerlandes.

Abbildung 24 Ablaufschema eines Vorhabens in der Entwicklungszusammenarbeit

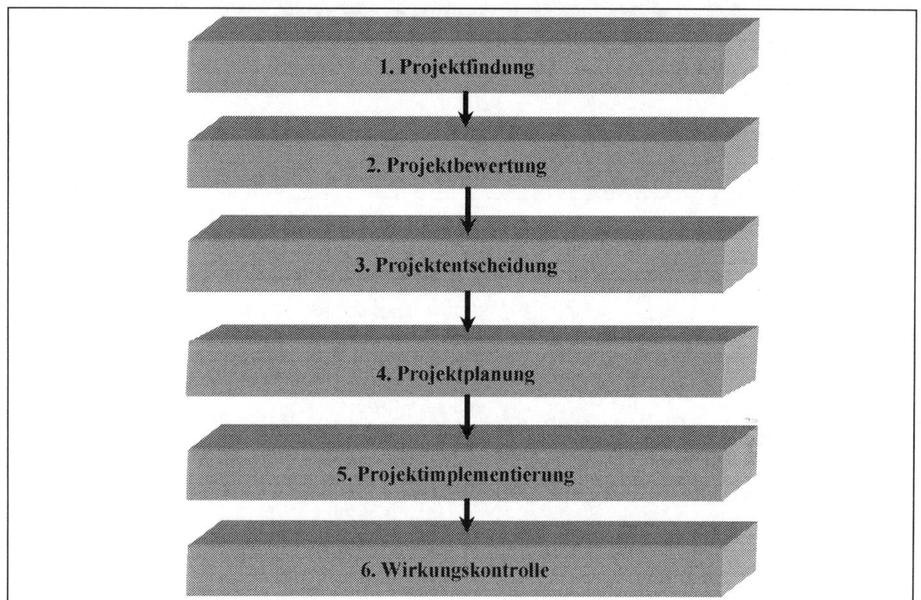

EZ-Vorhaben werden in der deutschen bilateralen Entwicklungszusammenarbeit nach standardisierten Verfahren vorbereitet und durchgeführt. Während die politische Entscheidung für die Auswahl der Vorhaben ausschließlich beim BMZ liegt, sind GTZ und KfW-Entwicklungsbank als Durchführungsorganisationen zuständig für die Prüfung der ausgewählten Vorhaben, für die Beratung des Partners bei der Konzipierung des durchzuführenden Vorhabens sowie für Planung und Durchführung des deutschen Beitrags zu diesem Vorhaben. Sie sind dabei an die Vorgaben des BMZ hinsichtlich Zielsetzung, relevanter Prüfkriterien und Wirkungskontrolle gebunden.

Abbildung 25: Projektlebenszyklus eines bilateralen FZ-Vorhabens

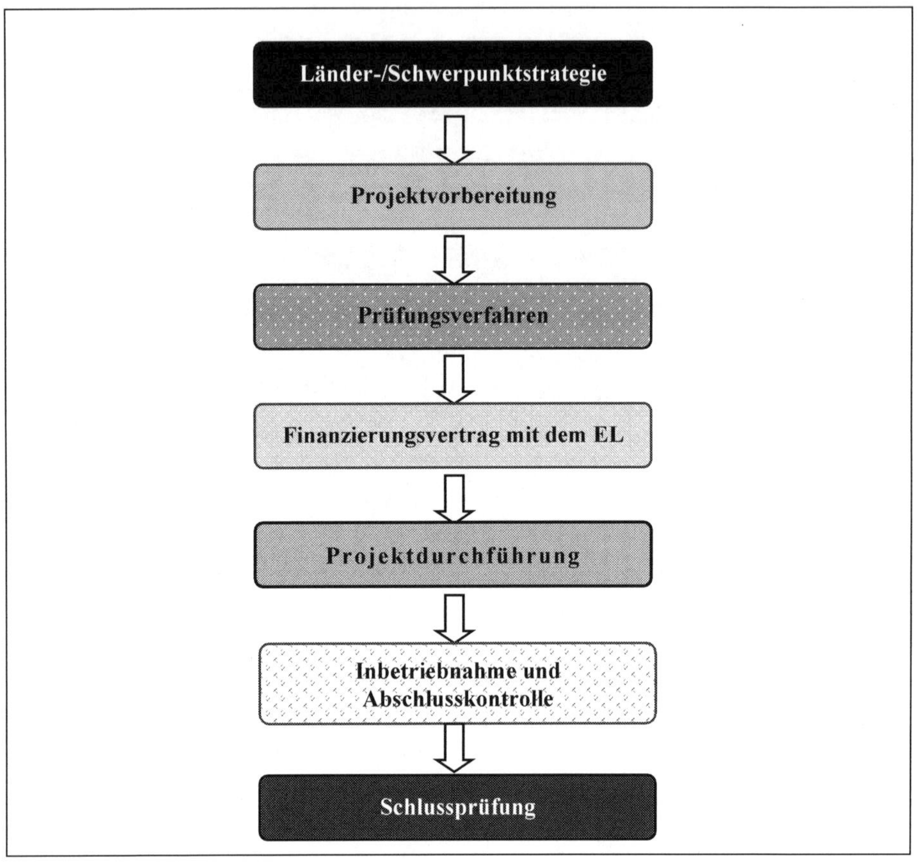

TZ-Vorhaben der bilateralen deutschen EZ werden im Auftrag des BMZ überwiegend von der GTZ durchgeführt. Für das Auftragsmanagement der GTZ gelten die Grundprinzipien Partnerschaft und *Ownership* sowie Wirkungsorientierung (*Managing for results*). Flexibel einsetzbare Managementmethoden und partizipative Planungsverfahren sind zu einem ganzheitlichen Ansatz weiterentwickelt worden. Entsprechend dem Projektzyklusmodell des *Project Cycle Management* (PCM) werden die erforderlichen Maßnahmen während des Projektverlaufs als idealtypisches Konstrukt beschrieben. Den Planungs- und Umsetzungsphasen wird dabei ein iteratives Modell des Projektverlaufs zugrunde gelegt, um deutlich zu machen, dass das mehrfache Durchlaufen einzelner Phasen erforderlich sein kann. Damit erhält das Projektmanagement wertvolle Orientierungshilfen, um mit dem Auftraggeber projektangemessene Anpassungen zu vereinbaren und projektspezifische Erfordernisse und Schwierigkeiten erkennen zu können.

Abbildung 26: Das Projektzyklusmodell der GTZ

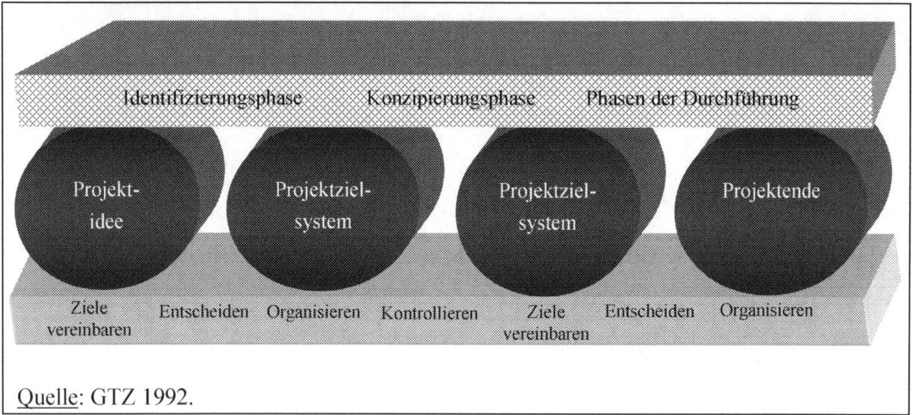

Quelle: GTZ 1992.

Das Management von TZ-Vorhaben erfordert entsprechend dem Akteursmodell ein *Multi-Stakeholder*-Management. Daher sollen bereits in der Planungsphase eines EZ-Vorhabens durch die Beteiligtenanalyse systematisch Kenntnisse über Unterstützungs- und Widerstandspotenziale der vielfältigen Akteure mit ihren unterschiedlichen Interessen, Funktionen und Kulturen zusammengefasst werden. Auf den verschiedenen Akteursebenen wird zwischen Zielgruppen, Partnern und Mittlern unterschieden.

- *Zielgruppen* (Begünstigte) sind diejenigen Gruppen, in deren Bereich die Wirkungen eines EZ-Vorhabens eintreten sollen.
- *Endbegünstigte* sind derjenige Teil der Zielgruppe, der aufgrund entwicklungspolitischer Erwägungen als förderungswürdig erachtet wird und dessen Situation sich durch die Leistungen eines EZ-Vorhabens verbessern soll.
- *Partner* sind die (staatlichen oder nichtstaatlichen) Organisationen im EL, die ein EZ-Vorhaben planen und organisieren und mit denen die GTZ direkt zusammenarbeitet (sie sind als Durchführungsorganisation des EL also nicht identisch mit der politisch verantwortlichen Regierungsstelle des EL, die den Antrag für das EZ-Vorhaben stellt).
- Partnerorganisationen sind aus der Sicht der Geberinstitution *Mittler* zwischen dieser und den Menschen in dem EL, die durch das EZ-Vorhaben begünstigt werden sollen.

Abbildung 27: Beteiligtenanalyse eines EZ-Vorhabens

Beteiligte	Mitwirkende (Partner/Mittler im EL, Durchführungsorganisation des Geberlandes)
	Zielgruppe und Endbegünstigte
Betroffene	Mit Unterstützungspotenzial
	Ohne Unterstützungspotenzial
Projektrelevante Unbeteiligte	z.B. Medien, die über das Vorhaben berichten

Bereits in der Phase der Prüfung des Vorhabens müssen wichtige Fragen geklärt werden, die für den Erfolg wesentlich sind. Dazu gehören beispielsweise die technische Machbarkeit des Projekts, die betriebswirtschaftliche und makroökonomische Bewertung sowie die soziale und verteilungspolitische Bewertung, die Prüfung der Umweltverträglichkeit und die Bewertung der Nachhaltigkeit der beabsichtigten positiven Wirkungen. Erst wenn die Ergebnisse dieser Prüfungen vorliegen, trifft das BMZ die endgültige Entscheidung über die Planung und Durchführung des Vorhabens.

Zentrale Punkte der Prüfung eines EZ-Vorhabens

- *Technische Bewertung:* Können die Ziele des Projekts mit der Technologie und den Standards erreicht werden, die mit den Bedingungen des Empfängerlandes vereinbar sind?
- *Finanzielle Bewertung:* Ist das Projekt unter betriebswirtschaftlichen Gesichtspunkten sinnvoll?
- *Makroökonomische Bewertung:* Welche Auswirkungen hat das Projekt auf den betreffenden Wirtschaftszweig bzw. auf die Volkswirtschaft des Entwicklungslandes?
- *Institutionelle Bewertung:* Sind ausreichende Management-Kapazitäten in dem EL vorhanden und wie ist das Projekt institutionell eingebunden?
- *Soziale und verteilungspolitische Bewertung:* Welches ist/sind die Zielgruppe(n) des Projekts und welche sozialen und verteilungspolitischen Auswirkungen hat das Vorhaben auf diese Zielgruppe(n)?
- *Bewertung der Umweltverträglichkeit* (*Environmental Impact Assessment*/EIA): Welche positiven und negativen Umwelteffekte können sich – unter Berücksichtigung von *time-lags* – in allen Projektphasen ergeben?
- *Bewertung der Nachhaltigkeit:* Wie sind die Möglichkeiten einer effektiven Erhaltung der gewünschten *outcomes* des Vorhabens zu bewerten?

Die Wirkungsorientierung von EZ-Vorhaben bedeutet, dass nicht die durchgeführten Aktivitäten im Vordergrund stehen, mit denen Leistungen für die Zielgruppe erstellt werden, sondern es ist der Nutzen, den die mit diesen Aktivitäten erzielten Leistungen für die Zielgruppen im Entwicklungsland tatsächlich erbringen. Ziele eines EZ-Vorhabens sind also beabsichtigte, *positive* entwicklungspolitische Wirkungen, die anhand von Indikatoren beobachtet und gemessen werden können; diese Ziele sind Teil einer Wirkungskette oder eines Wirkungsgefüges, worauf EZ-Vorhaben Einfluss zu nehmen versuchen, um einen als negativ bewerteten Zustand zu verändern.

Ausgangspunkt für die Planung eines EZ-Vorhabens ist die Analyse eines (Kern-)Problems, dessen Ursachen und seiner negativen Folgen (vgl. Abbildung 28). Im nächsten Schritt sind die möglichen Leistungen (*Outputs*) zu identifizieren, deren Nutzung zu dem positiv veränderten Zustand führt; diese Leistungen werden im Rahmen des EZ-Vorhabens durch Aktivitäten des Entwicklungslandes und des Geberlandes erbracht. Ziel des Vorhabens sind *Outcomes* im Sinne eines direkten Nutzens der von dem Vorhaben Begünstigten.

Der *Impact* oder indirekte Nutzen sind die aggregierten Veränderungen außerhalb des EZ-Vorhabens, zu denen die direkten Wirkungen einen Beitrag leisten (können). In dem Maß, in dem EZ-Vorhaben ganz allgemein zu Entwicklungsfortschritten beitragen, haben sie einen hoch aggregierten Nutzen. Ein solcher indirekter und hoch aggregierter Nutzen eines EZ-Vorhabens kann allerdings oft nur vermutet werden, da sich eine eindeutige Ursache-Wirkungs-Beziehung zwischen EZ-Vorhaben und Veränderungen auf höheren Ebenen kaum nachweisen lässt; denn Entwicklungsfortschritte im Sinne positiv bewerteter Veränderungen sind das Ergebnis eines komplexen Wirkungszusammenhangs – ob mit oder ohne EZ.

In dem Prozess zur Planung eines EZ-Vorhabens werden gemeinsam mit den Partnern angenommene Wirkungsketten oder komplexere Wirkungsgefüge dargestellt (vgl. Abbildung 28). Ferner werden die Leistungen des Vorhabens sowie die dafür erforderlichen Aktivitäten und Ressourcen sowie die Indikatoren, die zur Messung von *Outcomes* und Zielerreichung zur Verfügung stehen, beschrieben. Des Weiteren werden die Annahmen aufgeführt, unter denen das Vorhaben mit realistischer Aussicht auf Zielerreichung durchgeführt werden kann bzw. mögliche Risiken für die Zielerreichung. Die Ergebnisse des Planungsprozesses werden in einer Projektplanungsübersicht (PPÜ) dokumentiert.

Abbildung 28: Problemanalyse und Zielanalyse

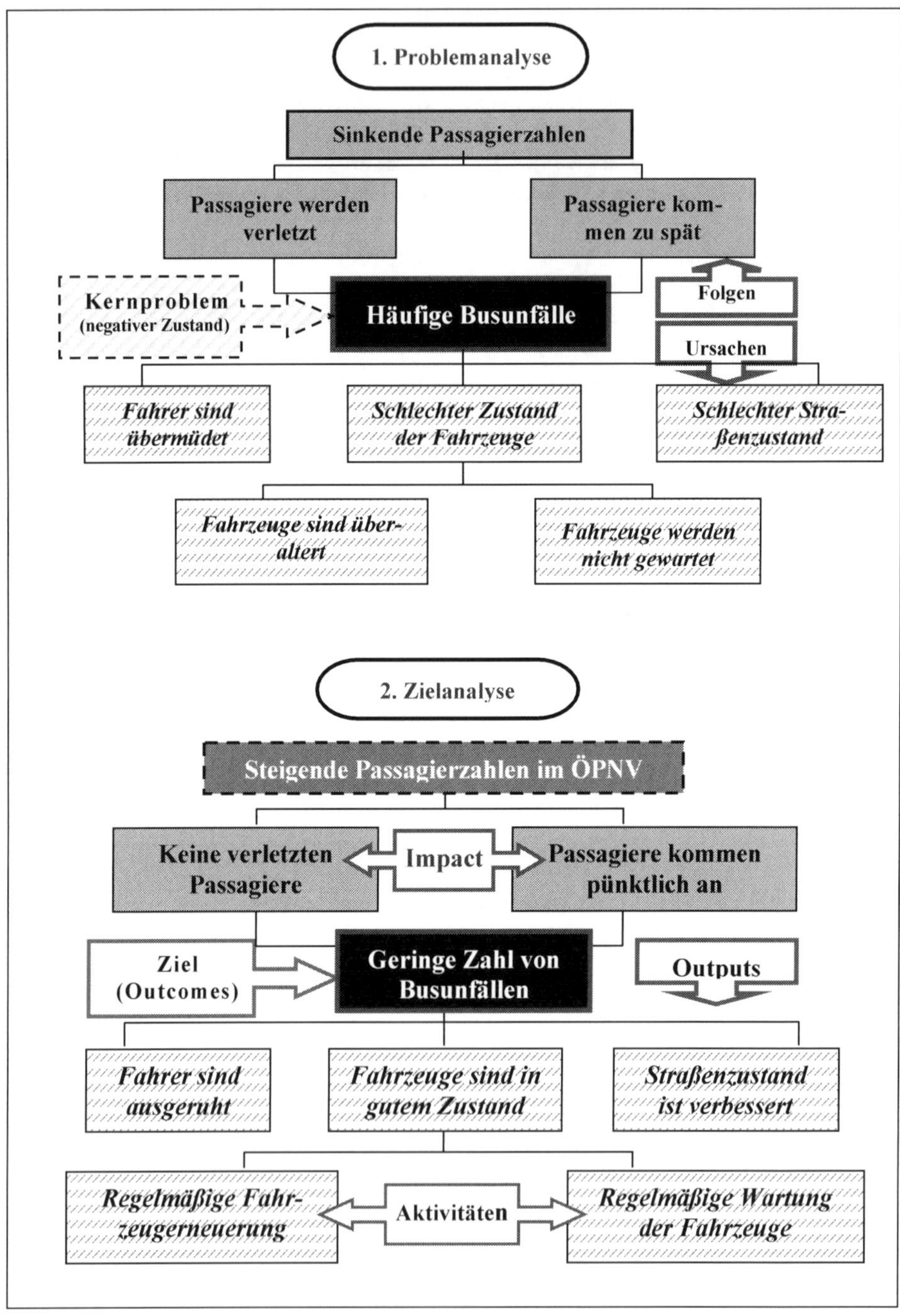

Insgesamt handelt es sich um einen komplexen und sehr differenzierten Planungsprozess, der während der zurückliegenden Jahre stetig verbessert wurde. Die relativ hohen Kosten dieses Planungsprozesses eines EZ-Vorhabens sind aber notwendig und gerechtfertigt; denn ein gut geplantes Vorhaben ist eine wichtige Voraussetzung für dessen erfolgreiche Durchführung im Sinne der Wirkungsorientierung der Entwicklungszusammenarbeit. Viele Fehler und Misserfolge in der Vergangenheit, die in der Implementierungsphase von EZ-Projekten und -Programmen aufgetreten sind, lassen sich auf Planungsmängel zurückführen.

Abbildung 29: Struktur der intendierten Wirkungsorientierung von Vorhaben der Entwicklungszusammenarbeit

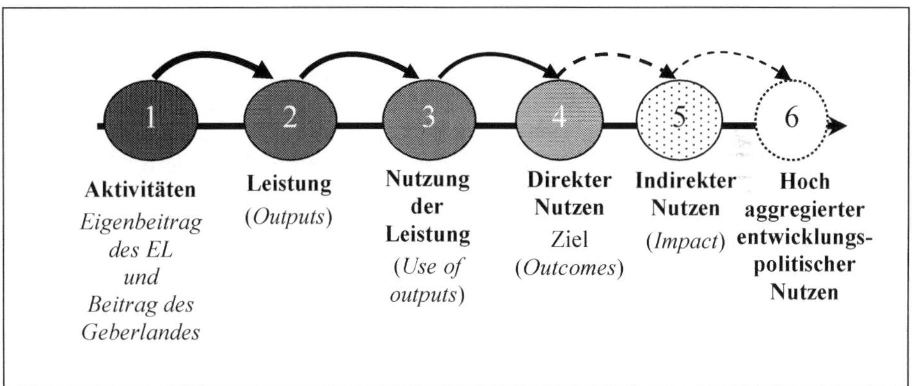

Wirkungskontrolle: Fremdevaluierung und Monitoring

Das Ziel von Vorhaben der Entwicklungszusammenarbeit sind intendierte positive entwicklungspolitische Wirkungen, die durch Interventionen von Projekten und Programmen entstehen. Um die Zielerfüllung zu überprüfen und damit den Nutzen der EZ-Vorhaben zu erfassen, werden permanent Wirkungskontrollen durch Fremdevaluierungen und Monitoring durchgeführt. Kaum ein anderer Politikbereich wird bislang einer solchen systematischen Wirkungskontrolle unterworfen wie die Entwicklungszusammenarbeit.

Evaluierungen sind umfassende, systematische Überprüfungen und Bewertungen von EZ-Projekten und -Programmen unter allen entwicklungspolitisch und fachlich wesentlichen Gesichtspunkten. Evaluierungen unterstützen die Steuerung der EZ-Vorhaben durch Überprüfung und Kontrolle ihrer ziel- und sachgerechten Durchführung. Außerdem dienen sie der Rechenschaftslegung und stärken die institutionellen Lernprozesse der EZ-Institutionen. Sie sind Teil des Qualitätsmanagements und liefern Informationen, die als Grundlage für entwicklungspolitische Entscheidungen dienen. Die Ergebnisse der Evaluierungen unterstützen im Idealfall die Legitimierung der Entwicklungspolitik in Parlament und Öffentlichkeit.

Die Wirkungskontrolle kann durch die Durchführungsorganisation des EZ-Vorhabens in Form der Selbstevaluierung erfolgen (auch als *Monitoring* bezeichnet) oder durch externe Evaluatoren als Fremdevaluierung durchgeführt werden. Die Wirkungskontrolle ist zudem keineswegs ausschließlich *ex-post*-Evaluierung, sondern beginnt bereits in der Projektimplementierungsphase.

Als interne Evaluierung (oder Selbstevaluierung/*Monitoring*) werden alle Evaluierungsaktivitäten bezeichnet, die von der EZ-Durchführungsorganisation des Geberlandes (in Deutschland beispielsweise GTZ oder KfW-Entwicklungsbank) gemeinsam mit der projektverantwortlichen Partnerorganisation des EL durchgeführt werden. Selbstevaluierung bedeutet insofern die systematische Überprüfung der EZ-Vorhaben durch die projektverantwortliche Arbeitseinheit. Sie soll Informationen liefern, die als Grundlage für Managemententscheidungen der Durchführungsorganisationen dienen, aber auch für den Auftraggeber nützlich sind.

Fremdevaluierungen werden durch den Auftraggeber selbst durchgeführt (in der deutschen EZ folglich durch das BMZ) bzw. durch von diesem beauftragte Wirtschaftsprüfer sowie durch fachkundige Institutionen, die laufende EZ-Vorhaben überprüfen und Schlussevaluierungen sowie *ex-post* Evaluierungen vornehmen. Fremdevaluierungen werden grundsätzlich von Institutionen durchgeführt, die von der Durchführungsorganisation des Geberlandes und von der projektverantwortlichen Institution des EL unabhängig sind. Selbstevaluierung und Fremdevaluierung sind also komplementäre Maßnahmen: beide zusammen dienen dem Ziel eines optimalen Einsatzes der knappen EZ-Mittel.

Im Wesentlichen sollen durch die Wirkungskontrolle laufender und abgeschlossener EZ-Vorhaben zwei Ziele erreicht werden:

(1) Selbstevaluierungen können dazu beitragen, auf eventuelle Fehlentwicklungen rechtzeitig reagieren zu können und das Projektdesign entsprechend anzupassen; außerdem sollen durch Selbstevaluierungen künftige EZ-Maßnahmen verbessert werden, indem aus Fehlern und Erfolgen bisheriger EZ-Maßnahmen Lehren gezogen werden – sie dienen folglich als *Feedback* für die Durchführungsorganisationen und die politischen Entscheidungsträger.

(2) Mit Fremdevaluierungen wird die Basis für den abschließenden Rechenschaftsbericht gegenüber der Öffentlichkeit in Geber- und Empfängerländern geschaffen. Indem sie dem Grundsatz der *Accountability* im weitesten Sinn Rechnung tragen, gehen Fremdevaluierungen über die Funktion von Selbstevaluierungen hinaus. Fremdevaluierungen sind zudem mehr als reine Rechnungs- und Wirtschaftlichkeitsprüfungen im Sinne der legalen Verwendung öffentlicher Gelder.

Durch die Identifizierung von Fehlern und Erfolgen im Rahmen von Wirkungskontrollen lassen sich nützliche Informationen gewinnen, die bei einem angemessenen *Feedback* die zukünftige EZ verbessern können. Durch die Evaluierung der EZ-Vorhaben soll insbesondere auch den politischen Entscheidungsträgern bewusst gemacht werden, dass der begrenzte Erfolg von EZ-Maßnahmen auch mit politischen

Fehlern und/oder Rigiditäten auf der Geber- und Empfängerseite zusammenhängen kann, mit unzureichender Koordinierung und mit mangelnder Effektivität der eingesetzten Instrumente.

Für die Durchführung von Wirkungskontrollen in der EZ hat das DAC fünf Kriterien festgelegt: Relevanz, *Impact*, Effektivität, Effizienz und Nachhaltigkeit. Diese Kriterien bilden auch in der deutschen EZ das Raster für die Erfolgsbewertung von EZ-Vorhaben im Rahmen von Selbst- und Fremdevaluierungen.

(1) Die *Relevanz* misst das Ausmaß, in dem die Ziele des Vorhabens mit dem Bedarf der Zielgruppen, den Politiken des Kooperationslandes, den globalen Entwicklungszielen sowie der entwicklungspolitischen Grundausrichtung des Gebers übereinstimmen.

(2) Der *Impact* bestimmt das Ausmaß, in dem das EZ-Vorhaben dazu beiträgt, dass die angestrebten übergeordneten Ziele erreicht werden sowie andere (positive und negative) indirekte Wirkungen eintreten.

(3) Die *Effektivität* ist das Ausmaß, in dem die angestrebten Wirkungen erreicht werden sowie andere direkte Wirkungen eintreten.

(4) Die *Effizienz* misst das Verhältnis von eingesetzten Ressourcen (finanzielle Mittel, fachliche Expertise, Zeit etc.) zu erzielten Leistungen und Wirkungen.

(5) Die *Nachhaltigkeit* ist das Maß für die Wahrscheinlichkeit, dass die angestrebte entwicklungspolitische Wirksamkeit des EZ-Vorhabens über das Ende der externen Unterstützung hinaus gewährleistet ist.

Um beschönigende Ergebnisse der Erfolgskontrolle möglichst zu vermeiden, sind folgende Grundsätze bei der Durchführung von Fremdevaluierungen einzuhalten: (1) Unparteilichkeit, (2) Unabhängigkeit, (3) Glaubwürdigkeit, (4) Nützlichkeit und (5) Gemeinsamkeit.

Grundsätze des Fremdevaluierungsverfahrens

(1) und (2) *Unparteilichkeit* und *Unabhängigkeit*: Evaluierungsverfahren müssen von dem Prozess der Projektentscheidung und des Projektmanagements getrennt sein. Beide Grundsätze beziehen sich zudem auf die Aufstellung des Evaluierungsprogramms und die Auswahl des Evaluierungsteams, wozu eine unabhängige institutionelle Struktur für das Evaluierungsmanagement vorhanden sein muss.

(3) *Glaubwürdigkeit*: Die Glaubwürdigkeit der Evaluierung hängt in hohem Maße von der Expertise und von der Unabhängigkeit der Evaluatoren ab sowie von der Transparenz des Evaluierungsprozesses, d.h. die Ergebnisse müssen soweit wie möglich der Öffentlichkeit zugänglich sein. Die Evaluierungsberichte müssen deutlich zwischen Befund (Erkenntnis) und Empfehlung unterscheiden. Bei einem negativen Befund müssen die relevanten Informationen angegeben werden, allerdings sollte der Informant nicht kompromittiert werden.

Fortsetzung: Grundsätze des Evaluierungsverfahrens

(4) *Nützlichkeit:* Damit die Befunde und Empfehlungen der Evaluierung von den politischen Entscheidungsträgern auch berücksichtigt werden, müssen sie von diesen als relevant und nützlich wahrgenommen werden. Dies setzt voraus, dass sie in einer klaren Sprache abgefasst sind sowie kurz und anschaulich präsentiert werden. Sie müssen leicht zugänglich sein und in einem zeitlich angemessenen Rahmen zur Verfügung stehen (d.h. sich auf zeitlich nicht zu weit zurückliegende Projekte beziehen).

(5) *Gemeinsamkeit*: Geber und Empfänger sollten gemeinsam in den Evaluierungsprozess involviert sein. Da die Befunde und Empfehlungen der Evaluierung für beide Seiten wichtig sind, sollten sie auch die Einstellung aller Beteiligten widerspiegeln, z.B. hinsichtlich Effektivität und Auswirkungen des Projekts. Für die Beteiligten an dem Evaluierungsverfahren aus dem Empfängerland muss ebenfalls *Unparteilichkeit* und *Unabhängigkeit* gewährleistet sein. Zudem sollten die Geber auf eine *Joint donor evaluation* hinarbeiten und ihre Evaluierungsbefunde austauschen, um voneinander zu lernen.

Wirkungskontrollen zielen darauf ab, Veränderungen eines Zustandes als Folge einer EZ-Intervention zu überprüfen. Die Schlussfolgerungen und Empfehlungen, die in einer Evaluierung formuliert werden, geben dementsprechend idealerweise auch Antworten auf folgende Fragen:

- Welche Gesamtwirkung ging von der Maßnahme aus? Wie erfolgreich war diese und warum? Rechtfertigen die erzielten Ergebnisse die Kosten? Wurden die Ziele im vorgegebenen Zeit- und Kostenrahmen erreicht? Gab es größere Defizite bei der Zielerreichung? Gab es nicht intendierte positive Wirkungen?
- Ist die Nachhaltigkeit der erreichten (positiven) Wirkungen über einen längeren Zeitraum hinweg gewährleistet?
- Hätte es bessere (kostengünstigere) Möglichkeiten gegeben, um die erzielten Wirkungen zu erreichen?
- Welche Lektionen können aus dem Projekt gezogen werden, die für zukünftige Maßnahmen berücksichtigt werden sollten?

Zentrales Anliegen der Wirkungsorientierung von EZ-Vorhaben entsprechend der *Paris Declaration on Aid Effectiveness* ist die qualitative Verbesserung der EZ; dies geschieht durch eine stärkere Orientierung an den *Outcomes* und den *Impacts* eines Vorhabens, anstelle der Orientierung an den *Inputs*.

Wirkungen von EZ-Vorhaben sind Veränderungen eines Zustandes als Folge einer Intervention. Als Wirkungen eines Vorhabens können nur solche Veränderungen betrachtet werden, die sich dem Vorhaben kausal oder zumindest plausibel zuordnen lassen. Wirkungen eines EZ-Vorhabens müssen differenziert betrachtet werden: sie können intendiert oder nicht intendiert sein, erwartet oder unerwartet, positiv oder negativ. EZ-Vorhaben können also auch ungeplante positive und negative Wirkungen haben. Intendierte und nicht-intendierte Wirkungen liegen beispielsweise vor, wenn die beabsichtigte Einkommenssteigerung bei der Zielgruppe des Projekts die

Einkommensungleichheit der lokalen/regionalen Bevölkerung vergrößert. Wirkungen eines EZ-Vorhabens treten vom ersten Moment der EZ-Intervention auf, während der gesamten Laufzeit des Vorhabens und in ganz unterschiedlichen Bereichen; außerdem betreffen sie nicht nur Zielgruppen, sondern auch Partner und Mittler.

Ziele eines EZ-Vorhabens sind beabsichtigte, positive Wirkungen, die anhand von Indikatoren beobachtet und gemessen werden können; sie werden auf der Ebene der direkten Wirkungen (bei Mittlern und/oder der Zielgruppe) definiert, als Teil einer Wirkungskette oder eines Wirkungsgefüges, worauf EZ-Vorhaben Einfluss nehmen (wollen). Positive Wirkungen liegen dann vor, wenn ein direkter Nutzen bei der Zielgruppe (oder den Mittlern) erreicht wurde. Sie können aus dem Gebrauch der Leistungen entstehen und dem Vorhaben kausal/quantitativ zugeordnet werden. Der direkte Nutzen entsteht in der Regel kurz- bis mittelfristig, stellt also die *Outcomes* des Vorhabens dar. Darüber hinaus kann es positive Wirkungen bei Zielgruppen (oder Mittlern) geben, die sich dem Vorhaben zwar plausibel zuordnen lassen, jedoch nicht eindeutig kausal/quantitativ. Das ist der indirekte Nutzen eines EZ-Vorhabens. Dieser *Impact* entsteht in der Regel erst längerfristig, d.h. auf der Ebene der übergeordneten entwicklungspolitischen Ziele.

Wirkungskontrollen in der EZ müssen vor allem zwei Probleme bewältigen: zum einen die Entdeckung und Messung von Wirkungen. Dabei geht es um die Frage, wie sich die geplanten und ungeplanten Wirkungen eines EZ-Programms oder -Projekts möglichst exakt bestimmen lassen. Zum anderen stehen Wirkungsuntersuchungen vor dem Problem der Identifikation von Kausalzusammenhängen zwischen den Projektinterventionen (als unabhängige Variable) und den erfassten bzw. erfassbaren Wirkungen (als abhängige Variable). Wie also können die Verursachungsfaktoren der Wirkungen eindeutig bestimmt und rivalisierende Erklärungen ausgeschlossen werden?

Die Wirkungskontrolle orientiert sich an der hypothetischen Wirkungskette, die bereits bei der Planung des EZ-Vorhabens festgelegt wird. Diese Wirkungskette beschreibt die Abfolge von angestrebten Wirkungen eines Vorhabens, ausgehend von den Beiträgen und Aktivitäten von Geber- und Empfängerland, die damit erbrachten Leistungen, bis hin zum daraus entstehenden direkten Nutzen, dem indirekten Nutzen und dem hoch aggregierten Nutzen. Während sich der direkte Nutzen eines EZ-Vorhabens im Rahmen von Wirkungskontrollen in der Regel bestimmen lässt, stellt sich bei der Ermittlung des *Impacts* und des hochaggregierten entwicklungspolitischen Nutzens das Problem der „Zuordnungslücke“ (vgl. Abbildung 30). Denn beobachtbare positive entwicklungspolitische Wirkungen auf Ebenen außerhalb der operativen Ebene des EZ-Vorhabens können diesem nicht ohne weiteres im Sinne einer eindeutigen Ursache-Wirkungs-Beziehung zugeordnet werden; sie sind möglicherweise Resultat komplexer Veränderungen im Umfeld der Entwicklungsmaßnahme und/oder der Aktivitäten anderer Akteure.

Abbildung 30: Die Zuordnungslücke in der Wirkungskette von EZ-Vorhaben

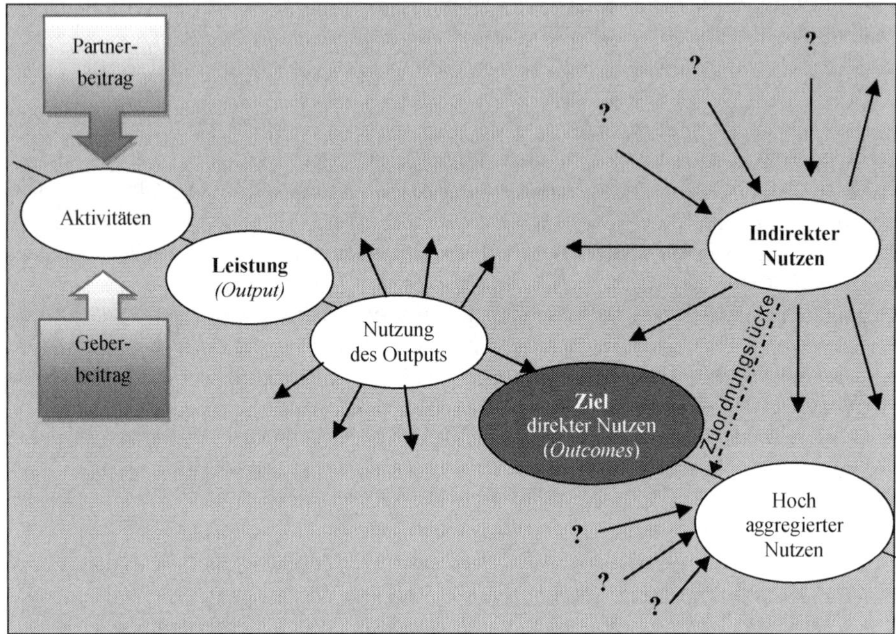

Letztendlich lässt sich auf die Frage nach den Wirkungen von EZ-Vorhaben immer nur eine unvollständige Antwort geben; dafür sind mehrere Gründe maßgeblich:

1. Die empirische Überprüfung der Wirksamkeit von EZ setzt voraus, dass man Projekt-Wirkungen operational exakt messen und eindeutig zuordnen kann. Das mag zwar bei einfach strukturierten Projekten möglich sein, ist jedoch keineswegs die Regel.

2. Es ist *a priori* nicht auszuschließen, dass ein Maximum von positiven Wirkungen auf der Mikroebene von EZ-Projekten nachhaltige Entwicklung auf der Makroebene gefährden kann (Mikro-Makro-Paradoxon); dies ist beispielsweise der Fall, wenn der Erfolg des Projekts mit Ressourcenabbau und irreversiblen Umweltbelastungen verbunden ist.

3. Positive Veränderungen in gesellschaftlichen Entwicklungsprozessen monokausal den Projektmaßnahmen zuzurechnen, ist streng genommen unzulässig, denn die Zahl der möglichen Einflussfaktoren auf solche Entwicklungsprozesse ist theoretisch unbegrenzt.

4. Bei der Frage nach der Wirksamkeit von EZ wird implizit unterstellt, dass EZ-Vorhaben einen Beitrag zu positiven Veränderungen in der gesellschaftlichen Entwicklung leisten. Diese Annahme lässt sich aber weder theoretisch hinreichend begründen, noch mit den Ergebnissen von Wirkungskontrollen empirisch eindeutig belegen. Entwicklung ist ein umfassender historischer Prozess unter je einmaligen, sich laufend verändernden Rahmenbedingungen, der sich durch EZ-Projekte und -Programme, wenn überhaupt, nur marginal beeinflussen lässt.

Instrumente der Wirkungskontrolle in der deutschen Entwicklungszusammenarbeit

Die in der bilateralen deutschen EZ durchgeführten Wirkungskontrollen orientieren sich an den DAC-Standards und damit auch an den Grundsätzen für die Durchführung von Wirkungskontrollen: *Nützlichkeit*, *Partizipation* und *Glaubwürdigkeit*. Dies bedeutet, dass (1) die Ergebnisse der Wirkungskontrollen in das Wissensmanagement der Durchführungsorganisationen eingehen, (2) die Partnerinstitutionen im EL in die Verfahren der Wirkungskontrolle einbezogen werden, und dass (3) die Verfahren der Wirkungskontrolle transparent sind sowie die positiven sowie negativen Ergebnisse veröffentlicht werden.

Das System der Wirkungskontrollen umfasst Selbstevaluierungen (*Monitoring*) und Fremdevaluierungen. Die Instrumente der Selbstevaluierung sind in der von der GTZ durchgeführten TZ die Projektfortschrittskontrolle (PFK), der Schlussbericht, e-Val und die Querschnittsanalysen.

Die *Projektfortschrittskontrolle* ist eine systematische Untersuchung der Planung, Durchführung und der Wirkungen eines Projekts oder Programms unter Berücksichtigung aller entwicklungspolitisch und fachlich relevanten Gesichtspunkte mit dem Ziel, durch operationale Empfehlungen die Wirksamkeit laufender und zukünftiger Projektarbeit zu sichern. Als Instrument der Selbstevaluierung soll die PFK eine kritische, extern begleitete Reflexion über Stand und Wirkungen eines EZ-Vorhabens sein. Sie wird anlassbezogen als Instrument zur Selbststeuerung und Qualitätssicherung eines TZ-Vorhabens eingesetzt. Meistens wird die PFK gegen Ende einer jeden Phase eines Vorhabens durchgeführt, aber auch vor wichtigen Entscheidungen oder notwendigen grundlegenden konzeptionellen Änderungen. Im Rahmen einer PFK wird das projektinterne *Monitoring* durch die Beratung externer Fachleute ergänzt, um so die Steuerung des TZ-Vorhabens zu verbessern. Ob eine PFK durchgeführt wird, unter welchen Fragestellungen und mit welchen Fachkräften, entscheidet in der Regel der Auftragsverantwortliche in der GTZ gemeinsam mit der Führungskraft des TZ-Projekts. Im Einzelfall kann die PFK auch von höheren Instanzen der GTZ veranlasst werden.

Das Ablaufschema der Projektfortschrittskontrolle (PFK)

(1) Ist-Feststellung
Der *Status quo* des Projekts wird festgestellt: Welche der geplanten Aktivitäten und Leistungen wurden tatsächlich erbracht? Welche Wirkungen lassen sich erkennen? Welche unbeabsichtigten und/oder ungeplanten Wirkungen sind eingetreten/können eintreten?

(2) Soll-Ist-Vergleich
In der zweiten Phase findet ein Vergleich der intendierten mit den tatsächlich erzielten Wirkungen statt.

Fortsetzung: Das Ablaufschema der Projektfortschrittskontrolle (PFK)

(3) Ursachenanalyse
Durch die Ursachenanalyse von Soll-Ist-Abweichungen wird überprüft, ob Planungsfehler, Durchführungs- oder Managementprobleme vorliegen, oder ob unvorhersehbare externe Einflüsse ursächlich für eine unzulängliche Zielerreichung waren.

(4) Schlussfolgerungen und Empfehlungen
In der vierten Phase werden die Konsequenzen ermittelt, die sich aus der Ursachenanalyse für die weitere Durchführung des Vorhabens ergeben, ob Anpassungen erfolgen müssen und/oder einer Fortschreibung der PPÜ zugestimmt wird; erforderlichenfalls kann die PFK auch zu der Empfehlung führen, das Vorhaben abzubrechen.

(5) Erstellen des PFK-Kurzberichts
Abstimmung des Berichts und den darin enthaltenen Empfehlungen mit den Projektverantwortlichen, dem *Counterpart* des EL und dem Projektteam; Präsentation der PFK-Ergebnisse „vor Ort".

(6) Umsetzung der PFK-Ergebnisse
Fortschreibung oder Anpassung der Projektplanung.

Im Vorfeld von Projektfortschrittskontrollen, Schlussberichten und Fremdevaluierungen werden die Erfahrungen und Einschätzungen der am Vorhaben beteiligten GTZ-Mitarbeiter und -Mitarbeiterinnen, Partner, Mittler, Zielgruppen und gegebenenfalls anderer Beteiligter mit Hilfe eines EDV-gestützten Verfahrens systematisch eingeholt (*e-Val*). Speziell geschulte Interviewer führen dazu qualitative Interviews durch. Die erhobenen Daten werden elektronisch erfasst, verarbeitet und die anonymisierten Interviews mit einem statistischen Verfahren ausgewertet. Die zusammengefassten Ergebnisse der Interviews liegen dem Verantwortlichen des deutschen Beitrags, dem Auftragsverantwortlichen, unmittelbar in übersichtlicher Form vor. Sie können für die weitere Steuerung des Vorhabens und zum Dialog mit den Partnern genutzt werden. Die interpretierten *e-VAL*-Ergebnisse stehen Gutachterinnen und Gutachtern als Datenquelle bei der Vorbereitung von Evaluierungen zur Verfügung. Die Ergebnisse der Befragungen werden anschließend in die Schlussberichte aufgenommen.

Ein weiteres Element der internen Evaluierung ist der *Schlussbericht*, d.h. die Analyse eines abgeschlossenen Vorhabens anhand eines vorgegebenen Fragebogens („Wirkungsbeobachtung zur Schlussbetrachtung eines TZ-Vorhabens"). Im Mittelpunkt steht die Auskunft über die erreichten Wirkungen und Ziele sowie die wichtigsten Ereignisse und Entscheidungen im Verlauf des Vorhabens. Lernerfahrungen und deren Übertragbarkeit auf andere EZ-Vorhaben sind wichtige Aspekte, die bei der Erstellung des Schlussberichts zu berücksichtigen sind.

Die Ergebnisse der Schlussbetrachtung fließen in die jährliche *Querschnittsanalyse* laufender und abgeschlossener TZ-Vorhaben ein. Sie wird auf der Grundlage von Fragebögen zur Wirkungsbeobachtung erstellt, die im Rahmen der PFK vor Ort oder bei Schlussbetrachtungen erstellt werden. Die Ergebnisse der Querschnittsanalyse werden in einem internen Bericht dargestellt und in zusammengefasster Form veröffentlicht („Wie erfolgreich ist die Technische Zusammenarbeit?").

Neben der internen Evaluierung werden die deutschen EZ-Vorhaben auch externen Evaluierungen unterzogen. Verantwortlich dafür sind das BMZ, der Bundesrechnungshof sowie Wirtschaftsprüfer und unabhängige Institutionen mit entwicklungspolitischem und fachlichem *Know-how*. Im Rahmen der externen Evaluierung wird nicht nur der Erfolg der EZ-Vorhaben überprüft, sondern auch die Zuverlässigkeit der internen Evaluierungssysteme der Durchführungsorganisationen. Das BMZ-Evaluierungsprogramm legt seinen Schwerpunkt auf strategische und projektübergreifende Evaluierungsansätze mit dem Ziel der konzeptionellen organisatorischen und institutionellen Weiterentwicklung des deutschen EZ-Systems.

Besondere Beachtung wird der nachhaltigen Signifikanz der Projekt- und Programmwirkungen geschenkt. Hauptinstrumente des BMZ-Evaluierungsprogramms sind:

- Themenevaluierungen: Sie betrachten Projekte in verschiedenen Ländern oder Regionen unter einheitlichen thematischen Fragestellungen (z.B. Kinder und Armut, EZ in Krisengebieten);
- Sektorevaluierungen: Sie betrachten Projekte innerhalb eines bestimmten Sektors (z.B. Ressourcenschutz, Landwirtschaft, Bildung);
- Instrumentenevaluierungen: Sie untersuchen bestimmte entwicklungspolitische Instrumente (z.B. Kooperation zwischen TZ und FZ, Personalentsendung in der EZ).

Die Ergebnisse der BMZ-Evaluierungen sind der Öffentlichkeit zugänglich; sie werden in dem alle zwei Jahre erscheinenden Zentralen Evaluierungsprogramm (ZEP) des BMZ veröffentlicht.

Abbildung 31: Monitoring und Evaluierung in der deutschen TZ

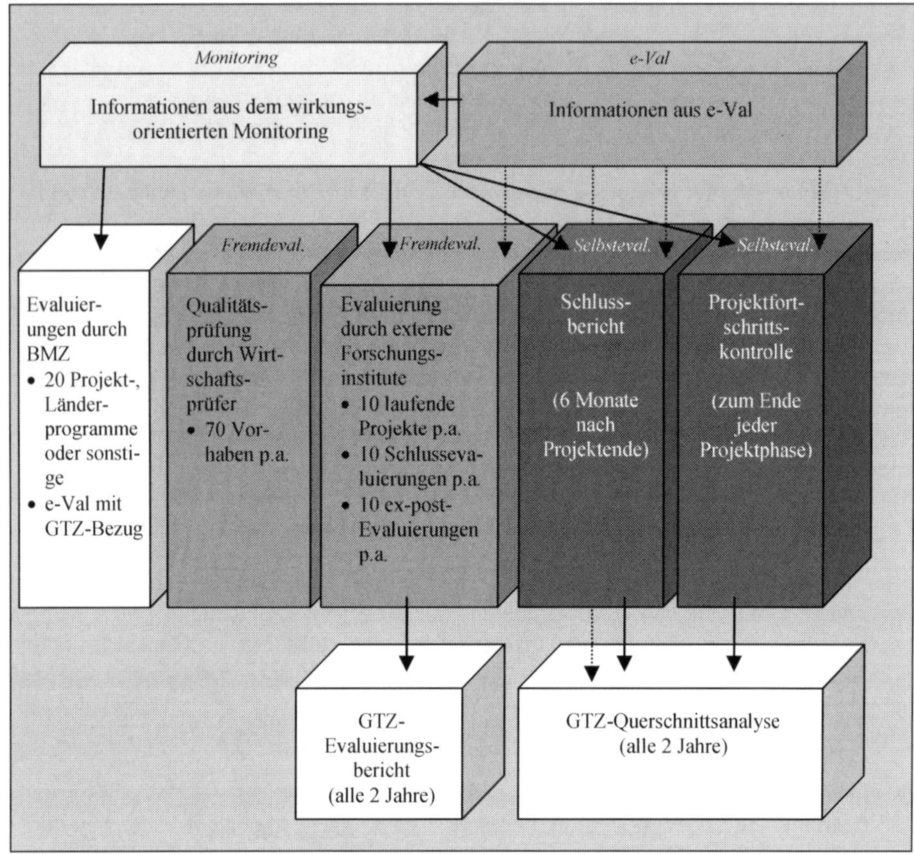

Die Kosten der eingesetzten Evaluierungsinstrumente sind bei der Selbstevaluierung meist niedriger als bei Fremdevaluierungen. Insgesamt sind schätzungsweise bis zu 3 Prozent der Gesamtkosten eines EZ-Vorhabens für die Evaluierungen anzusetzen. Diese Kosten sind jedoch nicht nur im Interesse der Durchführungsorganisationen zu rechtfertigen, die durch die Umsetzung der Ergebnisse von Wirkungskontrollen die Qualität ihrer Arbeit verbessern können, sondern wird durch ein umfassendes Evaluierungssystem die Realität der EZ kontinuierlich kontrolliert und offen gelegt und es werden nachprüfbare Aussagen über deren Wirkungen getroffen; damit legen die Durchführungsorganisationen gegenüber der Öffentlichkeit Rechenschaft über die Verwendung von Steuergeldern ab.

Evaluiert werden aber nicht nur die Projekte und Programme, die im Rahmen der bilateralen deutschen Entwicklungszusammenarbeit durchgeführt werden. Auch das gesamte Politikfeld „Deutsche Entwicklungszusammenarbeit" und die Leistungen der deutschen EZ-Institutionen werden durch das DAC in etwa vierjährigem Turnus einer kritischen Prüfung durch andere DAC-Mitgliedsländer unterzogen. Ausgangspunkt dieser *Peer Reviews* ist ein Memorandum, in dem das zu prüfende Land die wichtigsten Elemente und Entwicklungen seiner Entwicklungspolitik und seiner EZ-Programme darlegt. Anschließend besuchen fachkundige Evaluatoren aus zwei anderen DAC-Staaten das zu prüfende Land, um sich dort in Gesprächen mit Regierungsvertretern, Parlamentariern und Vertretern von dort ansässigen NRO Informationen über aktuelle Fragen der EZ-Leistungen des betreffenden Landes zu beschaffen. Evaluiert wird insbesondere, ob und wie die wichtigsten DAC-Empfehlungen und Grundsätze praktisch umgesetzt werden, und welche Aktivitäten in Entwicklungsländern in Bezug auf Armutsbekämpfung, Nachhaltigkeit und Gleichstellung der Geschlechter stattfinden. In einem abschließenden Bericht werden die Ergebnisse und Empfehlungen zusammengefasst, die zuvor mit Regierungsvertretern des geprüften Landes und von anderen DAC-Mitgliedern diskutiert wurden. Die Ergebnisse der letzten DAC-Prüfung der deutschen EZ-Politik und -Progamme wurden 2006 veröffentlicht; die nächste DAC-Prüfung ist für Oktober 2010 vorgesehen.

Das aktuelle Evaluierungsprogramm des BMZ

- Friedensmission in Nordost-Afghanistan – welche Wirkung hat unsere Entwicklungszusammenarbeit?
- Konfliktpräventive und friedenssichernde Maßnahmen in der Demokratischen Republik Kongo – Gemeinschaftsevaluierung unter der Leitung Belgiens.
- Paris-Erklärung (*Implementation of the Paris Declaration*, Phase II) – Fortführung der Phase I (Input), mit Fallstudien in neun Partner- und Geberländern; es wird geprüft, ob die Implementierung der *Paris Declaration* die Entwicklungswirksamkeit in den Partnerländern verbessert.
- *International Leadership Training* unter Federführung von InWEnt – Überprüfung der Wirksamkeit der 24-monatigen Fortbildung für Fach- und Führungskräfte aus EZ-Partnerländern.
- Rhein-Donau-Stiftung – geplante Evaluierung des Trägers (auf parlamentarische Anfrage).
- „Weltwärts“ – geplante Evaluierung des Förderprogramms der FDP.

Quelle: BMZ – Stand Februar 2010.

Die Erfolgsbewertung von Vorhaben der Entwicklungszusammenarbeit

Um die Fortschritte und Erfolge der deutschen Entwicklungszusammenarbeit zu dokumentieren, aber auch um Fehlentwicklungen rechtzeitig zu erkennen und um Lehren für die Zukunft zu ziehen, werden die EZ-Vorhaben im Rahmen der Fremdevaluierung regelmäßig einer Erfolgsbewertung unterzogen. So meldete beispielsweise die KfW-Entwicklungsbank in dem 10. Bericht über die Evaluierung ihrer FZ-Projekte und -Programme, dass von den rund 120 Vorhaben, die 2006 einer *Ex-post*-Evaluierung unterzogen wurden, 78 Prozent als erfolgreich einzustufen waren, zehn Prozent von diesen sogar mit der Höchstnote 1.

Zu den erfolgreichsten Vorhaben gehörten ein Bewässerungsprojekt in Mali, zwei Projekte zur Rehabilitierung von Kraftwerken in China sowie die Förderung von Klein- und Kleinstunternehmen in Peru. Lediglich 26 Projekte wurden als nicht erfolgreich bewertet, darunter fünf ländliche Wegebauprogramme in Simbabwe, für die FZ-Mittel in Höhe von insgesamt 40,6 Millionen Euro eingesetzt worden waren. Auch drei Kleinwasserkraftwerke in Haiti wurden mit der Note 5 bewertet, und damit als nicht erfolgreich.

Leitfragen in der Erfolgsbewertung von EZ-Vorhaben
Beispiele für Leitfragen zur Bewertung der **Effizienz**:
• In welchem Umfang erfolgt wirtschaftlich die Art der Leistungserbringung bzw. die Schaffung von Potenzialen und Kapazitäten (Kosten-Nutzen-Verhältnis)? Welche alternativen Lösungen gibt es; welche wären gegebenenfalls wirtschaftlicher? • Inwieweit sind die direkten und indirekten Wirkungen nach betriebs- und volkswirtschaftlichen bzw. sektorspezifischen Maßstäben auf wirtschaftliche Weise erreicht worden? • Wie werden vorhandene Ressourcen anderer Akteure im Sektor und/oder in der Region genutzt? Hätten durch einen alternativen Einsatz der EZ-Instrumente die Wirkungen erhöht werden können?
Beispiele für Leitfragen zur Bewertung der **Nachhaltigkeit**:
• Auf welche Weise bestehen nach Ende der Unterstützung die Wirkungen für die Zielgruppen, Partnerinstitutionen und das Kooperationsland fort? • In welchem Umfang sind die Voraussetzungen für Nachhaltigkeit gegeben? Inwieweit stehen organisatorische, personelle, finanzielle und wirtschaftliche Ressourcen und Kapazitäten im Partnerland längerfristig für den Fortbestand der erzielten Wirkungen zur Verfügung? • Welches sind die wesentlichen Risikofaktoren für eine längerfristige Nachhaltigkeit der Wirkungen? Wie wird die Entwicklung dieser Faktoren eingeschätzt?

Woran wird aber der Erfolg eines EZ-Vorhabens gemessen? Die Erfolgsbewertung eines EZ-Vorhabens erfolgt entsprechend den DAC-Vorgaben anhand der Kriterien Relevanz, Effektivität, *Impact*, Effizienz und Nachhaltigkeit. Die Bewertung der Einzelkritierien wird aus den Antworten auf „Leitfragen" für jedes Kriterium abgeleitet. Um bei den Evaluatoren eine Verengung der Wahrnehmung auf die operative Ebene des Vorhabens zu vermeiden, sollten die Kriterien in dem Evaluierungsprozess „vor Ort" in der folgenden Reihenfolge behandelt werden:
Relevanz ⇨ *Impact* ⇨ Effektivität ⇨ Effizienz ⇨ Nachhaltigkeit.

Bewertet wird nicht allein die Zielerreichung *per se*, sondern auch die Gesamtheit der eingetretenen (positiven und negativen, geplanten und ungeplanten) Wirkungen, soweit diese auf das Vorhaben zurückgeführt werden können. Bewertet wird primär die Situation, wie sie zum Zeitpunkt der Evaluierung gemessen bzw. festgestellt werden kann. Die Erfolgsbewertung eines EZ-Vorhabens erfolgt anhand einer sechsstufigen Skala: die Stufen 1 bis 3 kennzeichnen eine positive bzw. erfolgreiche Bewertung, die Stufen 4 bis 6 eine nicht positive bzw. nicht erfolgreiche Bewertung.

1	Sehr gutes, deutlich über den Erwartungen liegendes Ergebnis.	***Erfolgreich***
2	Gutes, vollständig den Erwartungen entsprechendes Ergebnis ohne wesentliche Mängel.	
3	Zufrieden stellendes Ergebnis; es liegt unter den Erwartungen, aber es dominieren die positiven Ergebnisse.	
4	Nicht zufrieden stellendes Ergebnis; es liegt deutlich unter den Erwartungen, und es dominieren trotz erkennbarer positiver die negativen Ergebnisse.	***Nicht erfolgreich***
5	Eindeutig unzureichendes Ergebnis: trotz einiger positiver Teilergebnisse dominieren die negativen Ergebnisse deutlich.	
6	Das Vorhaben ist nutzlos bzw. die Situation hat sich eher verschlechtert.	

Quelle: GTZ.

Die Gesamtbewertung auf dieser sechsstufigen Skala wird aus einer projektspezifisch zu begründenden Gewichtung der fünf Einzelkriterien gebildet. Für jedes Kriterium muss begründet werden, ob es im speziellen Kontext des Vorhabens „besonders wichtig" (Gewichtung 3), „wichtig" (Gewichtung 2) oder „weniger wichtig" (Gewichtung 1) ist. Ohne besondere Begründung einer höheren oder niedrigeren Gewichtung ist ein Kriterium „wichtig".

Ein Vorhaben kann jedoch nur dann als entwicklungspolitisch „erfolgreich" eingestuft werden, wenn die direkten Wirkungen (Effektivität), die indirekten Wirkungen (*Impact*) und die Nachhaltigkeit mindestens als „zufrieden stellend" (Stufe 3) bewertet werden. In Ausnahmefällen ist für ein „erfolgreiches" Vorhaben auch die Nachhaltigkeitsstufe 4 akzeptabel, wenn dies von Anfang an so geplant und projektbedingt unvermeidbar war; dies muss jedoch wegen der hohen entwicklungspolitischen Bedeutung des Vorhabens auch zum Zeitpunkt der Evaluierung noch vertretbar erscheinen.

Für das Kriterium der Nachhaltigkeit, das als letztes Kriterium geprüft werden sollte, gilt eine vierstufige Bewertungsskala:

- Nachhaltigkeitsstufe 1 (sehr gute Nachhaltigkeit): Die bislang positive entwicklungspolitische Wirksamkeit des Vorhabens wird mit hoher Wahrscheinlichkeit unverändert fortbestehen oder sogar zunehmen.
- Nachhaltigkeitsstufe 2 (gute Nachhaltigkeit): Die bislang positive entwicklungspolitische Wirksamkeit des Vorhabens wird mit hoher Wahrscheinlichkeit nur geringfügig zurückgehen, aber insgesamt deutlich positiv bleiben.
- Nachhaltigkeitsstufe 3 (zufrieden stellende Nachhaltigkeit): Die bislang positive entwicklungspolitische Wirksamkeit des Vorhabens wird mit hoher Wahrscheinlichkeit deutlich zurückgehen, aber noch positiv bleiben. Diese Stufe ist auch zutreffend, wenn die Nachhaltigkeit eines Vorhabens bis zum Evaluierungszeitpunkt als nicht ausreichend eingeschätzt wird, sich aber mit hoher Wahrscheinlichkeit positiv entwickeln und das Vorhaben damit eine positive entwicklungspolitische Wirksamkeit erreichen wird.
- Nachhaltigkeitsstufe 4 (nicht ausreichende Nachhaltigkeit): Die entwicklungspolitische Wirksamkeit des Vorhabens ist bis zum Evaluierungszeitpunkt nicht ausreichend und wird sich mit hoher Wahrscheinlichkeit auch nicht verbessern. Diese Stufe ist auch zutreffend, wenn die bisher positiv bewertete Nachhaltigkeit mit hoher Wahrscheinlichkeit gravierend zurückgeht und nicht mehr den Ansprüchen der Stufe 3 genügen wird (Die Stufe 4 fasst die Werte 4 bis 6 auf der Skala für die anderen Bewertungskriterien zusammen).

Die Bewertung der Kriterien wird grundsätzlich in ganzen Zahlen vorgenommen, mit Auf- oder Abrundung nach den mathematischen Regeln. Da die Bewertung der vier Kriterien Relevanz, Effektivität, *Impact* und Effizienz auf einer sechsstufigen Skala erfolgt, die Bewertung der Nachhaltigkeit hingegen auf einer vierstufigen Skala, kann sich daraus theoretisch eine positive Verzerrung der Gesamtbewertung ergeben. Um dies zu vermeiden, gilt:

- Unabhängig von der Bewertung der Nachhaltigkeit lautet die Gesamtbewertung immer „5“, wenn der Mittelwert aus den Kriterien 1 bis 4 „4,5“ oder schlechter ergibt.
- Ergibt der Mittelwert aus den Kriterien 1 bis 4 „5,5“ oder schlechter, dann ist die Gesamtbewertung „6“.

Beispiel für die Gesamtbewertung eines TZ-Vorhabens			
(1) Kriterium	**(2) Bewertung des Kriteriums**	**(3) Gewichtung des Kriteriums**	**(4) = (2) x (3)**
Relevanz	3	2	6
Effektivität	2	2	4
Impact	4	3	12
Effizienz	4	1	4
Nachhaltigkeit	3	3	9
Summe		**11**	**35**
Gesamtbewertung: Summe (4) / Summe (3) ⇨ 35/11 = **3** **Das Vorhaben wird als erfolgreich bewertet.**			

Die Erfolgskontrolle von EZ-Vorhaben in einem transparenten Verfahren mit der Vergabe von „Noten" mag vordergründig ein Höchstmaß an Objektivität gewährleisten. Es ist jedoch nicht auszuschließen, dass in dem multidimensionalen und dynamischen Prozess der Evaluierung auch subjektive (Vor-)Urteile, institutionelle Eigeninteressen der Durchführungsorganisationen oder Rücksichtsnahmen auf Empfindlichkeiten des Partnerlandes zum Tragen kommen. Möglicherweise spielt bei der Ergebnisbewertung von EZ-Vorhaben auch das Interesse der Evaluatoren eine Rolle, die zwar von der auftraggebenden Institution formal unabhängig sind, die sich aber weitere, gut dotierte Evaluierungsaufträge erhoffen mögen und daher bei der Vergabe „schlechter Noten" eventuell zögerlich sind.

Nicht nur von Evaluierungsexperten aus Entwicklungsländern wird moniert, dass die Geberländer ihre EZ-Leistungen nach ihren eigenen, vorgefassten Kriterien evaluieren und anschließend die „Ergebnisse" bewerten; Vertreter der Empfängerländer hätten bei dieser Bewertung oft nicht viel zu sagen, was Lernprozesse zwischen den Gebern und den Empfängern erschwere. Zudem würden in die gängigen Evaluierungsmodelle quantitative Daten eingegeben, bei deren Erfassung und Aufbereitung manipuliert werden könne, um das gewünschte Ergebnis zu erzielen. Zwar wirken auf Zahlen gestützte Erfolgsbewertungen vordergründig objektiv und präzise, aber sie sind wenig aussagefähig, wenn sie mit zweifelhaften Daten generiert wurden. Je nach Vorhaben, das evaluiert wird, ist daher ein Methodenmix aus quantitativen und qualitativen Verfahren empfehlenswert.

Weiterführende Literatur

Berg, E.: *Rethinking Technical Cooperation*, United Nations Development Programme, New York 1993.

Borrmann, A./Fasbender, K./Holthus, M.: *Erfolgskontrolle in der deutschen Entwicklungszusammenarbeit. Analyse, Bewertung, Reformen*, Baden-Baden 1999.

Bundesministerium für wirtschaftliche Zusammenarbeit und Entwicklung: *Leitlinien für die bilaterale Finanzielle und Technische Zusammenarbeit mit Kooperationspartnern der deutschen Entwicklungszusammenarbeit*, Bonn 2008.

–: *Evaluierung der Entwicklungszusammenarbeit – Programm 2008/09*, Bonn 2010.

Gesellschaft für Technische Zusammenarbeit: *Das Projektzyklusmodell*, Eschborn 1992.

Goergens, M./Zall Kusek, J.: *Making Monitoring and Evaluation Systems Work: A Capacity Development Tool Kit*, Washington DC 2009.

International Bank for Reconstruction and Development: *Effective Implementation: Key to Development Impact. Report of the World Bank's Portfolio Management Task Force*, Washington DC 1992.

KfW-Entwicklungsbank: *Entwicklung evaluieren – Evaluierung entwickeln. 10. Bericht über die Evaluierung der Projekte und Programme in Entwicklungsländern 2006-2008*, Frankfurt am Main 2009.

Kusek, J./Rist, R.C.: *Ten Steps to a Results-Based Monitoring and Evaluation System: A Handbook for Development Practitioners*, Washington DC 2004.

Organisation for Economic Co-operation and Development: *Planning for Sustainable Development: Country Experiences*, Paris 1995.

–: *DAC Prüfbericht über die Entwicklungszusammenarbeit – Deutschland,* Paris 2006.

–: *Effective Aid Management. Twelve Lessons from DAC Pre-Reviews*, Paris 2008.

–: *2008 Survey on Monitoring the Paris Declaration. Making Aid More Effective by 2010*, Paris 2008.

–: *Managing Aid. Practices of DAC Member Countries*, Paris 2009.
Rajavel, N.: *Planning for Growth and Development*, Dehli 2006.

Stockmann, R.: *Die Wirksamkeit der Entwicklungshilfe: Eine Evaluation der Nachhaltigkeit von Programmen und Projekten*, Opladen 1996.

van den Sand, K.: „Was ist aus Armutsbekämpfung und Partizipation in der deutschen Entwicklungszusammenarbeit geworden?“, in: *KAS Auslandsinformationen*, 11 (2009), S. 7-29.

Waterston, A.: „Development Planning: Lessons of Experience“, in: Otenyo, E. E./Lind, N. S. (Hrsg.): *Comparative Public Administration: The Essential Readings*; Oxford 2006, S. 427-431.

Zintl, M.: „Evaluierung in der deutschen Entwicklungszusammenarbeit“, in: Widmer, T./Beywl, W./Fabian, C. (Hrsg.): *Evaluation – Ein systematisches Handbuch*, Heidelberg 2009.

5. Anpassen, ergänzen, verbessern: Entwicklungszusammenarbeit muss sich fortlaufend verändern

Entwicklungszusammenarbeit kann ihren Zielvorgaben nur gerecht werden, wenn ihre Konzepte und Instrumente beständig ergänzt, verbessert und an sich ändernde Rahmenbedingungen und Akteurskonstellationen angepasst werden. EZ, die den Anspruch erhebt, positive Veränderungsprozesse in Entwicklungsländern zu unterstützen oder sogar zu initiieren, bedarf selbst eines flexiblen *Change Management*. So wie die internationale EZ vor mehr als sechs Dekaden konzeptionell, instrumentell und organisatorisch gestaltet worden war, ist sie schon längst fragwürdig. Denn Zielsetzungen und Selbstverständnis der beteiligten Akteure haben sich im Lauf der Zeit gründlich verändert.

„Die“ Entwicklungsländer als homogene Adressatengruppe von EZ gibt es nicht mehr – und sie hat es auch nie gegeben. In immer mehr Ländern in Afrika, Asien und Lateinamerika wird „Entwicklungshilfe“ in ihrer ursprünglichen Form nicht mehr benötigt. Der Einsatz etablierter Routineverfahren der EZ ist lediglich in einer immer kleiner werdenden Gruppe von Ländern noch angebracht. Andererseits gibt es aber auch die Gruppe von Ländern, in denen über Jahrzehnte hinweg mit dem eingesetzten EZ-Instrumentarium keine positiven Veränderungen erreicht werden konnten, weil die internen Rahmenbedingungen nicht gegeben waren. Und wie kann öffentliche Entwicklungszusammenarbeit mit fragilen Staaten möglich sein, in denen die staatlichen Institutionen sehr schwach oder von Zerfall bedroht sind, und in denen das staatliche Gewaltmonopol in weiten Teilen des Landes inexistent ist? Nach Einschätzung der Weltbank leben etwa 1 Milliarde Menschen in fragilen, von Konflikten zerrütteten Staaten, in denen die Erreichung der *Millennium Development Goals* unmöglich erscheint. EZ-Projekte und -Programme in diesen Ländern tragen von vorneherein ein hohes Mißerfolgsrisiko – aber die Risiken unterlassener Zusammenarbeit sind ebenfalls erheblich. Nach den OECD-Prinzipien für ein Engagement in fragilen Staaten soll vermieden werden, dass durch den Ausschluss von Ländern von der Zusammenarbeit *aid orphans* zurückbleiben. Gleichzeitig muss aber in der internationalen Zusammenarbeit mit fragilen Staaten darauf geachtet werden, keinen zusätzlichen Schaden anzurichten (*Do-not-harm*-Prinzip), der beispielsweise entstehen kann, wenn Projekte des *state building* die gesellschaftliche Teilung eines Landes ungewollt verschärfen, oder wenn der Zufluss finanzieller Mittel Korruption und Klientelismus fördert.

Die EZ muss auf die politische und ökonomische Strukturdifferenzierung zwischen und innerhalb der EL-Gruppen mit der Differenzierung ihrer Konzepte und Leistungsangebote reagieren, damit die anzustrebenden Ziele und die anzuwendenden Verfahren den Erfordernissen der Adressaten angemessen sind.

Die EZ findet in einem zunehmend dynamischeren und heterogeneren Umfeld statt, für das sie in den fünfziger und sechziger Jahren des 20. Jhdt. weder in instrumenteller noch in institutioneller Hinsicht konzipiert wurde. Zwar haben zwischenzeitlich immer wieder Anpassungsschritte an veränderte Anforderungen stattgefunden, aber diese gingen häufig nicht weit genug. Mangelnde Flexibilität und Anpassungsfähigkeit der bi- und multilateralen EZ-Institutionen waren zumindest teilweise durch das Gewicht eingefahrener Denkstile und bürokratischer Abwicklungsroutinen bedingt sowie durch administrative Sachzwänge, haushaltsrechtliche Auflagen, Besitzstandsdenken und organisatorische Eigeninteressen. Im Gegensatz zu der schnellen Anpassungsfähigkeit der Wirtschaft an veränderte Rahmenbedingungen erscheinen die großen staatlichen EZ-Institutionen in Hinblick auf Reformtempo und tatsächlich erzielte Reformerfolge als veränderungsadverse Dinosaurier. Ihr Interesse an der Änderung von Zuständigkeiten und Aufgaben ist begrenzt, sofern diese Änderung nicht mit Personalzuwachs und Budgeterhöhung verbunden ist. Denn Zuständigkeiten, Personal und Budget werden als Insignien administrativer Macht betrachtet. Reformvorschläge werden daher fast reflexhaft abgelehnt, sofern davon ein Einflussverlust im inneradministrativen Machtgefüge zu befürchten ist. Auch wenn EZ-Durchführungsorganisationen den rechtlichen Status von Unternehmen besitzen, wie in Deutschland GTZ und KfW-Entwicklungsbank, so sind sie doch zugleich Institutionen der staatlichen Ebene, und damit staatsrechtlichen Prinzipien öffentlicher Verwaltung ebenso verpflichtet wie unternehmerischer Effektivitäts- und Effizienzorientierung. In diesem Spannungsfeld erfordern notwendige Veränderungs- und Anpassungsprozesse erheblichen Zeitbedarf, um die unterschiedlichen Interessen der beteiligten Akteure zu einem Ausgleich zu bringen.

Da sich die EZ beständig anpassen, ändern und verbessern muss, ist bei den Mitarbeiterinnen und Mitarbeitern der öffentlichen EZ-Institutionen ein erhöhtes Maß an Veränderungsfähigkeit notwendig, und zwar umso mehr, je größer die Veränderungen oder Neuerungen gegenüber den Merkmalen der bisherigen Verfahren oder der überkommenen Organisationsstrukturen sind. Damit Neuerungen nicht zu Demotivation und Auflösung der Mitarbeiterloyalität führen, müssen sie mit der Vermittlung adäquater Leitbilder einhergehen, die als handlungsleitend für die Zukunft akzeptiert werden.

Weltweit sind mehr als hunderttausend Frauen und Männer direkt in der EZ tätig: in bi- und multilateralen Entwicklungseinrichtungen, in den Organisationen der UN, in den Finanzierungsinstitutionen des *Bretton-Woods*-Systems, als *Consultants*, als freiberufliche Berater und sogenannte „Entwicklungsexperten", die sich aus vielerlei Fachrichtungen rekrutieren. Es sind Ingenieure, Mediziner, Juristen, Ethnologen, Soziologen und auch viele Wirtschaftswissenschaftler. Sie alle zusammen bilden das *development set*. Den akademischen Hintergrund des *development set*, der internationalen Expertenkaste, bilden nach wie vor meist die Hochschulen der westlichen Industrieländer. Denn es ist nicht ohne Absicht, dass sich die Geberländer die Ausbildungskosten für Stipendiaten aus Entwicklungsländern als ODA-Leistungen anrechnen können. So ist es durchaus keine Seltenheit in der Praxis von EZ-Projekten und -Programmen, dass Experten aus dem Geberland mit nationalen Experten des

Partnerlandes zusammenarbeiten, die an Universitäten des Industrielandes geschult wurden. Auf diese Weise läuft die Transmission der je dominierenden entwicklungstheoretischen Modellvorstellungen und Paradigmen aus den Geberländern in die Empfängerländer ziemlich reibungslos und mitunter auch wenig reflektiert.

Die Entwicklungsexperten bewegen sich transnational in Begleitung ihrer Entwicklungsprojekte und -programme. Obwohl sich die personelle Zusammensetzung der *development community* im Zeitablauf immer verändert, funktioniert das *development set* nach außen hin als Gruppe mit konsensfähigen expliziten und impliziten Zielvorstellungen, mit spezifischen Gruppeninteressen und Vorurteilen. Positiv verbindet die *development setters* ein gewisses Berufscharisma, Kreativität und Improvisationstalent, auch die Bereitwilligkeit, sich auf immer neue Fragestellungen einzulassen. Zu den *vested interests* des *development set* gehört allerdings auch eine widersprüchliche Zielsetzung. Einerseits das Ziel, dass die Projekte und Programme der EZ gelingen mögen, dass Entwicklungspolitik insgesamt Erfolg habe, andererseits müssen die Experten aber eben diese Erfolge insgeheim fürchten, da sie zu einer Selbstaufhebung der Entwicklungszusammenarbeit und damit ihrer beruflichen Existenz führen würden. Die Entwicklungsexperten sind daher aufgrund ihres spezifischen Eigeninteresses auch tendenziell bereit, alle Trends, Moden und Paradigmenwechsel der EZ mitzumachen – inwieweit dies mit einem notwendigen Prozess des Abwägens und der „Wahrheitssuche" vereinbar ist, sei dahin gestellt.

Die internationale Expertenkaste hat ihre eigene Subkultur im Sinne einer für diese Gruppe spezifischen Verhaltensweise. Es lässt sich sogar eine gewisse Parallele zu Flüchtlings- und Emigrantengruppen ziehen, insofern, als auch die *professional strangers* des *development set* zwangsläufig Prozessen der Entwurzelung und Versetzung unterworfen sind, wenn sie nach erfolgreichem Abschluss eines EZ-Vorhabens zu einem neuen Projekt oder Programm an einem anderen Ort weiterziehen. Der aus der Migrations- und Flüchtlingsforschung bekannte *Displacement*-Effekt hat bei den *professional strangers* des internationalen *development business* mehrere Dimensionen.

Die räumliche Dimension bedeutet, dass der Entwicklungsexperte von Zeit zu Zeit seinen Einsatzort wechseln muss und sich dort mit neuen lokalen und nationalen Gegebenheiten vertraut zu machen hat, die seinen Alltag bestimmen. Je nach Einsatzland und -ort macht der Experte gegebenenfalls eine „Zeitreise", zurück in vorindustrielle Lebensverhältnisse in einem völlig anderen kulturellen Kontext; dies erfordert von ihm eine beachtliche Anpassungsfähigkeit – und gegebenenfalls auch von seiner Familie, wenn diese aus dem Industrieland mit in das „idyllische" Dorf im Urwald 100 Kilometer von der nächsten Stadt entfernt ausgereist ist. Der *Displacement*-Effekt hat aber vor allem auch eine psychologische Dimension. Denn der Entwicklungsexperte sieht sich an seinem neuen Wirkungsort möglicherweise mit diametral gegenläufigen Lebenswelten konfrontiert: archaische Denkstrukturen stehen seinen Vorstellungen rationaler Gestaltung einer besseren Welt aus dem Geist der aufgeklärten Vernunft gegenüber.

Die psychologische Dimension des *Displacement*-Effekts hat aber auch etwas mit der Statuserhöhung des entsandten Experten zu tun. Er entsteigt dem Flugzeug im Partnerland und ist dort mit allerlei Privilegien ausgestattet; in „seinem" EZ-Projekt verfügt er über weitgehende Entscheidungsbefugnisse und damit trägt er eine große Verantwortung. Zudem erhöht sich durch Auslandszulage und Sondervergütungen für den Einsatz im Entwicklungsland auch das Einkommen des Experten gegenüber seinen Bezügen im Heimatland beachtlich. Dieser psychologische *Displacement*-Effekt trägt möglicherweise dazu bei, dass Entwicklungsexperten häufig mit besonderem Nachdruck die aus dem Geberland mitgebrachten entwicklungspolitischen Konzepte vertreten, auch wenn diese für das Entwicklungsland nicht sonderlich geeignet sind. Häufig macht sich bei den international tätigen EZ-Experten noch ein weiterer Effekt bemerkbar: eine nostalgische Verklärung von Realitäten. Vor der Ausreise wird das Entwicklungsland in romantisierendem Fernweh idealisiert, dort angekommen, wird dann allmählich das eigene Land im einsetzenden Heimweh glorifiziert. Bei überraschend vielen EZ-„Experten" lassen sich erstaunliche Vorurteile gegen ihr jeweiliges Einsatzland oder sogar pauschal gegen „die" Entwicklungsländer feststellen. Als „Lords of Poverty" hat *Graham Hancock* die Kaste der Entwicklungsexperten kritisiert. Die These von *Hancock* in seinem erstmals 1989 mit dem gleichnamigen Titel veröffentlichten Buch lautet: das *development set* konstituiert sich aus einer arbeitssuchenden Gruppe von *Consultants* aus dem Norden und den Eliten aus dem Süden; die Mitglieder des *development sets* würden wie die Maden im Speck leben und besprächen auf teuren Kongressen in Fünf-Sterne-Hotels, wie man am besten der Armut Herr werden könne, oder wie die Umweltprobleme in Entwicklungsländern zu meistern wären. Aus diesen Beratungen generieren sie einen Bedarf an weiteren Berichten, *Follow-up*-Kongressen und Projekten, wodurch sie ihre eigene berufliche Existenz absichern, ohne dass dabei echte Entwicklung stattfände.

Tiefere Einblicke in das *development set* vermittelt ein neueres Genre entwicklungspolitischer Literatur, die Berufsbiographik und Autobiographik von Entwicklungsexperten. Sie hat einen deutlicheren Blick auf die Etablierung des *development set* ermöglicht. Diese Literatur erlebte ihre erste Blüte mit dem von der Weltbank in Auftrag gegebenen Sammelband „*Pioneers in Development*" (1984). In diesem Buch geben Entwicklungsexperten der ersten Stunde – wie *Peter Bauer*, *Raúl Prebisch*, *Jan Tinbergen*, *Hans Singer* und *Gunnar Myrdal* – Einblick in ihren beruflichen Werdegang in der internationalen Entwicklungszusammenarbeit. Als einziger unter den Autoren hat *Hans Singer* auf die unfreiwillige Tragikomik des Titels hingewiesen: so wie in den USA der „Wilde Westen" von den Pionieren erobert worden sei, genauso hätten die aus den Industrieländern kommenden weißen Pioniere die „Dritte Welt" gerodet und der sogenannten Zivilisation näher gebracht. Ein anderer Entwicklungsexperte der ersten Stunde, *Benjamin Higgins,* hat sein Expertenwissen 1989 wie folgt süffisant beschrieben:

> „Als ich 1951 zum ersten Male im Auftrag der UNO zu einer Mission nach Libyen reiste, gab es in der Bibliothek ein einziges Buch über Entwicklungsökonomie. Ich hatte es nicht gelesen."

Selbstzweifel an der eigenen Tätigkeit drücken sich auch in Titeln aus wie „Does Aid Work?“ oder, für den Fall, dass dies zu allgemein sei: „Does Aid Work in India?“ Auch wenn das Fazit dieser Publikationen letztendlich lautet, dass Entwicklungszusammenarbeit durchaus auch vielfach positive Wirkungen habe, drücken sich bereits in der Titelformulierung bestimmte Vorbehalte und Zweifel aus.

Im deutschsprachigen Raum hat besonders das Buch von *Brigitte Erler* einen hohen Aufmerksamkeitswert erzielt, das 1985 unter dem Titel „Tödliche Hilfe. Bericht von meiner letzten Dienstreise in Sachen Entwicklungshilfe“ erschienen ist. In diesem Buch plädierte die Autorin, ehemalige Mitarbeiterin des BMZ, für ein sofortiges Ende aller Entwicklungspolitik. „Tödliche Hilfe“ ist zumindest im deutschsprachigen Raum eine der drastischsten Auseinandersetzungen mit den Fehlleistungen und Verfehlungen der Entwicklungszusammenarbeit, die allerdings in weiten Strecken eher polemisch als sachlich wirkt.

In neuerer Zeit hat vor allem die in Sambia geborene Autorin *Dambisa Moyo* mit ihrem 2009 erschienenen Buch „Dead Aid“ ein weltweites Medienecho ausgelöst. Ihre Kernaussage lautet, dass Entwicklungshilfe zu einer Kultur von Korruption und Abhängigkeit führe und daher die Persistenz von Armut fördere; Regierungen als Empfänger der ODA-Leistungen würden selbstbereichernde Kleptokratien etablieren, was nicht möglich sei, wenn sie auf private Kredite der internationalen Kapitalmärkte angewiesen wären. Wichtiger als das Mitleid der reichen Länder seien für Afrika Unternehmergeist und privatwirtschaftliches Wachstum. Entwicklungshilfe löse die Probleme nicht und sei daher einzustellen.

Es lässt sich die These aufstellen, dass nicht nur falsche Konzepte „Entwicklungshilfe“ wirkungslos werden lasse, sondern dass auch die EZ-Experten Teil der Probleme in der Entwicklungszusammenarbeit seien und wenig zu deren Lösung beitrügen. Dies kann wiederum mehrere Ursachen haben: in dem Fachwissen des Experten wird die komplexe Idee von Entwicklung auf fachlich technokratische Aspekte eingeengt, in dem Entwicklungsland vorhandenes Fachwissen wird nicht berücksichtigt oder sogar entwertet und es findet die Monopolisierung von Macht und Kontrolle durch einen *de facto* Ausschluss der nationalen *counterparts* von wichtigen Managemententscheidungen statt.

Die Erfolglosigkeit von Projekten und Programmen der internationalen EZ kann zumindest teilweise auf diesen „projektinternen“ Problemkreis zurückgeführt werden. Aber Teil der Probleme können auch die „projektexternen“ EZ-Experten sein, die für Vorprüfungen, Projektfortschrittskontrollen und Fremdevaluierungen tätig sind. Dies ist beispielsweise dann der Fall, wenn die Gutachter ihre Bewertungen und Einschätzungen auf Informationen stützen, die sie ausschließlich von den regierenden Entscheidungsträgern in der Hauptstadt des Entwicklungslandes erhalten, oder wenn ihre Gutachten auf Informationen basieren, die ohne größere Strapazen und Recherchen zu erhalten sind. Solche Erscheinungen gibt es zweifellos, aber sie werden von manchen Kritikern der EZ verallgemeinert.

Sie werfen der Entwicklungspolitik vor, zur Ausübung von Herrschaftswissen im doppelten Sinne zu verkommen: Wissen, das man sich ausschließlich von den Herrschenden, den Regierenden und den Eliten hole, und Wissen, das dieser Herrschaftsausübung und Herrschaftsabsicherung diene.

Diesem Vorwurf gegenüber den *Insidern* der Entwicklungszusammenarbeit lässt sich entgegenhalten, dass es auch die unabhängige wissenschaftliche Forschung gibt, deren Ergebnisse die Gestaltung und Wirkung der Entwicklungspolitik verbessern könnten – vorausgesetzt, die Politik nimmt wissenschaftliche Argumente und Evidenz wahr. Tatsächlich basieren aber bislang Geberentscheidungen und -strategien eher selten auf Ergebnissen der akademischen Entwicklungsländerforschung. Dies lässt sich zum einen mit dem Zeitdruck erklären, unter dem Entscheidungsträger in der EZ agieren, die zudem mit mehreren verschiedenen Vorhaben gleichzeitig beschäftigt sind, und die durch getroffene Entscheidungen zumindest befristet gebunden sind. Hinzu kommt, dass die akademische Forschung ihre Ergebnisse häufig nicht verständlich zu transportieren vermag und diese folglich von der Politik auch nicht wahrgenommen wird. Forscher, die auf die Entwicklungspolitik einwirken wollen, müssen den Kontext berücksichtigen, in dem sie arbeiten. Wenn in dem *main stream* der entwicklungsökonomischen Forschung überwiegend Entwicklungsökonometrie betrieben wird, dann sind deren Resultate für Praktiker der EZ kaum verständlich und insofern weitgehend irrelevant. Andererseits bleibt in der Fülle sozialwissenschaftlicher Umfragen und Interviews im Kontext der internationalen EZ häufig unklar, inwieweit das darin zum Ausdruck kommende Wissen der Befragten und deren Interessen Anspruch auf Repräsentativität erheben kann.

Die Kritik an der EZ ist in ihren Grundsätzen nachvollziehbar angesichts der insgesamt häufig eher geringen Wirkungen, welche die EZ zwischen machtvollen Interessen im Bereich der Wirtschafts-, Sicherheits- Außen- und Innenpolitik in Geber- und Empfängerländern aufgewiesen hat. Diese Kritik lässt allerdings die Legitimierung von Entwicklungszusammenarbeit in der Öffentlichkeit in Geberländern und in Empfängerländern schwieriger werden. Denn die Kritik kann dazu beitragen, Entwicklungszusammenarbeit grundsätzlich als überflüssig oder sogar schädlich zu beurteilen. Auch in Deutschland wird die staatliche Entwicklungszusammenarbeit kritisch betrachtet. In der deutschen Öffentlichkeit werden substantielle Einschränkungen der eigenen sozialstaatlichen Absicherung im Zuge des demographischen Alterungsprozesses ebenso befürchtet wie (tatsächliche oder vermeintliche) Auswirkungen der Globalisierung. Deshalb muss die staatliche Entwicklungszusammenarbeit politische und wirtschaftliche Rechtfertigungen für den Ressourcentransfer in die Entwicklungsländer liefern, die von der Öffentlichkeit akzeptiert werden. Dies gilt vor allem für die EZ mit denjenigen Entwicklungsländern, deren Gesellschaften durch einen scharfen Kontrast zwischen Reich und Arm sowie durch erhebliche Glaubwürdigkeitsdefizite ihrer staatlichen Institutionen gekennzeichnet sind. Auch bei traditionellen Freunden der „Dritten Welt“, wie die skandinavischen Staaten oder die Niederlande, ist die Skepsis der Öffentlichkeit gegenüber der staatlichen Entwicklungszusammenarbeit in den zurückliegenden Jahren eher gestiegen.

Eine kritische Auseinandersetzung mit den Zielen, Instrumenten und Institutionen der internationalen Entwicklungszusammenarbeit hilft, zukünftig unrealistische und unangemessene Erwartungen an die EZ zu vermeiden. EZ wird es aber auch in den kommenden Dekaden noch geben (müssen), wenngleich in veränderten Formen. Auch für die absehbare Zukunft werden kompetente, politisch sensible, kommunikationsfähige und engagierte internationale Fachkräfte sowie der Fachverstand und die Erfahrungen von Entwicklungsorganisationen notwendig sein, um angepasste Problemlösungen für die EL zu finden und umzusetzen. Entsandte EZ-Experten werden weiterhin gefragt sein – jedoch mit einem differenzierteren professionellen Profil. In den Ländern, in denen die eigene Problemlösungskompetenz schon relativ hoch ist, werden EZ-Experten in ihrer Rolle als fachliche Spezialisten für den Transfer und die Entwicklung von *Know-how* kurzfristig eingesetzt werden; denn eine wesentliche Aufgabe bleibt die Weitergabe und Weiterentwicklung neuer, angepasster Wege der Technologieentwicklung. Aus der Verbindung von lokalem und externem *Know-how* kann eine kreative Synthese entstehen, ein an die Problemsituation angepasstes Wissen und Problemlösungsverhalten. In Ländern mit geringen eigenen Problemlösungskapazitäten können entsandte Fachkräfte als Moderatoren oder *Change agents* in einem Prozess des gesellschaftlichen Wandels längerfristig nützlich sein.

Auf der operativen Ebene der zukünftigen Ausgestaltung von EZ kommt es darauf an, ob sich die internationale Gebergemeinschaft auf die in den DAC *Principles* und in der *Paris Declaration* niedergelegten Grundsätze für eine wirkungsorientierte EZ nicht nur verständigt, sondern sie auch tatsächlich umsetzt, als einen ersten ernsthaften Schritt in Richtung auf eine neue Generation der EZ. Völlig neu erfinden lässt sich die EZ nicht, aber ausgehend von dem *Status quo* lässt sie sich reformieren und neu strukturieren, um sie an veränderte weltpolitische und weltwirtschaftliche Rahmenbedingungen anzupassen.

Die *Millennium Development Goals* der Vereinten Nationen bleiben vorerst die verbindlichen Vorgaben für die internationale Entwicklungszusammenarbeit. Jedoch bieten sich für deren Erreichung differenzierte Strategieoptionen entsprechend der Ausdifferenzierung der Gruppe der Entwicklungsländer an.

1. Die *Ankerländer* haben für die Entwicklung einer Weltregion eine besondere Bedeutung, der auch die EZ Rechnung tragen muss. Obwohl es sich bei den Ankerländern um eine heterogene Ländergruppe handelt, lassen sich charakteristische Gemeinsamkeiten feststellen:

- Ankerländer spielen aufgrund der Größe ihrer Volkswirtschaften eine zentrale Rolle für die regionale Wirtschaftsentwicklung. Dies kann eine positive Lokomotivfunktion sein, aber auch ein massiver Störfaktor für die gesamtwirtschaftliche Entwicklung anderer Länder der Region.

- Ankerländer sind in der Regel im Vergleich zu kleineren und ärmeren Volkswirtschaften vielschichtiger, mit Ausnahme von z.B. Nigeria und Saudi-Arabien; Ankerländer verfügen häufig neben ausgedehnten Armutsräumen über industrielle Wachstumskerne und auch im internationalen Maßstab über bedeutende Innovationspotenziale. Diese interne Heterogenität kann gravierende gesellschaftliche Konflikte hervorrufen oder verstärken. Zur internen Stabilisierung, aber auch zur Vermeidung negativer Ausstrahlungswirkungen in der Region stellt dies besondere Anforderungen an die politische Steuerung, an die Konsensbildung und den Schutz der Menschenrechte, zu denen EZ Unterstützungsangebote geben kann.
- Ankerländer sind für die politische Entwicklung und Sicherheit ihrer Region von großer Bedeutung; ihnen kommt eine zentrale Rolle in regionalen Integrationsprozessen und Initiativen zu. Ankerländer übernehmen häufig eine vermittelnde Rolle in gewaltsamen Konflikten und Kriegen ihrer Region und tragen zunehmend Verantwortung in regionalen Friedensmissionen durch die Bereitstellung ziviler und militärischer Kräfte. Die Gruppe der Ankerländer umfasst zudem Staaten, die für die internationalen *Governance*-Strukturen unverzichtbar erscheinen; dem Politikdialog mit diesen Ländern im Rahmen der EZ kommt daher eine wichtige Funktion zu. Ankerländer wie beispielsweise China oder Indien nehmen aber auch eine zentrale Rolle in dem globalen Umwelt- und Ressourcenschutz ein, denn sie haben aufgrund der Größe und Dynamik ihrer Wirtschaft einen hohen Ressourcenverbrauch, mit entsprechend hohen Umweltbelastungen. Auch in diesem Bereich kann die EZ nützliche Unterstützungs- und Beratungsleistungen anbieten. Insofern entlarven sich beispielsweise Forderungen als Populismus oder Unwissenheit, die bilaterale deutsche EZ mit dem Exportweltmeister China einzustellen; denn ein Schwerpunkt der bilateralen deutschen TZ mit China ist das Umweltprogramm, von dem nicht zuletzt auch deutsche Unternehmen profitieren, die über moderne Umwelttechnologien verfügen.

2. Mit den *Schwellenländern*, die nicht als Ankerländer eingestuft werden, sind die Kooperationsangebote entsprechend der jeweiligen Defizitanalyse auszugestalten; Schwerpunkte werden *capacity building* und *institution building* sein, um Demokratie und Rechtsstaatlichkeit in diesen Ländern zu stärken sowie technologische Kompetenz zur Herausbildung systemischer Wettbewerbsfähigkeit zu fördern. Sofern in den Schwellenländern entwicklungshemmende *Know-how*-Defizite bestehen, sollten sie weiterhin durch TZ unterstützt werden, um Entwicklungspotenziale zu mobilisieren. Allerdings sollten die Schwellenländer, deren wirtschaftliche Situation es erlaubt, auf das interne und externe kommerzielle Finanzierungspotenzial zurückzugreifen, bei der FZ nicht mehr berücksichtigt werden. Für eine Einschränkung der FZ spricht auch die ökonomische Überlegung, dass die Gewährung langfristiger Kapitalhilfe zu Vorzugskonditionen eine Fehlallokation knapper Mittel begünstigen kann und notwendige Reformprozesse im Empfängerland (z.B. zur Förderung der internen Kapitalbildung) verzögert.

3. Für die immer größer werdende Gruppe der *Entwicklungsländer mit mittlerem Einkommen* (MICs) sind duale Strategien der Entwicklungszusammenarbeit erforderlich, mit Blick auf die neuen Mittelklassen in diesen Ländern einerseits, und die marginalisierten Armen dieser Länder andererseits. In dieser sehr heterogenen Ländergruppe bleiben der EZ viele der erprobten Tätigkeitsfelder der FZ und TZ in den Bereichen *capacity development* und *institution buildung*.

4. Für *Armutsländer* (vor allem in den afrikanischen Staaten südlich der Sahara) sind Strategien humanitärer Hilfe und Unterstützungsleistungen bei der Armutsreduzierung weiterhin erforderlich. Eine hohe Bedeutung kommt aber auch den EZ-Angeboten für den Ressourcenschutz in dieser Ländergruppe zu. In der EZ mit diesen Ländern sollte der Gesichtspunkt unmittelbarer Hilfebedürftigkeit tendenziell Vorrang vor der Frage haben, inwieweit hier überhaupt Entwicklungspotenziale existieren, die mit Aussicht auf Erfolg mittels EZ gefördert werden könnten. Jedoch sollte eine direkte Daueralimentation der Bevölkerung in diesen Ländern nicht im Vordergrund der Zusammenarbeit stehen.

Erforderlich ist mithin eine differenzierte, länderspezifische Ausgestaltung der zukünftigen EZ. Die Entwicklungszusammenarbeit wird noch stärker der Situation der Empfängerländer und ihrer Regionen anzupassen sein. Neben einer inhaltlichen Konzentration auf Bereiche, in denen in den Empfängerländern erkennbare Defizite bestehen, werden die verfügbaren finanziellen Mittel in Zukunft auch auf eine geringere Anzahl von Empfängerländern verteilt werden müssen.

Allerdings ließe die Vergabe von EZ-Mitteln ausschließlich an die Länder mit dem niedrigsten Pro-Kopf-Einkommen außer Acht, dass in der Mehrzahl der Entwicklungsländer mit höherem Pro-Kopf-Einkommen ebenfalls noch gravierende Entwicklungsdefizite bestehen; auch ihnen fehlen in vielen Bereichen sachliche, finanzielle und personelle Ressourcen, um *Change*-Prozesse selbsttragend auszulösen. Wesentliche Faktoren wirtschaftlicher Leistungsfähigkeit sind in diesen Ländern nur begrenzt verfügbar – wie z.B. hinreichend qualifiziertes Humankapital und materielle Infrastruktur. Daher ist eine Fortführung der Entwicklungszusammenarbeit auch mit den Ländern, die bereits höhere Pro-Kopf-Einkommen erreicht haben, in denjenigen Bereichen sinnvoll, in denen besondere Engpässe bestehen: dies sind vor allem die Bereiche Bildung sowie Umwelt- und Ressourcenschutz. Zudem ist Entwicklungszusammenarbeit für viele Empfängerländer auch weiterhin dann nützlich, wenn sie durch Unterstützung von (Aus-)Bildungsmaßnahmen zur Stärkung technologischer Kompetenz beiträgt. Denn hinreichende technologische Kompetenz (d.h. die Fähigkeit, Technologieangebote zu kennen, zu bewerten, anzupassen und weiterzuentwickeln) ist Voraussetzung für die Nutzung eines relativ breiten Spektrums von Einfach- bis Hochtechnologien. Technologische Kompetenz ist beispielsweise für die Durchsetzung umweltverträglicher Produktionsprozesse unerlässlich, aber auch in Strategien der Armutsbekämpfung kann technologische Kompetenz kostengünstige Lösungen ermöglichen, z.B. bei der dezentralen Energieversorgung auf dem Land.

Es gibt also durchaus in vielen Entwicklungsländern weiterhin sinnvolle Betätigungsfelder für die internationale EZ, in denen mit zusätzlichen Ressourcen, Erfahrungen und *Know-how* substantielle Beiträge für positive Veränderungen geleistet werden können. Entscheidend ist dabei, dass die Interventionen auf der Mikroebene nicht isoliert erfolgen, sondern mit Eingriffen auf der Meso- und Makroebene eine positive Systemwirkung ergeben oder zumindest komplementär zu sonstigen entwicklungsrelevanten Aktivitäten in dem Empfängerland sind.

Die Notwendigkeit umfassender Reformen der internationalen Entwicklungszusammenarbeit ist unstrittig, aber auch eine gründlich reformierte EZ wird mit erheblichen Risikopotenzialen konfrontiert bleiben. Zu Recht betonen Kritiker der EZ, dass dort, wo die Rahmenbedingungen für Entwicklung gegeben sind, diese auch stattfinde – ohne oder trotz Entwicklungszusammenarbeit; auf jeden Fall mache sich dort EZ nach angemessener Zeit selbst überflüssig. Wo die notwendigen Rahmenbedingungen für Entwicklung jedoch fehlten und EZ auch nicht in der Lage sei, verändernd auf diese einzuwirken, bewirke sie wenig oder nichts und erscheine insofern – auch im Hinblick auf ihre Opportunitätskosten – überflüssig, da vergeblich. Diese Diagnose eines „Vergeblichkeitssyndroms" von EZ wird durch die vordergründige Berichterstattung vieler Medien verstärkt, die von den eklatanten Misserfolgen und Ruinen der Entwicklungshilfe berichten, aber nur selten von den vielen kleinen Erfolgen und Verbesserungen.

Von der oberflächlichen Diagnose des Vergeblichkeitssyndroms von Entwicklungszusammenarbeit ist es nur ein kleiner Schritt hin zu der plakativen Forderung nach ausschließlicher Armutsorientierung der EZ. Dies könnte bedeuten, dass der humanitäre Gesichtspunkt unmittelbarer Hilfebedürftigkeit ausschließlich im Vordergrund steht, und die Frage vernachlässigt wird, inwieweit überhaupt Entwicklungspotenziale existieren, die mit Aussicht auf Erfolg durch externe Intervention gefördert werden können. Eine solche ausschließliche Armutsorientierung der Entwicklungszusammenarbeit könnte allerdings die völlig überzogenen Erwartungen wecken, durch „Entwicklungshilfe" sei Armutsbekämpfung für viele Millionen von Menschen wirksam zu leisten. Diese Erwartungen kann Entwicklungszusammenarbeit mit ihren begrenzten Mitteln niemals erfüllen. Die Entwicklungszusammenarbeit könnte daher bei einer ausschließlichen Armutsorientierung in eine „Legitimitätsfalle" gegenüber der Öffentlichkeit geraten. Aus gutem Grund ist die Beseitigung von extremer Armut und Hunger zwar das MDG 1 der Vereinten Nationen, verpflichtet aber Industrie- und Entwicklungsländer gleichermaßen, und ist eingebettet in einen umfassenden Forderungskatalog nach nachhaltiger Entwicklung und weltweiter Entwicklungspartnerschaft.

Gerade die Entwicklungszusammenarbeit mit den besonders armen Ländern läuft zudem Gefahr, in der Öffentlichkeit als irrelevant wahrgenommen zu werden. Diese „Irrelevanzfalle" resultiert aus der Einschätzung, derzufolge viele der ärmsten Entwicklungsländer geostrategisch, politisch und wirtschaftlich für die Geberländer bedeutungslos seien. Tatsächlich wickeln die Industrieländer den Großteil ihres

Außenhandels unter sich ab. Dienstleistungen, Informationen, Innovationen, Effizienz und Produktivität seien wichtiger als das, was die ärmsten Entwicklungsländer auf dem Weltmarkt anzubieten haben – vielfach nur einige wenige Rohstoffe und unverarbeitete Agrarprodukte. Die einzige Achillesferse der Industrieländer gegenüber einer relativ kleinen Gruppe von Entwicklungsländern ist derzeit noch ihr Rohöl- und Erdgasbedarf. Aber die Industrieländer haben angefangen, die Lektion über die Grenzen des Wachstums zu lernen; immer mehr energiesparende Technologien werden gefördert, Rohstoffe werden recycelt oder substituiert. Die mengenmäßige Nachfrage ist tendenziell entsprechend sinkend, wird allerdings derzeit noch durch die steigende Energienachfrage aus dynamischen Schwellenländern wie China und Indien mehr als kompensiert.

„Irrelevant" sind in gewisser Weise auch diejenigen EL geworden, die vor dem Ende des Ost-West-Konflikts und der Auflösung der Sowjetunion von den westlichen Geberländern Geld mit der Drohung erhalten konnten, Partei für die Gegenseite zu ergreifen – Geld, das dann gegebenenfalls als „Entwicklungshilfe" deklariert wurde. Entwicklungsländer, die *de facto* für die Geber politisch und ökonomisch weitgehend irrelevant geworden sind, können sich auch nicht mehr des früher populären Arguments bedienen, die Industrieländer hätten seit den Zeiten des Kolonialismus auf Kosten der „Dritten Welt" gelebt und müssten in Form von EZ „Wiedergutmachung" leisten.

Zumindest zeitweilig schien es nach den Anschlägen des 11. September 2001 so, als ob die westlichen Geberländer der internationalen Entwicklungszusammenarbeit eine neue Bedeutung zumessen würden: EZ als Instrument im Kampf gegen den Terrorismus, um Armut als eine der Ursachen des Terrorismus zu bekämpfen. Auch militärstrategische Erwägungen spielen wieder eine Rolle, zumal mit China als *emerging donor* ein politisch und wirtschaftlich gewichtiger Akteur in entwicklungspolitischen Kalkülen mit zu berücksichtigen ist. Es ist kein Zufall, wenn sich das *U.S. Army War College* beispielsweise mit Entwicklungsproblemen Afrikas beschäftigt, oder die Bundeswehr Konzepte einer *Civil Military Cooperation* (CIMIC) entwickelt.

Weitaus stärker als außenpolitische und militärstrategische Opportunitätserwägungen wiegt heute in den Geberländer-Gesellschaften das Argument, EZ als „Risikoprämie für geduldete Armut" in den Entwicklungsländern zu leisten. EZ wird gleichsam als „Schutzgeldzahlung" betrachtet, mit der sich die wohlhabenden Gesellschaften die Armen fernzuhalten und von den Gefährdungen der aus der Armut erwachsenden Übel freizukaufen versuchen, die ihnen aus den Entwicklungsländern zu drohen scheinen. Ausschließlich als präventive Investition für das Sicherheitsbedürfnis der eigenen Gesellschaft verstanden, würde EZ vermutlich ebenso rasch das „Vergeblichkeitssyndrom" zeigen wie als Instrument zur Ausrottung der Armut – selbst wenn die Geberländer bereit wären, erheblich mehr Mittel dafür einzusetzen.

Wenn politische und ökonomische Motive für die Entwicklungszusammenarbeit mit zumindest einem Teil der Entwicklungsländer erheblich an Bedeutung verloren haben, dann gewinnen möglicherweise ethische Motive an Gewicht. Humanitäre Solidarität könnte (wieder) ein Hauptargument werden, für den intergesellschaftlichen Ressourcentransfer zwischen den wohlhabenden Gesellschaften und den ärmeren Menschen dieser Erde genauso wie für die intragesellschaftlichen Transferzahlungen. In einer rauer und an Humanität ärmer gewordenen Gesellschaft mag es notwendig sein, die Wohlhabenderen darauf hinzuweisen, dass Reichtum zu Dankbarkeit und Freigiebigkeit verpflichten sollte; und selbst wenn Humanität nicht mehr als wünschenswerte Tugend gilt, kann Solidarität dennoch aus berechnender Großherzigkeit oder aus zum eigenen Vorteil eingesetztem Egoismus praktiziert werden.

Externe „Hilfe“ für Entwicklungsländer mag als ethischer Imperativ verstanden werden, aber sie hat auch einen funktional-instrumentellen Charakter. Denn Entwicklungszusammenarbeit kann dazu beitragen, für bislang in Armut lebenden Menschen wirtschaftliche und soziale Sicherheit zu schaffen und damit wesentliche Voraussetzungen einer dynamischen Wettbewerbsgesellschaft herzustellen, die auf der Kreativität und Motivation ihrer Mitglieder beruht. Durch Maßnahmen in den Bereichen Ressourcen- und Umweltschutz kann Entwicklungszusammenarbeit auch einen Beitrag zur ökologischen Sicherheit leisten, die in den „ökologischen Risikogesellschaften“ der Industrieländer ebenso gefährdet ist wie in den Entwicklungsländern.

Abgesehen von dem Eigeninteresse des *development set* gibt es gute Argumente für die Fortführung internationaler Entwicklungszusammenarbeit, sofern die berechtigte Kritik für notwendige Veränderungen berücksichtigt wird. Wirkungsorientierte Entwicklungszusammenarbeit kann zwar gewiss nicht alle Probleme der Entwicklungsländer lösen, sie kann aber einen kleinen Beitrag zur Bewältigung der Herausforderungen der Weltgesellschaft im 21. Jhdt. leisten.

Weiterführende Literatur

Easterly, W. R.: *Wir retten die Welt zu Tode: für ein professionelleres Management im Kampf gegen die Armut*, Frankfurt am Main 2006.

Ellermann, D.: *Helping People Help Themselves: From the World Bank to an Alternative Philosophy of Development Assistance*, Michigan 2006.

Erler, B.: *Tödliche Hilfe. Bericht von meiner letzten Dienstreise in Sachen Entwicklungshilfe*, Freiburg i. Br. 1989.

Evans, A.: „The Future of Aid", in: *ODI Annual Report 2008*, London 2008, S. 10-11.

Hancock, G.: *Lords of Poverty: the Free-wheeling Lifestyles, Power, Prestige and Corruption of the Multi-billion Dollar Aid Business*, London 1990 (reprint).

Hobart, M. (Hrsg.): *An Anthropological Critique of Development. The Growth of Ignorance*, London 1993.

Higgins, B.: *The Road Less Travelled: A Development Economist's Quest,* Canberra 1989.

Kabou, A.: *Weder arm noch ohnmächtig. Eine Streitschrift gegen schwarze Eliten und weiße Helfer*, Basel 1995.

Köhler, G.: „Wirtschaftswissenschaften und Wirtschaftswissenschaftler in der Entwicklungspolitik", in: Schmidt-Schönbein, Th. et al. (Hrsg.), *Ökonomie und Gesellschaft*, Jahrbuch 10, Frankfurt am Main/New York 1993, S. 269-292.

Meier, G./Seers, D. (Hrsg.): *Pioneers in Development*, Oxford/New York 1984.

Moyo, D.: *Dead Aid: Why Aid is Not Working and How There is Another Way for Africa*, London 2009.

Lipton, M./Toye, J.: *Does Aid Work in India? A Country Study of the Impact of Offical Development Assistance*, London 1990.

Wissenschaftlicher Beirat des BMZ: *Neue Akzente in der deutschen Entwicklungszusammenarbeit während der nächsten Legislaturperiod*e, Bonn 1994.

Young, J./Mendizabal, E.: *Helping Researchers Become Policy Entrepreneurs*, ODI Briefing Paper, 53, London 2009.

6. Herausforderungen der internationalen Entwicklungszusammenarbeit im 21. Jahrhundert

Viele der Wege, die externe „Experten" den Entwicklungsländern aufgezeigt haben, um zu Fortschritt, Modernität und Wohlstand nach westeuropäisch-nordamerikanischem Vorbild zu gelangen, haben sich als Irrwege erwiesen. Die hochgesteckten Erwartungen der internationalen EZ, die sie selbst geweckt hat, konnte sie nicht erfüllen. Aus diesem Grund ihr Ende zu verlangen, wäre jedoch verfehlt, denn viele der Herausforderungen, die sich der internationalen Staatengemeinschaft im 21. Jhdt. stellen, können nur gemeinschaftlich bewältigt werden. Eine anpassungs- und änderungsfähige EZ kann dabei zweifellos Beiträge leisten. Dies setzt jedoch voraus, dass sich die EZ und ihre Akteure an die Veränderungen und Verschiebungen in einer multipolaren und multikulturellen Welt anpassen. In der internationalen EZ bildet sich eine gegenüber den vergangenen Dekaden veränderte Akteurskonstellation heraus, in der die „Spielregeln" nicht mehr allein von den OECD-Staaten bestimmt werden können. Zudem differenzieren sich auch entwicklungspolitische und -strategische Überzeugungen immer weiter aus, so dass es schwieriger wird, einen Konsens aller Beteiligten herbeizuführen. Die *Millennium Development Goals*, auf die sich die Staatengemeinschaft zu Beginn des 21. Jhdt. verständigt hat, stellen nur vordergründig einen Konsens dar, hinter dem sich sehr unterschiedliche Weltsichten, Interpretationen und Interessen verbergen. Zudem ist es nur scheinbar ein risikoloser Konsens, wenn man sich mit der Maximierung der Wohlfahrt der Armen und Hungrigen dieser Welt auf minimalem Niveau zufrieden gibt, da man sich Besseres für die Zukunft nicht (mehr) vorzustellen vermag. Das ist aber zu wenig, um für die drängenden Probleme des 21. Jhdt. Lösungen zu finden: armutsbedingte Migrationsströme, Umweltzerstörung, Klimawandel, Wasserknappheit, schwindende Energieressourcen. Wie kann diesen Herausforderungen von Seiten der EZ begegnet werden? In der internationalen EZ des 21. Jhdt. gibt es keine abgestufte Legitimität der Akteure und niemand kann für sich alleine die Deutungshoheit beanspruchen. Dies war in der Vergangenheit in der internationalen EZ mit ihrer Belehrungskultur allzu lange der Fall. Im 21. Jhdt. bedarf es des Aufbaus einer weltweiten Entwicklungspartnerschaft. Partnerschaft ist nicht notwendigerweise identisch mit einer Wertegemeinschaft, aber Partner müssen bereit sein, differierende Wertesysteme zu tolerieren. Es gibt sehr unterschiedliche Vorstellungen von Entwicklung – und Meinungsfreiheit ist nicht verhandelbar.

Die Erweiterung der Gebergemeinschaft durch neue Akteure eröffnet für die globale Entwicklungspartnerschaft die Möglichkeit, neue Formen der Kooperation zu erproben. Zudem muss der EZ durch neue Möglichkeiten der Entwicklungsfinanzierung ein breiteres und stabileres finanzielles Fundament geschaffen werden. Aber die größte Herausforderung der internationalen Zusammenarbeit besteht darin, nicht nur Probleme zu bekämpfen, sondern deren Ursachen zu beseitigen.

In einer Welt, in der in wissensbasierten Produktionsprozessen die höchsten Wertschöpfungszuwächse generiert werden, kommt auch in der internationalen Zusammenarbeit Bildung, Wissenschaft und daraus resultierendem technischem Fortschritt zentrale Bedeutung zu. Zudem sind wissenschaftlich-technische Leistungs- und Innovationsfähigkeit unabdingbare Voraussetzung für ein Wirtschaftswachstum, das nicht mit der unwiderruflichen Zerstörung der Lebensgrundlagen einhergeht. Und nur ein Wirtschaftswachstum, das auch zu Reduzierung der Armut führt, bedeutet Entwicklung. Letztendlich ist EZ zum Scheitern verurteilt, solange Nachhaltigkeit und Zukunftsfähigkeit nicht als integrale Bestandteile des Leitbilds von Entwicklung ernst genommen werden.

Die veränderte Akteurskonstellation in der Entwicklungszusammenarbeit

Es hat nicht nur eine Ausdifferenzierung der EZ-Empfängerländer stattgefunden, sondern auch auf der Geberseite ist das traditionelle EZ-Interaktionsmuster durch neue Geber verändert worden. In der neuen Geberkonstellation sind neben den traditionellen Akteuren, den DAC-Ländern und den multilateralen EZ-Institutionen, neue Geber tätig (vgl. Abbildung 32). Zu diesen neuen Gebern gehören osteuropäische Staaten, die nach ihrem EU-Beitritt verpflichtet sind, sich an der europäischen EZ zu beteiligen; neue Akteure sind auch die *emerging donors*, die noch selbst Empfänger von ODA-Leistungen sind, aber gleichzeitig als Geberländer agieren, und zum Teil ein völlig anderes Verständnis von EZ haben als die Mitgliedstaaten des DAC.

Die im Zuge der EU-Erweiterung 2004 und 2009 beigetretenen Staaten (Bulgarien, Estland, Lettland, Litauen, Malta, Polen, Rumänien, Slowakei, Slowenien, Tschechien, Ungarn und Zypern) sind zur Mitwirkung an der europäischen EZ verpflichtet. Für sie gelten die Ziele der EU-Entwicklungspolitik gemäß Artikel 177 des Vertrages zur Gründung der EG sowie die Selbstverpflichtung, bis 2010 eine ODA-Mindestquote von 0,17 Prozent und bis 2015 einen Wert von 0,33 Prozent des BNE zu erreichen. Teilweise haben die neuen EU-Staaten in der Vergangenheit bereits Entwicklungsprojekte und -programme mit EL durchgeführt (z.B. Bulgarien mit Ghana, Ungarn mit Äthiopien), anderen fehlen hingegen Erfahrungen in diesem Politikbereich; sie müssen erst entsprechende Institutionen aufbauen sowie das EU-Recht in den Bereichen Entwicklungspolitik und humanitäre Hilfe umsetzen. Das gelingt beispielsweise in Bulgarien nur langsam, zumal die Unterstützung der Öffentlichkeit für EZ gering ist. In Meinungsumfragen in Bulgarien zum Zeitpunkt des EU-Beitritts vertrat mehr als die Hälfte der Befragten die Ansicht, dass Bulgarien selbst ein armes Land sei, und deswegen eher Hilfeempfänger und nicht Geber sein müsse. Rund 70 Prozent der Befragten waren sich dessen nicht bewusst, dass Bulgarien als EU-Mitglied verpflichtet ist, finanzielle Mittel für EZ zur Verfügung zu stellen. Im Fall Bulgariens waren das im Jahr 2008 ca. 19 Millionen Euro, was lediglich 0,06 Prozent des bulgarischen BNE entsprach; überwiegend waren es Beiträge an multilaterale EZ-Institutionen. Ähnlich wie Bulgarien sind auch die meisten anderen neuen EU-Staaten weit davon entfernt, das 0,17-Prozent-Ziel zu erreichen.

Abbildung 32: Die veränderte Akteurskonstellation in der EZ

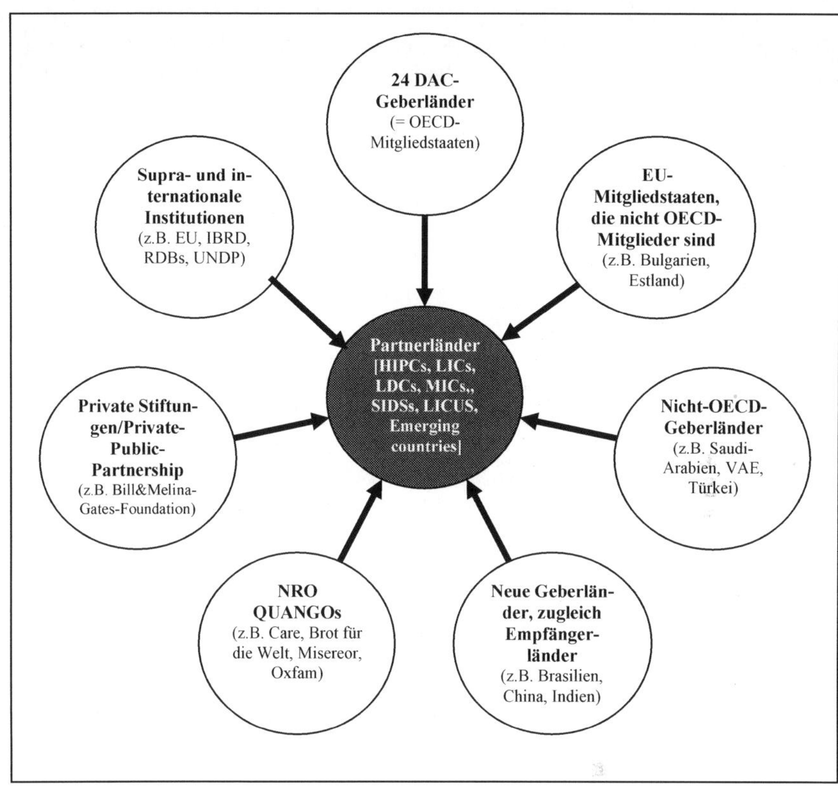

Abbildung 33: Die ODA-Leistungen *per capita* der neuen EU-Mitgliedstaaten 2007/08

Land	ODA pro Kopf 2008 (in US$)	Veränderung gegenüber 2007 (in US$)
Zypern	47	+2
Slowenien	34	+7
Malta	22	0
Tschechien	21	+4
Slowakei	17	+4
Estland	16	+4
Ungarn	11	+1
Lettland	10	+3
Polen	10	0
Litauen	10	-4
Rumänien	6	+1
Bulgarien	3	+1
zum Vergleich: Deutschland	169	+20

Quelle: OECD/ODA.

Aber nicht nur innerhalb Europas sind neue Geberländer hinzugekommen, sondern auch außereuropäische *emerging economies*, wirtschaftlich dynamische Entwicklungs- und Transformationsländer, die sich inzwischen als Geber in der internationalen Entwicklungszusammenarbeit beteiligen. Von diesen *emerging donors* sind es vor allem Brasilien, Russland, Indien und China, die in der internationalen EZ eine immer bedeutendere Rolle spielen (wollen).

Russland hat seine Entwicklungszusammenarbeit nach dem Zusammenbruch der Sowjetunion zunächst weitgehend auf die bilaterale Zusammenarbeit mit den Ländern der Gemeinschaft Unabhängiger Staaten beschränkt. Erst im Zuge des wirtschaftlichen Aufschwungs und der verbesserten Finanzlage in den Jahren vor der globalen Krise legte die russische Regierung ein Konzept für eine weiter reichende Entwicklungszusammenarbeit vor, in dem die MDGs als Zielvorgaben dienen und Armutsreduzierung, Demokratisierung und Menschenrechte als Leitlinien gelten – was angesichts der innenpolitischen Situation Russlands nicht unbedingt wörtlich zu nehmen ist. Auf der operativen Ebene der Zusammenarbeit will sich Russland zudem an der *Paris Declaration on Aid Effectiveness* orientieren.

Brasilien, China und Indien sind als Ankerländer immer noch Empfängerländer, aber seit Jahren auch bereits Geber von EZ-Leistungen. Sie gehören jedoch nicht dem DAC an und sind daher auch nicht an dessen Grundsätze gebunden. Sie praktizieren neue Formen der EZ und verknüpfen – anders als die „alten" Geberländer – ihre EZ-Angebote nicht mit normativen Forderungen an die EL, mit denen sie bilaterale Zusammenarbeit betreiben.

Brasilien ist bereits seit den siebziger Jahren des 20. Jhdt. in der Zusammenarbeit mit lateinamerikanischen und lusophonen Staaten Afrikas engagiert, aber dieses Engagement war noch keine EZ im engeren Sinn. Dies ist erst seit den 1990er Jahren der Fall, wobei Brasilien die EZ als „Partnerschaft für Entwicklung" definiert. Das bedeutet, dass z.B. die EZ-Angebote Brasiliens nicht mit Konditionen und Reformauflagen verknüpft werden. Schwerpunkte der brasilianischen EZ sind insbesondere der Transfer von *Know-how* in der Landwirtschaft und im Ausbildungswesen, *institution building* sowie HIV/AIDS-Bekämpfungsprogramme.

Abbildung 34: Bilaterale EZ-Aufwendungen Indiens im Haushaltsjahr 2008-09 (in Mio. Euro)

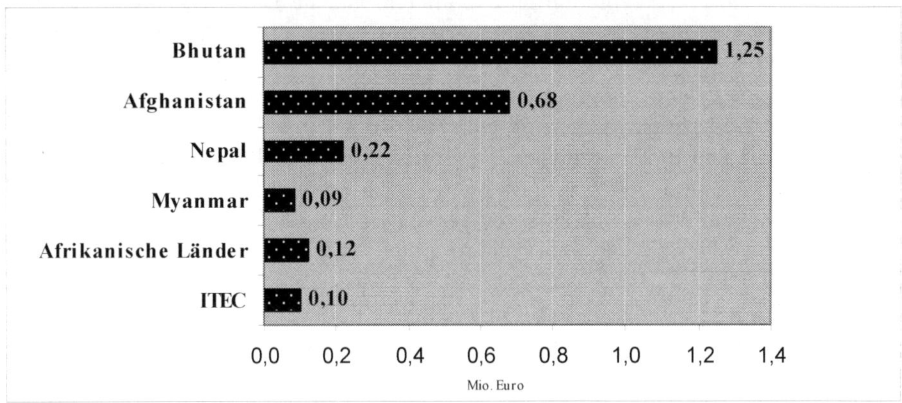

* 1 Indische Rupie (INR) = 0,0153 Euro.
Quelle: Chanana 2009.

Auch Indien, das traditionell bestrebt ist, sich als Sprecher der Entwicklungsländer zu profilieren, gilt inzwischen ebenfalls als *emerging donor*. Tatsächlich hat das Land jedoch schon seit 1964 im Rahmen des *Indian Technical and Economic Cooperation-Programme* (ITEC) Qualifizierungskurse für Studierende sowie Fach- und Führungskräfte aus anderen Entwicklungsländern durchgeführt. 2008 wendete Indien schätzungsweise 547 Millionen US-Dollar für EZ auf, vor allem in Form von Beiträgen an internationale Organisationen (wie z.B. das WFP) und IFIs (insbesondere die AfDB) sowie für bilaterale Finanzierungszuschüsse und zinsvergünstigte Kredite. Das Land hat bislang seine bilaterale EZ auf Staaten in seiner Nachbarschaft beschränkt (Bhutan, Nepal, Afghanistan, Myanmar) und EZ vor allem auch als Teil der indischen Sicherheitspolitik verstanden. Seit einiger Zeit betreibt Indien zunehmend auch mit afrikanischen Staaten bilaterale EZ, wobei es hier vorrangig um den Zugang zu Rohstoffressourcen geht, aber auch um die Erschließung neuer Märkte sowie um die Unterstützung der indischen *Diaspora*-Gemeinden in afrikanischen Ländern. Indien vergibt EZ-Kredite ohne Auflagen und entwicklungspolitische Konditionalitäten, besteht aber strikt auf Lieferbindung, d.h. dass diese Finanzierungsmittel nur für Lieferungen und Leistungen von indischen Unternehmen verwendet werden dürfen. Das Engagement Indiens in der bilateralen EZ ist allerdings widersprüchlich: bilaterale EZ lehnt Indien für sich selbst als Empfängerland schon seit längerem mit dem Argument ab, dass Transaktionskosten für den Empfänger bei bilateraler EZ höher ausfallen als bei multilateralen EZ-Leistungen. Im Bereich der multilateralen EZ beteiligt sich Indien in erheblichem Umfang an UN-Friedensmissionen. Dem Druck des DAC, die *Paris Declaration* zu unterzeichnen, hat Indien widerstanden, und stattdessen 2007 die Gründung des *Development Cooperation Forum* (DCF) unter dem Dach des *United Nations Economic and Social Council* (ECOSOC) betrieben, in dem Geber- und Nehmerländer versuchen, gemeinsam akzeptierbare Grundsätze und Prioritäten für die EZ zu identifizieren.

Bereits seit den fünfziger Jahren des 20. Jhdt. betreibt die VR China Zusammenarbeit mit anderen EL, allerdings eine hauptsächlich politisch motivierte EZ mit dem Ziel, die *maoistische* Revolution zu exportieren und die Befreiungskämpfe in der „Dritten Welt“ zu unterstützen. 1956 schenkte die chinesische Regierung Ägypten 20 Millionen Schweizer Franken, um das Land in seinem Kampf um den Suez-Kanal zu unterstützen. Frühzeitig engagierte sich China auch in Afrika südlich der Sahara; 1960 sagte China Guinea Hilfe bei dem Bau einer Streichholz- und Tabakfabrik zu; 1961 und 1962 entsandte China Agrarexperten nach Mali; 1965 wurde mit den Machbarkeitsstudien für den Bau der Eisenbahnlinie zwischen Tansania und Sambia begonnen; in den späten sechziger Jahren des 20. Jhdt. waren chinesische Ärzteteams in Tansania, Somalia, Mali und Guinea tätig.

Mit Beginn der chinesischen Reformpolitik in den siebziger Jahren des 20. Jhdt. änderte sich auch die Ausrichtung der Entwicklungszusammenarbeit. An die Stelle ideologischer Motive sind verstärkt außenwirtschaftliche und geopolitische Motive getreten. Sehr gezielt hat China seine EZ darauf ausgerichtet, sich den Zugang zu Energieressourcen und Rohstoffen zu sichern sowie neue Märkte zu erschließen. Nach wie vor betreibt die Volksrepublik mit ihrer EZ aber auch die Durchsetzung der „*One-China*-Doktrin“, d.h. es werden verstärkt denjenigen Ländern EZ-Mittel angeboten, welche die diplomatischen Beziehungen zu Taiwan abbrechen.

Für die EZ der VR China gelten die Grundsätze, dass sie zum beiderseitigen Nutzen von Geber und Empfänger sein muss, dass Geber und Empfänger Partner auf gleicher Augenhöhe sind, und dass sich China als Geberland grundsätzlich nicht in die inneren Angelegenheiten des Empfängerlandes einmischt. Von amtlicher chinesischer Seite wird die *non-conditionality* der EZ-Angebote hervorgehoben (abgesehen von der „*One-China*“-Doktrin), die den Empfängerländern die Chance selbstbestimmter Entwicklung gewährleisten soll. China gäbe das, was Afrika brauche, lobte beispielsweise Ruandas Staatspräsident *Paul Kagame*, und die aus Sambia stammende EZ-Kritikerin *Dambisa Moyo* („Dead Aid“) betonte „China ist unser Freund“. Zinsvergünstigte EZ-Kredite gibt China hauptsächlich für Infrastrukturprojekte, die dann allerdings überwiegend mit chinesischen Arbeitskräften von Unternehmen des Geberlandes durchgeführt werden; Beispiele sind das Projekt zur Erneuerung der Eisenbahnlinien in Sri Lanka, das die chinesische *Shanxi Construction Engineering Group* durchführt, oder der Bau eines Konferenzzentrums in der Hauptstadt von Myanmar durch die *Anhui Foreign Economic Construction Group Co. Ltd.* China besteht wie auch Indien gegenüber den Empfängerländern auf der Lieferbindung seiner EZ-Finanzmittel, obwohl die internationale Gemeinschaft deren Aufhebung als einen möglichen Weg für die Steigerung der Wirksamkeit von EZ-Leistungen fordert. Bereits im Jahr 2001 hat das DAC die vollständige Aufhebung von Lieferbindungen bei EZ-Leistungen an die am wenigsten entwickelten Länder empfohlen, was von der Mehrheit der DAC-Geber zwischenzeitlich auch praktiziert wird.

Mit einem Anteil von rund 30 Prozent an den Gesamtaufwendungen Chinas für Entwicklungszusammenarbeit sind chinesischen Quellen zufolge afrikanische Länder südlich der Sahara die Hauptempfänger. Aber nicht nur Regierungen afrikanischer Länder nehmen die *non-conditional*-EZ Chinas in Anspruch, sondern auch Regierungen lateinamerikanischer und anderer asiatischer Staaten. In den zurückliegenden Jahren stellte China durchschnittlich umgerechnet mehr als 2 Milliarden Euro p.a. für die internationale Zusammenarbeit zur Verfügung, rund 0,14 Prozent seines BNE. Jedoch ist ein direkter Vergleich der chinesischen EZ-Angaben mit den ODA-Statistiken des DAC nicht ohne weiteres möglich; ohne detailliertere Spezifikation werden in den chinesischen Statistiken „Ausgaben zur Unterstützung unterentwickelter Gebiete" und „Ausgaben für externe Hilfe", wie z.B. Katastrophenhilfe, nachgewiesen (vgl. Abbildung 35). Wie diese Begriffe jeweils definiert sind, lässt sich nicht genau nachvollziehen.

Abbildung 35: Aufwendungen der Volksrepublik China für Entwicklungszusammenarbeit 2006-2008 (in Mrd. Euro)

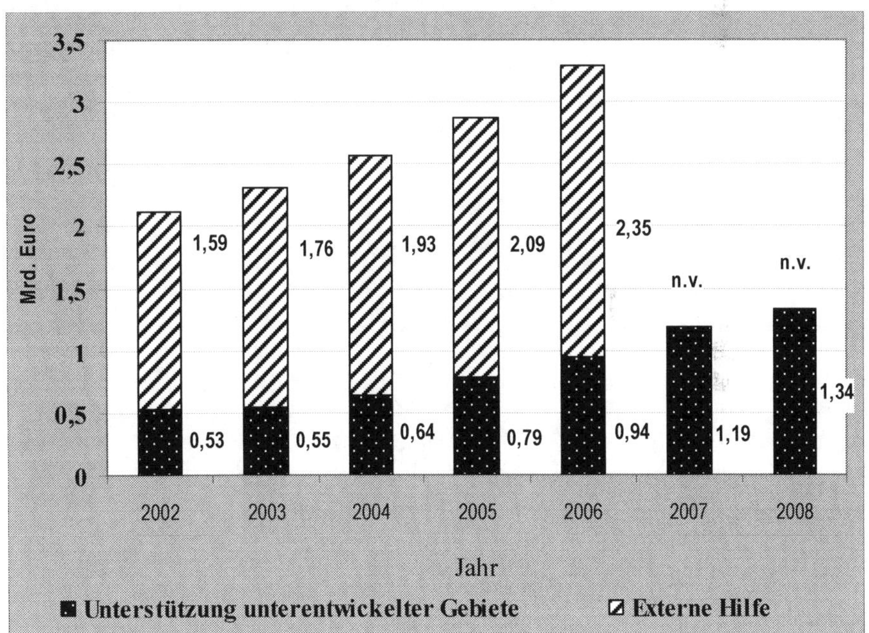

Wechselkurs: 1 Renminbi = 0,1073 Euro.
n.v. = Daten nicht verfügbar.
Quelle: National Bureau of Statistics, *China Statistical Yearbook*, Jahrgang 2003 – 2009, Beijing.

Die Entwicklungszusammenarbeit der VR China

Der Beginn der Entwicklungszusammenarbeit der VR China lässt sich auf das Jahr 1950 datieren. Nur 16 Tage nach Gründung der Volksrepublik nahm die Mongolei diplomatische Beziehungen zu China auf, und stellte – kurz nachdem der erste chinesische Botschafter sein Amt in Ulaanbaatar angetreten hatte – den Antrag auf Entsendung von 12.250 chinesischen Facharbeitern und Technikern. Allerdings wurde dieser Antrag von der chinesischen Regierung angesichts der schwierigen Situation im eigenen Land zunächst auf Eis gelegt. Erst vier Jahre später wurden dann 8.200 Facharbeiter als die ersten „Entwicklungshelfer" Chinas in die Mongolei entsandt.

In den Folgejahren bis Mitte 1960 leistete China Entwicklungshilfe an 22 Länder, vor allem an Nachbarländer wie Nordvietnam, Nordkorea, die Mongolei und Nepal, aber auch an einige afrikanische Staaten. Hauptmotiv war seinerzeit der „Geist des Internationalismus", der China dazu verpflichtete, Verantwortung für die Befreiung der Völker zu tragen, die – wie zuvor China selbst – unter der imperialen Unterdrückung leiden. Zudem galt es, im chinesischen Interesse durch Unterstützung von Befreiungskriegen Vertrauen in den „Bruderländern" zu schaffen, Verbündete zu gewinnen und vor allem auch geographische Sicherheit zu garantieren.

Nachdem sich die Beziehungen zwischen der damaligen UdSSR und der VR China 1960 verschlechterten, suchte China verstärkt politische Unterstützung in Entwicklungsländern. Dies schlug sich auch in einem deutlichen Anstieg der staatlichen Aufwendungen für Entwicklungshilfe nieder; sie erreichten 1973 den Gesamtbetrag von 5,58 Milliarden Renminbi (ca. 0,61 Milliarden Euro) und damit rund zwei Prozent des damaligen BIP und 6,9 Prozent der staatlichen Gesamtausgaben Chinas.

Nachdem die Volksrepublik 1971 einen ständigen Sitz im UN-Sicherheitsrat erhalten hatte und sich zunehmend auf den eigenen Modernisierungsprozess zu konzentrieren begann, wurde auch der Außenpolitik und der Entwicklungshilfe die Aufgabe zugewiesen, an erster Stelle den chinesischen Wirtschaftsinteressen zu dienen. So spielten wirtschaftliche Interessen eine immer wichtigere Rolle für die Erteilung von Entwicklungshilfe.

Bis in die siebziger Jahre des 20. Jhdt. erbrachte China seine EZ-Leistungen überwiegend als Geschenke in Form von Sachleistungen und Kapital; seit den achtziger Jahren des 20. Jhdt. ist der Anteil von „Paketprojekten" an den chinesischen EZ-Leistungen deutlich gestiegen, die den Bau von sozialen Einrichtungen, kostenlose Sachleistungen, humanitäre Hilfe, Trainingsprogramme sowie Kapitalzuschüsse und subventionierte Kredite umfassen. Den ersten Vertrag über einen solchen zinsvergünstigten Kredit unterzeichnete die chinesische Regierung 1995 mit Simbabwe.

Bis zum Jahr 2008 hat China mehr als 2.000 Vorhaben der Entwicklungszusammenarbeit in über 100 Ländern durchgeführt. Amtlichen Angaben zufolge sind in dem Zeitraum 2002-2006 durchschnittlich 24,59 Milliarden RMB pro Jahr für die internationale Zusammenarbeit aufgewendet worden, dies entspricht rund 2,64 Milliarden Euro. Die chinesischen EZ-Angebote erfolgen in Form von Schenkungen sowie als zinslose Darlehen und zinssubventionierte Kredite. Auch die sogenannten „Paketprojekte" sind Schenkungen.

Fortsetzung: Die Entwicklungszusammenarbeit der VR China

Innerhalb des chinesischen Staatsapparates sind die Zuständigkeiten für die internationale Zusammenarbeit auf verschiedene Institutionen verteilt. Unterhalb des Staatsrates, dem generell die Befugnisse für die Festlegung von Strategien und Richtlinien zustehen, ist das *Ministry of Finance* (MOF) zuständig für die Zuweisung der finanziellen Mittel an die Durchführungsorgane der EZ. Dies sind insbesondere das *Ministry of Commerce* (MOFCOM), die *Export-Import-Bank of China* (EXIM-Bank) sowie die *China Development Bank* (CnDB). MOFCOM verwaltet die „Paketprojekte" und alle Leistungen mit einem vollständigen Schenkungselement. Die EXIM-Bank ist zuständig für die Vergabe zinssubventionierter Kredite an EL sowie von zinsvergünstigten Krediten an Käufer chinesischer Produkte in Entwicklungsländern. Für diese Kreditgeschäfte erhält die EXIM-Bank den Zinszuschuss von dem MOF bzw. dem MOFCOM und refinanziert die Kapitalauslage durch Emission von Anleihen. Die Vermittlungsfunktion zwischen China und den Empfängerländern chinesischer EZ-Leistungen nimmt das *Ministry of Foreign Affairs* (MFA) wahr, das auch Beratungsfunktionen bei EZ-Vorhaben und bei entwicklungspolitischen Konferenzen ausübt. Innerhalb des MOFCOM ist das *Department of Foreign Aid* als leitendes Organ zuständig für die Festlegung von Vorschriften und Regeln im Bereich der EZ. Management und Evaluierung der chinesischen EZ auf der operativen Ebene sind seit 2003 dem *Executive Bureau of International Economic Cooperation* des MOFCOM übertragen. Für Chinas Beteiligung an der multilateralen EZ ist das *Department of International Trade and Economic Affairs* des MOFCOM zuständig.

Die institutionelle Verteilung der Zuständigkeiten für die chinesische EZ wird intern und extern kritisiert: unklare Befugnisse, Parallelstrukturen und mangelnde Transparenz der zuständigen Behörden erschweren die Koordination und verunsichern die Partner in den Empfängerländern. Im Interesse einer konsistenten Entwicklungspolitik der VR China plädieren daher chinesische Wissenschaftler für eine einheitliche, gut organisierte und koordinierte Behörde, die allein die Entwicklungshilfe verwalten soll.

Junhong Meng

Weiterführende Informationen befinden sich auf der Website des MOFCOM: http://jjhzj.mofcom.gov.cn

Mit der veränderten Geber-Konstellation und den *emerging donors* als neuen Akteuren geht das EZ-Geber-Monopol der DAC-Länder zu Ende. Die „Geber-Proliferation" hat für die internationale EZ Konsequenzen, sowohl für die Geber als auch für die Empfängerländer. Die Empfängerländer haben mehr Wahlfreiheit zwischen Gebern und können unterschiedliche Formen der Kooperation ausprobieren. Die *emerging donors* verbinden ihre Kooperationsangebote nicht mit Auflagen, wie sie bei den DAC-Gebern Standard sind, so z. B. die Forderung nach Demokratisierung und *Good Governance*.

Durch die Möglichkeit, von den neuen Gebern Kredite zu erhalten, verringert sich auch die Abhängigkeit von den IFIs und deren Konditionalitäten. So konnten mehre *Heavily Indebted Poor Countries* (HIPCs) ihre Auslandsverschuldung mit Hilfe der neuen Geber ohne Auflagen deutlich reduzieren.

Nicht auszuschließen ist, dass die neuen Geber möglicherweise die Fehler der „alten" Geber wiederholen (z.B. ungenügende Berücksichtigung der Systemwirkung von EZ, *Overaiding* etc.), und auch die Empfängerländer in der Zusammenarbeit mit den neuen Gebern dieselben Fehler machen wie zuvor (z.B. unzureichende Koordination oder ungenügende Einbindung der Geber-Projekte in nationale Entwicklungspläne). Die „Geber-Proliferation" verstärkt die Konkurrenz und führt tendenziell zu höheren Transaktionskosten bei Gebern und Empfängern. Zudem ist nicht gewährleistet, dass die *emerging donors* ihre EZ-Angebote an den MDGs orientieren und damit die mühsam erreichte einheitliche Zielverpflichtung für Geber und Empfänger wieder untergraben wird. Zudem unterbleiben möglicherweise notwendige Reformen im Hinblick auf *Good Governance,* Demokratisierung und nachhaltige Entwicklung.

Solche Probleme ließen sich durch eine verstärkte Kooperation zwischen „alten" und „neuen" Gebern vermeiden, bei der ein DAC-Land einen neuen Geber bei dessen EZ-Vorhaben in einem Empfängerland in einer Dreieckskooperation unterstützt und beide gemeinsam die Verantwortung tragen. Hilfreich kann auch die Unterstützung der *emerging donors* durch das DAC bei dem Aufbau von EZ-Institutionen sein. Immerhin hat der Entwicklungsausschuss der OECD in fünf Dekaden erhebliche Erfahrungen in der internationalen EZ gesammelt und kann diese Erfahrungen mit den neuen Gebern teilen, aber auch das DAC kann von den neuen Gebern lernen, da sie als Empfänger beide Rollen vereinen.

Die internationale EZ sieht sich angesichts der Ausdifferenzierung der Entwicklungsländer und der erweiterten Geberkonstellation mit steigenden Wissensanforderungen konfrontiert, sowohl hinsichtlich der Leistungsangebote und -konditionen als auch bezüglich der Absorptionskapazität formeller und informeller Institutionen in den zu unterstützenden Ländern und in den jeweiligen Politikfeldern, in denen erfolgreich Wirkungen erzielt werden sollen. Zusätzliche Geber bedeuten aber auch, dass für die internationale EZ mehr finanzielle Mittel zur Verfügung stehen. Damit hat sich jedoch die Forderung nach einer Erhöhung der ODA-Leistungen der Industrieländer keineswegs erledigt, die seit Bestehen der Entwicklungszusammenarbeit immer wieder erhoben wird.

Neue Möglichkeiten der Entwicklungsfinanzierung

Finanzierungsfragen gehören zum harten Kernbereich der Politik. Die Finanzierung eines Politikbereichs sagt mehr über dessen Bedeutung und Reichweite aus als rhetorische Manifeste zu Wahlzeiten und Regierungserklärungen auf der internationalen Bühne. Die finanziellen Mittel, die für einen Politikbereich tatsächlich zur Verfügung stehen, reflektieren direkt dessen Einordnung in die gesellschaftliche Prioritätenhierarchie, die Interessenlagen und Machtkonstellationen der Beteiligten; das gilt auch für die Entwicklungspolitik.

Ohne zusätzliche ODA-Mittel und/oder die Erschließung alternativer Finanzierungsquellen wird es nicht möglich sein, die Millenniumsentwicklungsziele rechtzeitig und in vollem Umfang zu erreichen. Nach Schätzungen der Vereinten Nationen, die Anfang September 2008 veröffentlicht wurden, fehlen in den Jahren 2008 bis 2010 etwa 31,4 Milliarden US-Dollar, um die Millenniumsziele erreichen zu können. Diese Finanzierungslücke hat sich durch die globale Finanz- und Wirtschaftskrise der Jahre 2008 und 2009 noch vergrößert. Angesichts des bestehenden Problemdrucks ist die internationale Entwicklungszusammenarbeit darauf angewiesen, finanzielle Selbstverpflichtungen der Geberländer einzufordern. Zudem sind innovative Finanzierungsformen zu erschließen, die nicht nur ein erhöhtes Mittelaufkommen, sondern auch ein Umsteuern des globalen Entwicklungspfades hin zu mehr Nachhaltigkeit und Zukunftsfähigkeit ermöglichen.

Im Jahr 2002 hat sich erstmals eine UN-Konferenz mit Fragen der Entwicklungsfinanzierung befasst, d.h. mit der Frage der Mobilisierung des gesamten Spektrums von Finanzmitteln für Entwicklung. Bei dieser Weltkonferenz in der mexikanischen Metropole Monterrey (an der als Novum bei einer UN-Konferenz auch die *Bretton-Woods*-Institutionen teilnahmen) ging es sowohl um die Mobilisierung nationaler Ressourcen für die Entwicklungsfinanzierung, als auch um die Mobilisierung internationaler Ressourcen und alternativer Quellen der Entwicklungsfinanzierung. Zwar wurden bei der Monterrey-Weltkonferenz viele Vorschläge diskutiert, neue Quellen der Entwicklungsfinanzierung zu erschließen, konsensfähig war aber letztlich nur die Fortschreibung der etablierten EZ-Finanzierungsinstrumente. In dem Abschluss-Dokument der Monterrey-Konferenz wurde das „0,7-Prozent-Ziel" einmal mehr bestätigt, d.h. die Verpflichtung der Industrieländer, 0,7 Prozent ihres BNE als ODA zur Verfügung zu stellen. Tatsächlich wurde mit der ersten UN-Konferenz zur Entwicklungsfinanzierung eine Trendwende in Richtung eines absoluten Wiederanstiegs der öffentlichen EZ-Leistungen der Industrieländer eingeleitet. Immerhin haben sich die Netto-ODA-Aufwendungen der DAC-Mitglieder von rund 58 Milliarden US-Dollar im Jahr 2002 auf über 120 Milliarden US-Dollar im Jahr 2008 mehr als verdoppelt, bleiben aber dennoch im Durchschnitt weit unterhalb der zugesagten 0,7-Prozent-Marke.

Sechs Jahre später, bei der Zweiten Weltkonferenz für Entwicklungsfinanzierung in Doha, reichte das Themenspektrum weit über die politischen Konfliktlinien hinaus, die mit dem „Monterrey-Konsens“ übertüncht worden waren. Denn zwischenzeitlich zeichneten sich neue Herausforderungen in der Entwicklungsfinanzierung ab: die Krise der internationalen Finanzmärkte, zusätzliche Kosten des globalen Klimawandels in Entwicklungsländern, der zeitweilig rasante Anstieg der Weltmarktpreise für Nahrungsmittel und dadurch verursachte Ernährungskrisen in zahlreichen EL.

In dem internationalen Diskussionsprozess hat sich gezeigt, dass innovative Mechanismen der Entwicklungsfinanzierung eine Vielzahl von Kriterien erfüllen sollen: sie müssen ökonomisch vertretbar, ökologisch sinnvoll, administrativ handhabbar und vor allem politisch durchsetzbar sein. Vor diesem Hintergrund werden in der international hochrangig besetzten *Leading Group on Innovative Financing* hauptsächlich folgende Vorschläge zur Mobilisierung neuer Ressourcen der Entwicklungsfinanzierung diskutiert: Besteuerung von Börsenumsätzen und grenzüberschreitender Devisentransaktionen (*Tobin Tax*), die Besteuerung der Nutzung globaler Gemeinschaftsgüter (Tiefsee, Orbit, Meer und Luftraum) sowie die Schaffung neuer internationaler Finanzfazilitäten für Entwicklungsländer.

Die Einführung einer *Tobin-Tax* als eine Art Devisenumsatzsteuer ist derzeit das am kontroversesten diskutierte neue Instrument der Entwicklungsfinanzierung; es wird insbesondere auch von Globalisierungsgegnern propagiert, und zwar gegen die Intentionen des erklärten Freihandels-Befürworters *James Tobin*. Der Nobelpreisträger für Wirtschaftswissenschaften des Jahres 1981 hatte die Idee, eine Steuer auf grenzüberschreitende Devisentransaktionen einzuführen, nachdem die USA 1971 aus dem System fester Wechselkurse ausgestiegen waren. *Tobin* wollte mit einer sehr geringen Steuer auf Devisentransaktionen Spekulationen entgegenwirken. In seinem ursprünglichen Konzept war vorgesehen, auf bestimmte grenzüberschreitende Finanzgeschäfte einen pauschalen Steuersatz von etwa 0,5 Prozent zu erheben. In der entwicklungspolitischen Diskussion ist die *Tobin-Tax* auf Initiative der NRO *Association pour une Taxation des Transactions financières pour l'aide aux Citoyens* (Attac) nach den diversen Währungs- und Finanzkrisen der neunziger Jahre des 20. Jhdt. in Lateinamerika, Asien und Russland wieder aufgegriffen worden. Die Befürworter der *Tobin-Tax* argumentieren, dass mit ihrer Einführung das internationale Währungssystem vor abrupten Schwankungen bewahrt werden könne, indem diese Devisenumsatzsteuer gleichsam Sand in das Getriebe der ungezügelten Finanzmärkte streut. Zudem könnten mit den Einnahmen aus der *Tobin-Tax* zusätzliche und dringend benötigte Mittel für die globale Armutsbekämpfung mobilisiert werden. Schätzungen zufolge ließen sich durch die Besteuerung von Devisentransfers bei einem minimalen Steuersatz von 0,005 Prozent allein in Europa 3,5 Milliarden Euro pro Jahr erzielen. Das Problem dabei: je niedriger der Steuersatz der *Tobin-Tax*, umso weniger würde er Spekulanten abhalten, und je höher er wäre, umso stärker würde er das Weltfinanzsystem beeinträchtigen. Zudem wäre der Finanzierungseffekt der *Tobin*-Steuer umso geringer, je besser diese Steuer ihre Lenkungsfunktion erfüllt und spekulative grenzüberschreitende Devisentransaktionen verhindert. Der gewünschte Finanzierungseffekt setzt zudem voraus, dass alle Staaten – oder zumindest eine kritische Masse wichtiger Länder – die *Tobin*-Steuer erheben, d.h. sie müsste politisch weltweit akzeptiert werden und überall auch technisch durchsetzbar sein. Die Kritiker bezweifeln, dass sich ein weltweiter Konsens zur Einführung der *Tobin-Tax* herstellen lässt. Bei fehlendem Einvernehmen besteht aber die Möglichkeit, die Steuer zu umgehen, indem spekulative Transaktionen von Standorten aus getätigt werden, an denen die Steuer (noch) nicht erhoben wird. In die Tat umgesetzt wurde eine solche Steuer im Jahr 2008 von Großbritannien: als Reaktion auf die globale Finanzkrise führte es eine Steuer auf nationale Börsenumsätze ein, deren Aufkommen aber nicht zweckgebunden ist.

Anforderungen an innovative Mechanismen der Entwicklungsfinanzierung

- *Finanzierungsfunktion:* In welcher Größenordnung kann bei der Einführung des betreffenden Finanzierungsinstruments mit zusätzlichen Finanzmitteln gerechnet werden (gegebenenfalls unter Einbeziehung eines z.B. ökologisch intendierten Abschreckungseffektes)?
- *Nachhaltige Lenkungsfunktion:* Wie ist die Einführung des betreffenden Finanzierungsinstruments unter Nachhaltigkeitsgesichtspunkten zu bewerten und werden dadurch Kosten und Nutzen des Erhaltes einer knappen Ressource transparenter?
- *Technische Durchsetzbarkeit:* Lässt sich das betreffende Finanzierungsinstrument unter den bestehenden Bedingungen einführen, oder kollidiert es mit internationalen Abkommen oder nationalen Vorschriften, die erst geändert werden müssen und welche Umgehungsmöglichkeiten existieren?
- *Politische Realisierbarkeit:* Findet sich für das betreffende Finanzierungsinstrument international wie national hinreichende gesellschaftliche und politische Akzeptanz, oder gibt es gravierende Widerstände bestimmter Staaten oder Interessengruppen, die möglicherweise mit einer entsprechenden Ausgestaltung des Instruments minimiert bzw. überwunden werden können?

Angesichts der rasanten Entwicklung in der Informations- und Kommunikationstechnologie und der Zunahme des *e-commerce* wird auch die Besteuerung der digitalen Kommunikation in Form einer *Bit-Steuer* als innovative Finanzierungsquelle für Entwicklung erörtert. Bereits 1999 hat das UNDP die Einführung einer Steuer auf die im Internet verschickten Datenmengen vorgeschlagen. Würden 100 *E-mails* lediglich mit 1 US-Cent besteuert, kämen auf den einzelnen Internet-Nutzer nur geringe zusätzliche Kosten zu, weltweit würde das Aufkommen jedoch nach der UNDP-Kalkulation jährlich knapp 100 Milliarden US-Dollar betragen. Die Bit-Steuer würde also eine beachtliche Finanzierungsfunktion erfüllen und sie wäre technisch auch relativ leicht durchsetzbar, wenn alle Internet-*Provider* dazu verpflichtet würden, die anfallenden Datenmengen zu versteuern.

Die Lenkungsfunktion der Bit-Steuer wäre jedoch möglicherweise kontraproduktiv, wenn sie Grenznutzer dazu brächte, ökologisch weit problematischere Formen des Informationsaustauschs beizubehalten, wie z.B. Luftpostbriefe. Politisch würde eine Bit-Steuer vermutlich eher akzeptiert als die *Tobin-Tax*, zumal die Besteuerung des *e-commerce* ohnehin in vielen Industrieländern diskutiert wird, da durch den Internet-Handel den öffentlichen Kassen in den IL Milliarden an Umsatzsteuereinnahmen verloren gehen.

Ein langfristig großes Potenzial zur Finanzierung von Entwicklung hat die *Besteuerung der Nutzung globaler Gemeinschaftsgüter* wie Tiefsee, Orbit, Meer und Luftraum. So könnte beispielsweise das Aufkommen von Steuern auf den Fischfang in internationalen Gewässern, auf die Nutzung des Orbits für Satelliten („geostationäre Parkgebühren") oder Nutzungsentgelte im internationalen Flug- und Schiffsverkehr („Kerosinsteuer") zweckgebunden für den Klima- und Meeresschutz in Entwicklungsländern verwendet werden. Sowohl in EL als auch in IL stehen allerdings massive politische Widerstände solchen Besteuerungsvorschlägen mit einer unstrittigen Finanzierungs- und Lenkungsfunktion und relativ einfacher administrativer Durchsetzbarkeit entgegen. Bei der UN-Sondergeneralversammlung 1997 hatten sich Länder wie die USA, Japan und Kanada gegen die weltweite Einführung einer „Kerosinsteuer" ausgesprochen, aber auch Entwicklungsländer, die um ihre Einnahmen aus dem Ferntourismus fürchten und zudem durch ihre vergleichsweise veralteten Flugzeuge mit höherem Kerosinverbrauch überproportional belastet würden. Inzwischen setzen bereits 12 Staaten dieses Instrument ein, darunter auch EL wie Mali, Niger und die Elfenbeinküste. Frankreich, das die Steuer auf Flugtickets 2006 einführte, zahlte 90 Prozent der damit erzielten Einnahmen an UNITAID; diese Organisation, die auch von fast 30 anderen Staaten Zuwendungen erhält, erwirbt von der Pharmaindustrie große Mengen an Medikamenten gegen HIV/AIDS, Malaria und Tuberkulose zu Niedrigpreisen, die dann über die *World Health Organization* (WHO) oder den *Global Fund* Entwicklungsländern zur Verfügung gestellt werden.

Für Zwecke der Entwicklungsfinanzierung wird bereits von einigen Ländern – u. a. von Deutschland – der Verkauf oder die Versteigerung von Emissionszertifikaten genutzt. Energieversorger und energieintensive Industriebetriebe erwerben von der Regierung für ihre Produktionsanlagen bestimmte Mengen von Emissionsberechtigungen in Form von Zertifikaten. Verbrauchen sie weniger Zertifikate als ihnen zugeteilt wurden, können sie die Zertifikate an Unternehmen verkaufen, die zusätzliche Emissionsrechte benötigen. Ein Zertifikat berechtigt im Rahmen des europäischen Emissionshandelssystems zum Ausstoß von einer Tonne Kohlendioxid, wobei jedem Land nur eine begrenzte Menge an Zertifikaten zusteht. Deutschland, das etwa 9 Prozent der Emissionszertifikate aus dem europäischen Handelssystem erhält, setzt einen Teil der Einnahmen für Maßnahmen des Klimaschutzes in EL ein sowie für andere Entwicklungsvorhaben. Steigende Einnahmen aus dem Emissionshandel werden ab 2013 erwartet, wenn ein höherer Prozentsatz der Zertifikate gehandelt und zudem der Flugverkehr einbezogen werden soll.

Von den diversen Vorschlägen zur Schaffung neuer, innovativer Instrumente der Entwicklungsfinanzierung ist bislang nur der Vorschlag für eine Internationale Finanzfazilität (IFF) in einem fortgeschritteneren Stadium der Konkretisierung. Den Vorschlag zur Schaffung einer IFF stellte das britische Finanzministerium erstmals im November 2002 vor. Die IFF ist ein Finanzierungsinstrument, das nur temporär und speziell zur Erreichung der MDGs eingesetzt werden soll. Die Grundidee ist relativ einfach: die IFF ermöglicht die Vorfinanzierung für später geplante ODA-Zusagen durch Ausgabe von Anleihen an den internationalen Kapitalmärkten; die Mittel werden über bereits bestehende bilaterale und multilaterale EZ-Institutionen (z.B. Weltbank oder *Global Health Fund*) an EL – insbesondere an LICs – verteilt, um diese bei Programmen zur Erreichung der MDGs zu unterstützen, mit einem Fokus auf Armutsbekämpfungsprogramme. Tilgungs- und Zinszahlungen an die Zeichner der Anleihen werden durch gesetzlich bindende Zahlungszusagen der Geberländer an die IFF gewährleistet. Als „kleine IFF" haben Großbritannien, Frankreich, Italien, Schweden und Spanien im September 2005 das IFF-Pilotprojekt der *International Finance Faciltity for Immunisation* (IFFIm) gestartet, das sich über Anleihen auf den internationalen Kapitalmärkten finanziert; die Mittel werden für Impfprogramme und zur Stärkung des Gesundheitssektors in EL verwendet. Nach den Gründerstaaten haben bislang auch Norwegen, Brasilien, Südafrika und die *Bill&Melinda Gates Foundation* verbindliche Finanzierungszusagen erteilt.

Beurteilungskriterien innovativer Instrumente der Entwicklungsfinanzierung

Finanzierungs-instrument	**Das Instrument erfüllt die**		**Das Instrument ist**	
	Finanzierungs-funktion	**Lenkungs-funktion**	**technisch-administrativ umsetzbar**	**international politisch durchsetzbar**
***Tobin*-Steuer**	umso besser, je geringer die Lenkungsfunktion	umso besser, je geringer die Finanzierungs-funktion	✓	zur Zeit nur national durchsetzbar
Bit-Steuer	✓	—	✓	?
Kerosin-Steuer	umso besser, je geringer die Lenkungsfunktion	umso besser, je geringer die Finanzierungs-funktion	✓	zur Zeit nur national durchsetzbar
Erlös aus dem Emissions-handel	✓	✓	✓	✓
Internationale Finanzfazilität	✓	—	✓	✓
Globale Umweltfonds	umso besser, je geringer die Lenkungsfunktion	umso besser, je geringer die Finanzierungs-funktion	✓	je nach Verwendungs-zweck

An Vorschlägen für innovative Instrumente der Entwicklungsfinanzierung mangelt es nicht. Dazu zählt auch die Forderung nach einer Einrichtung problemspezifischer globaler Umweltfonds (Wasser-Fazilität, Wald-Fonds, Desertifikations-Fonds etc.), deren Finanzierung durch Abgaben z.B. auf den Export von Tropenholz, durch einen „Weltwasserpfennig" zur Sicherung der globalen Süßwasservorräte, oder eine nationale Steuer auf die Boden- und Flächenversiegelung erfolgen soll. Diese Instrumente brauchen zu ihrer Implementierung keine internationalen Vereinbarungen, denn jedes Land kann die Einführung auf nationaler Ebene beschließen, um bei den Konsumenten eine Sensibilisierung für globale Zielsetzungen zu erreichen; gleichzeitig könnten zweckgebundene Finanzmittel generiert werden, um in Entwicklungsländern den Ressourcenschutz zu stärken.

Unabhängig davon, ob und in welcher Höhe alternative Quellen der Entwicklungsfinanzierung zur Verfügung stehen, stellt sich die Frage nach dem Verteilungsmodus dieser zusätzlichen Finanzmittel durch nationale, und vor allem auch internationale Behörden und Organisationen, die eine inhärente Neigung zur Expansion und Ineffizienz haben und durch hohe Irreversibilität gekennzeichnet sind. Viele Organisationen in der internationalen EZ neigen reflexartig dazu, neue Gelder und Aufgabenfelder für sich zu reklamieren, ohne gleichzeitig den überzeugenden Beweis zu liefern, dass sie zukünftig Programme und Projekte erfolgreicher durchführen werden als in der Vergangenheit. Bei den Vorschlägen für neue Instrumente der Entwicklungsfinanzierung ist zudem zu berücksichtigen, dass die internationale Politik auch im Zeichen der Globalisierung weiterhin in einem System nationaler staatlicher Akteure gestaltet werden muss und es mithin einer sehr langen Vorlaufzeit bedarf, um innovative Instrumente der Entwicklungsfinanzierung zu konkretisieren und umzusetzen.

Bildung und Innovationsfähigkeit: Voraussetzungen für die Zukunft

In dem historischen Prozess des Wandels von Agrargesellschaften zu Industriegesellschaften, hin zu wissensbasierten Dienstleistungsgesellschaften, der alle Teile der Welt erfasst, sind Bildung und Innovationsfähigkeit entscheidende Voraussetzungen der Zukunftsfähigkeit. Dies bedeutet, dass sich die EZ nicht darauf beschränken kann, armen Ländern bei der Verwirklichung der allgemeinen Grundschulbildung im Sinne des MDG 2 zu helfen. Der Aufbau einer Entwicklungspartnerschaft, den MDG 8 fordert, muss im 21. Jhdt. auch bedeuten, dass Entwicklungsländer im Rahmen der internationalen Entwicklungszusammenarbeit dabei unterstützt werden, ihre Bildungssysteme an die Erfordernisse der globalisierten Wirtschaft anzupassen, die Bereitschaft ihrer Gesellschaften zu Innovationen zu stärken sowie deren Kapazitäten auf- und auszubauen, neue Technologien zu entwickeln oder zu adaptieren, zu verbreiten und kommerziell zu nutzen.

Bildung muss als ein Recht verstanden werden, das es für jeden Einzelnen durchzusetzen gilt. Gleichzeitig ist Bildung der Schlüssel, der die Chancen eines jeden Einzelnen bestimmt, die Qualität des Lebens erhöht und auch Einfluss auf Familien und die Gesellschaft hat. Bildung steht nicht nur für sich, sondern ist mit vielen anderen Sozialrechten verbunden. Ein hoher Bildungsgrad wirkt sich positiv auf das Einkommen, die Gesundheit sowie auf die Familienstruktur aus. Zusätzlich wird die Förderung von demokratischen Werten durch Bildung verstärkt.

Jeder hat das Recht auf Bildung

In der Menschenrechtskonvention der Vereinten Nationen ist in Artikel 26 das Recht eines jeden Einzelnen auf Bildung festgelegt.

1. Jeder hat das Recht auf Bildung. Die Bildung ist unentgeltlich, zumindestens der Grundschulunterricht und die grundlegende Bildung. Der Grundschulunterricht ist obligatorisch. Fach- und Berufsschulunterricht müssen allgemein verfügbar gemacht werden, und der Hochschulunterricht muss allen gleichermaßen entsprechend ihren Fähigkeiten offenstehen.

2. Die Bildung muss auf die volle Entfaltung der menschlichen Persönlichkeit und auf die Stärkung der Achtung vor den Menschenrechten und Grundfreiheiten gerichtet sein. Sie muss zu Verständnis, Toleranz und Freundschaft zwischen allen Nationen und allen ethnischen oder religiösen Gruppen beitragen und der Tätigkeit der Vereinten Nationen für die Wahrung des Friedens förderlich sein.

3. Die Eltern haben ein vorrangiges Recht, die Art der Bildung zu wählen, die ihren Kindern zuteil werden soll.

Quelle: UN 1948.

Bildung spielt eine entscheidende Rolle bei der individuellen Chancenverteilung, gerade in Gesellschaften, die durch ein starkes soziales Gefälle geprägt sind wie z.B. in Lateinamerika und der Karibik. Um den Teufelskreis aus Armut und die sich daraus ergebenden Konsequenzen zu umgehen, ist es essentiell, die Bildung von Mädchen im Fokus zu behalten. Der Gewinn, den Mädchen aus einer abgeschlossenen Schulbildung ziehen, wird von Generation zu Generation weitergegeben und hat Multiplikatoreneffekte in Bezug auf andere sozioökonomische Faktoren der Mikroebene: besser gebildete Frauen heiraten später und bekommen später Kinder, so dass mit einem höheren Bildungsgrad auch tendenziell Teenagerschwangerschaften und Fertilitätsraten sinken. Zudem lässt sich eine sinkende Kindersterblichkeitsrate bei einem höheren Bildungsstand der Mutter beobachten. Daraus kann u.a. geschlossen werden, dass weniger Kinder mangelernährt sind und folglich die Einschulungsrate ebenso steigt wie die Anzahl der erfolgreich absolvierten Schuljahre eines Kindes. Ein weiterer mikroökonomischer Effekt ist, dass Personen mit einem hohen Bildungsniveau bessere Chancen haben, am Erwerbsleben teilzunehmen. Gleichzeitig ergibt sich daraus eine größere Auswahl an Arbeitsmöglichkeiten, so dass diese Personen ihr Humankapital produktiver einsetzen können.

Die Folgen eines ineffizienten Bildungssystems sind verheerend. Geringe Qualifizierung der Arbeitskräfte und Informalität des Erwerbslebens sind hoch miteinander korreliert. Andererseits wird der Bedarf an gut ausgebildeten Arbeitskräften im Zuge der Veränderung der Weltwirtschaft zu einer *knowledge based economy* immer größer. Die durch neue Informations- und Kommunikationstechnologien entstehenden Arbeitsplätze verringern die Einsatzmöglichkeiten von unqualifizierten oder gar nicht ausgebildeten Arbeitskräften, so dass diese häufig nur im informellen Sektor Beschäftigungsmöglichkeiten finden. Arbeitslosigkeit und Unterbeschäftigung im informellen Sektor lassen sich nur schwer oder überhaupt nicht erfassen; daher ist die Arbeitsmarktsituation in Entwicklungsländern in den meisten Fällen sehr viel gravierender als die offiziellen Arbeitslosenquoten vermuten lassen.

Ein defizitäres und unangepasstes Bildungssystem hat weitreichende ökonomische Konsequenzen, die von der Mikro- auch auf die Makroebene übergehen können. Bildung als einer der Bestimmungsfaktoren wirtschaftlicher Entwicklung hat unmittelbare Auswirkungen, die gerade auch für Entwicklungsländer (aber nicht nur für diese) entscheidend sind: eine längere und bessere Ausbildung der Arbeitskräfte geht unmittelbar mit einer Erhöhung der Arbeitsproduktivität bei gegebenem Wissensstand einher. Zudem resultiert aus einem höheren Bildungsstand ein höheres Einkommen des Individuums. So erzielt beispielsweise in Lateinamerika ein Erwerbstätiger mit einer sechsjährigen Ausbildung durchschnittlich 50 Prozent mehr Gehalt als ein Arbeiter ohne formale Ausbildung. Die individuelle Einkommenssteigerung verläuft mit zunehmendem Ausbildungsgrad sogar überproportional: bei zwölf Jahren Ausbildung verdient er etwa 120 Prozent mehr und bei 17 Jahren sind es etwa 200 Prozent. Die Erhöhung der Arbeitsproduktivität wird allerdings nicht nur durch ein verbessertes Ausbildungsniveau gesteigert, sondern auch durch die Vermittlung von Werten und Einstellungen, denn auch sie sind beispielsweise für die Einführung neuer Techniken relevant. Hinzu kommen die Auswirkungen auf das Bevölkerungswachstum durch die Korrelation von Bildung und Gesundheitsstatus bzw. Fertilitätsrate, wodurch wiederum Produktivität und gesamtwirtschaftliches Wachstum beeinflusst werden.

Abbildung 36: Mikro- und makroökonomische Auswirkungen von Bildung

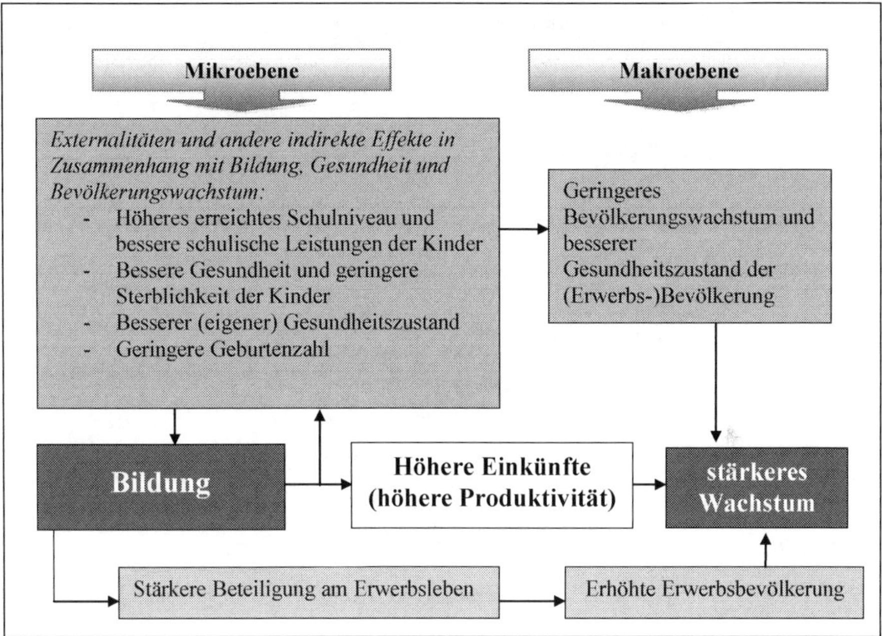

Quelle: nach Michaelowa 2001.

Betrachtet man Bildung nicht nur als Höherqualifizierung des Produktionsfaktors Arbeit, sondern berücksichtigt auch die mittelbaren Auswirkungen von Bildung auf die Beschleunigung des technischen Fortschrittes, dann wird deutlich, dass Bildung für die wirtschaftliche Entwicklung eines Landes von überragender Bedeutung ist. Dem muss auch die internationale Entwicklungszusammenarbeit verstärkt Rechnung tragen. Denn die „technologische Lücke“ zwischen Industrieländern und Entwicklungsländern ist nach wie vor sehr groß, wenn auch nicht überall gleichermaßen. Die erheblichen Unterschiede in der Anwendung und Adaption des technischen Fortschritts innerhalb der Gruppe der Entwicklungsländer lassen sich zumindest teilweise durch unterschiedlich funktionierende Märkte, durch differierende Ressourcenausstattung sowie ungleiche Rahmenbedingungen in Recht, Institutionen und Kultur erklären. Generell besteht jedoch ein enormes Aufholungspotenzial für die Entwicklungsländer: durch Imitation und Adaption – dem sogenannten *catching up* – können sie von den Industrieländern profitieren.

Abbildung 37: Einfluss der Bildungsanstrengungen auf die wirtschaftliche Entwicklung

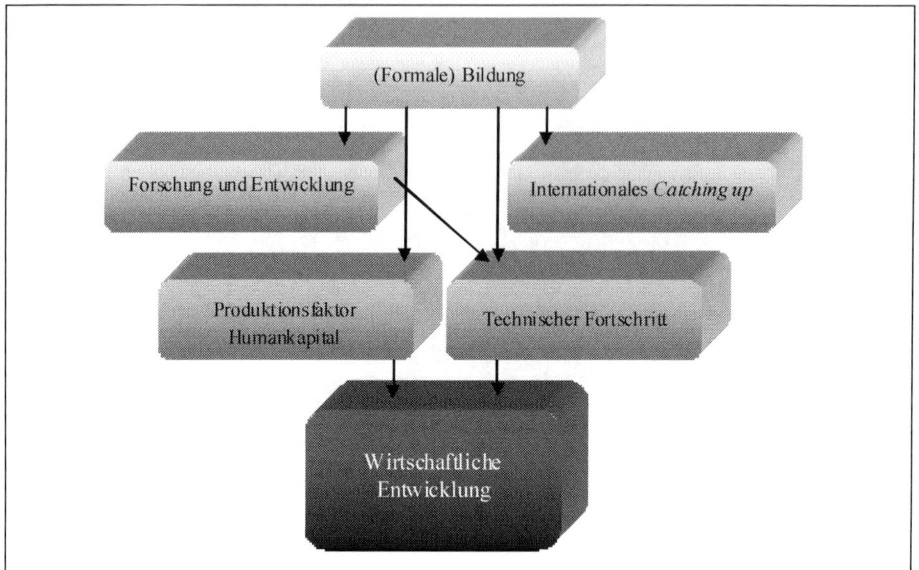

Quelle: Nach Graff 1995.

In Zeiten von Globalisierung und zunehmender Öffnung der Märkte ist es für alle Länder wichtig geworden, sich im internationalen Wettbewerb zu behaupten. Zukunftsfähige Produktionsprozesse basieren in der heutigen Zeit immer stärker auf der Entwicklung neuer technischer Systeme. Die Beherrschung dieser neuen Systeme ist eine wesentliche Voraussetzung zukünftiger internationaler Wettbewerbsfähigkeit. Da nicht mehr die Quantität von Arbeitskräften entscheidend ist, sondern es auf die Qualität und damit das Qualifikationsniveau der Arbeiter ankommt, um im internationalen Wettbewerb bestehen zu können, müssen vor allem die Bereiche technologisches *Know-how* sowie Hochschul- und Ausbildungswesen optimiert werden.

Eine hohe Beteiligung im Sekundar- und Tertiärbildungsbereich ist demzufolge unerlässlich, um innovative Qualifikationen zu generieren, die mittelbar aus Bildungsanstrengungen resultieren. Diese Qualifikationen sind u.a. die Erhöhung der Bereitschaft zu Innovationen, der Gebrauch von Maschinen und die Nutzung von Wertschöpfungszuwächsen durch das Prinzip der Arbeitsteilung sowie eine schnelle Diffusion dieser Innovationen in den Produktionsprozessen. Ein erhöhtes Innovationspotenzial schlägt sich wiederum in einem wachsenden Wissensstand der Bevölkerung nieder, wodurch sich mittelbar die Arbeitsproduktivität erhöht.

Ursachen der unzureichenden Bildungssituation in Entwicklungsländern

Um ein gut funktionierendes Bildungssystem aufbauen bzw. stetig weiterentwickeln zu können, sind nicht nur Investitionen erforderlich, z.B. in Schulgebäude, sondern es müssen auch die laufenden Betriebsausgaben für die Gehälter der Lehrer, das Lehrmaterial und weitere anfallende Kosten finanziert werden. Der Bildungssektor in EL wird jedoch bei der Verteilung der Staatsausgaben von den Verantwortlichen häufig vernachlässigt. Zwar wurde in vielen EL während der zurückliegenden Dekaden der Hochschulsektor reformiert und ausgebaut, aber die öffentlichen Ausgaben für den Primär- und Sekundarschulsektor betrugen in der Summe gerade einmal soviel wie die Aufwendungen für tertiäre Bildungseinrichtungen. Mangelnde öffentliche Ausgaben führen dazu, dass eine solide Grundausbildung oft nur in privaten, schulgeldpflichtigen Bildungseinrichtungen erworben werden kann, zu denen die arme Bevölkerung keinen Zugang hat. Bildungsdefizite sind daher vielerorts ein Problem des Niedrig-Einkommens-Sektors: die Wahrscheinlichkeit, dass ein Kind aus den ärmsten Einkommensquintilen die Schule abbricht, ist drei Mal höher, als wenn es der Gruppe mit dem höchsten Einkommen angehört. Häufig müssen Kinder in EL durch Arbeit die Familie finanziell unterstützen, daher sind die Opportunitätskosten des Schulbesuchs sehr hoch. Hinzu kommt – vor allem in ländlichen Gebieten – eine mangelnde infrastrukturelle Ausstattung, so dass eine Schule nur nach stundenlangem Fußmarsch erreichbar ist. Auch die Qualität der staatlichen Bildungseinrichtungen ist häufig mangelhaft: die Ausbildung des Lehrpersonals lässt zu wünschen übrig, die Klassengröße macht ein effektives Lernen unmöglich, die Lehrmaterialien entsprechen nicht den internationalen Standards des *Programme for International Student Assessment* (PISA). Ist bereits die Qualität des Grundschulunterrichts mangelhaft, hat dies weitreichende Konsequenzen auf den nächst höheren Bildungsebenen. Ohne die elementaren Grundkenntnisse in Lesen, Schreiben und Rechnen ist ein erfolgreiches Absolvieren der Sekundarstufe ausgeschlossen. Daher wird empfohlen, neben der Erhöhung der öffentlichen Bildungsausgaben in EL eine gleichmäßigere Verteilung der Mittel auf die einzelnen Bildungsstufen anzustreben. Gerade Investitionen in eine universelle Grundschulbildung sind gewinnbringend für Gesellschaft und Wirtschaft, da sie den Grundstein für ein Abschließen der höheren Bildungsstufen und für eine qualifizierte Beschäftigung legen. Ein effizientes Schulsystem hat unmittelbaren Einfluss auf die Wirtschaft eines Landes: stimmen die Qualität des Unterrichts und das Lernumfeld, profitiert die gesamtwirtschaftliche Produktivität durch qualifizierte Arbeitskräfte. Die Qualität des Bildungssystems und damit die Erfüllung bestimmter Mindestanforderungen sind somit von hoher wirtschaftlicher Relevanz.

Die Förderung der Humankapitalbildung bei den ärmeren Bevölkerungsschichten ist nach heutigem entwicklungsökonomischem Erkenntnisstand eines der wirksamsten Instrumente zur Korrektur der ungleichen personellen Einkommensverteilung und zum Abbau von Armut – nicht nur in Entwicklungsländern. Die Ergebnisse einer solchen Politik werden allerdings erst mittelfristig sichtbar. Dennoch kommt der Bildungspolitik eine entwicklungsstrategisch überragende Rolle zu.

Denn wenn es Formen der Entwicklung im 21. Jhdt. gibt, die zu selbstbestimmtem Handeln befähigen, dann ist dies auf der *individuellen* Ebene der Erwerb von Wissen; und wenn es Instrumente gibt, mit denen sich die Zukunftsfähigkeit von Entwicklungsprozessen im 21. Jhdt. absichern lässt, dann ist dies auf der *gesellschaftlichen* Ebene die Schaffung von Innovationsfähigkeit und technologischer Kompetenz.

Technologischer Wandel gilt als eine der wesentlichen Triebkräfte wirtschaftlicher Entwicklung. Ökonomisch relevanter technischer Fortschritt zeigt sich in Produktinnovationen, d.h. in der Herstellung neuer und qualitativ besserer Erzeugnisse, sowie in Prozess- und Verfahrensinnovationen, die es ermöglichen, mit gleichem Input einen höheren Output zu erzeugen. Grundlage für Innovationen in einer Volkswirtschaft ist die Verbindung von Humankapital und Wissen; diese Verbindung wird in Institutionen von Forschung und Entwicklung hergestellt, findet aber auch durch Erfahrungen im Produktionsprozess statt. Während Humankapital in Individuen inkorporierte Kenntnisse und Fertigkeiten darstellt, bezeichnet Wissen personenungebundene theoretische Kenntnisse, die dauerhaft akkumulierbar sind und damit auch späteren Generationen zur Verfügung stehen. Die Verfügbarkeit des akkumulierten Wissens setzt voraus, dass Zugang zu diesem Wissen besteht und darauf zurückgegriffen werden kann, sei es unbeschränkt als öffentliches Gut oder selektiv als marktvermitteltes privates Gut. In diesem Fall wird jedoch einkommensschwachen Personen der Zugang zu Wissen tendenziell verwehrt.

Unzureichende Humankapitalbildung und nur beschränkter Zugang zu Wissen sind wesentliche Gründe dafür, dass weite Teile Afrikas, Asiens und Lateinamerikas in der Weltkarte des technologischen Fortschritts bislang weiße Flecken geblieben sind. Nur einige wenige der technologischen Innovationszentren von globaler Bedeutung liegen außerhalb der etablierten Industrieländer. Der Hauptgrund für das Verbleiben eines EL auf einem suboptimalen Technologiepfad besteht darin, dass bereits bestehendes Humankapital und Sachkapital durch einen innovativen Technologiewechsel abgeschrieben werden müssten, und dieser außerdem mit hohen Umstellungskosten verbunden wäre. Folglich wird der technologische Wandel tendenziell umso mehr erschwert, je knapper Humankapital, Sachkapital und Finanzkapital in dem Land sind, die durch einen Technologiewechsel entwertet würden.

Technischer Fortschritt ist nicht ausschließlich Ergebnis der privaten Marktkräfte. Auch der Staat kann durch Wissenschaftsförderung und Technologieprogramme eine wichtige unterstützende Funktion für die Entwicklung und Erprobung technischer Neuerungen übernehmen. Staatliche Förderung von Grundlagenforschung und technischen Entwicklungszentren bietet jedoch noch keine Gewähr für wirtschaftlich erfolgreiche Innovationsprozesse. Denn tatsächlich sind Innovationen die Ergebnisse wesentlich komplexerer Interaktionen und permanenter Rückkoppelungsprozesse zwischen Forschung und Erfindungen, verfügbarem Wissen und lernenden Unternehmen (vgl. Abbildung 38). Staatliche Politiken der Innovationsförderung müssen folglich diesem Interaktionsgefüge Rechnung tragen und in Netzwerke institutionell eingebunden sein.

Der Aufbau solcher interaktiven nationalen Innovationssysteme ist bislang nur in einigen wenigen Entwicklungsländern gelungen, wie beispielsweise in Brasilien und Mexiko. Da vor allem in ärmeren EL die für den technologischen Wandel wichtigen Netzwerke fehlen, kann hier die internationale EZ wichtige Aufbauarbeit leisten.

Abbildung 38: Das Netzwerk-Modell der Innovation

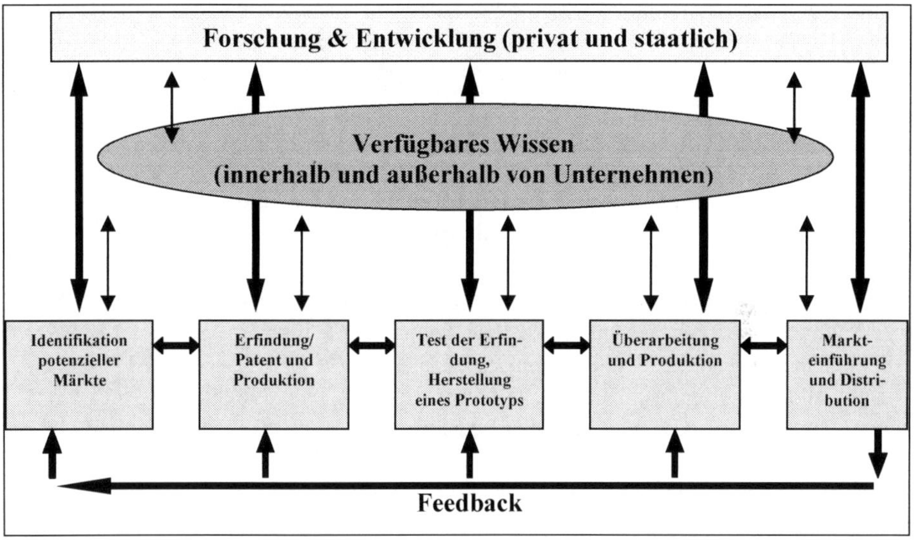

Forschung & Entwicklung (privat und staatlich)
Verfügbares Wissen
(innerhalb und außerhalb von Unternehmen)
Identifikation potenzieller Märkte
Erfindung/ Patent und Produktion
Test der Erfindung, Herstellung eines Prototyps
Überarbeitung und Produktion
Markteinführung und Distribution
Feedback

Quelle: Nach Saénz-Arce/Uquillas 2005.

Betrachtet man Entwicklung als eine Folge von Innovationsprozessen, die durch EZ initiiert und unterstützt werden können, stellt sich die Frage, ob und wie sich mit Instrumenten der Entwicklungszusammenarbeit Faktoren beeinflussen lassen, die Innovationsfähigkeit bedingen. Das Innovationsverhalten von Individuen und Personengruppen ist eine Funktion von mindestens vier Variablen: *Motivation*, *Legitimität von Handlungsrechten*, *Kompetenz* und *gesellschaftliche Rahmenbedingungen.* Jede der vier Variablen ist notwendige Bedingung, aber erst alle vier zusammen sind hinreichende Voraussetzungen zur Erklärung des Innovationsverhaltens. Handlungsrechte und Rahmenbedingungen sind überwiegend auf der Makro- und Mesoebene wirksam, während Motivation und Kompetenz überwiegend auf der Meso- und Mikroebene wirken; dabei sind die Variablen nicht kausal, sondern funktional miteinander verknüpft.

Motivation bezeichnet das Wollen von Individuen bzw. Gruppen, Innovationen durchzusetzen, d.h. also praktische Entscheidungen über das, was geschehen soll und das Durchsetzen dieser Entscheidungen. Auch wenn bestimmte Innovationsmöglichkeiten erlaubt sind und in den Kompetenzbereich eines Individuums oder einer Gruppe fallen, müssen Individuen bzw. Gruppen motiviert sein, Innovationen auch durchsetzen zu wollen. Neuerungsverhalten ist also u.a. abhängig von der Motivation.

Diese Leistungsmotivation kann von der Partizipation der Innovatoren am Entscheidungsprozess abhängig sein, aber auch von religiösen Sinnstiftungen, von der Existenz charismatischer Persönlichkeiten etc.

Handlungsrechte (*property rights*) sind von einer Personengruppe als legitim anerkannte Handlungsmöglichkeiten. Sie werden definiert durch jegliche normative Beschränkung von Handlungen. Dazu gehören neben kodifizierten Rechten und Verboten auch soziokulturelle Werte und Normen, akzeptierte gesellschaftliche Institutionen (z.B. Gemeineigentum) sowie konkrete Auflagen und Vorschriften legitimierter religiöser, politischer und ökonomischer Führungsgruppen (etwa die Ablieferungspflicht von Innovationserträgen an die Großfamilie oder die Dorfgemeinschaft). Innovative Handlungsmöglichkeiten sind nicht immer auch und notwendigerweise erlaubte Handlungsmöglichkeiten, d.h. der Innovator besitzt keineswegs immer das Recht, innovative Handlungen durchzusetzen. In diesem Fall muss der Innovator zusätzliche Transaktionskosten aufwenden, um entweder für ihn günstige Änderungen der Handlungsrechte durchzusetzen oder um – bei verbotenem Verhalten – andere Personen zu entschädigen. Beides führt zu einem Sinken des ökonomischen Anreizes, Neuerungen durchzusetzen. Je restriktiver die Handlungsrechte sind, desto niedriger ist *ceteris paribus* die Wahrscheinlichkeit der erfolgreichen Durchsetzung von Innovationen und ihrer Diffusion. So haben sich entwicklungsgeschichtlich beispielsweise solche Eigentumsrechte als überlegen erwiesen, die eine bessere Internalisierung des Innovationserfolgs ermöglichen.

Kompetenz bedeutet die personalen und organisatorischen Fähigkeiten des Innovators, solche Innovationsmöglichkeiten zu entdecken und durchzusetzen, die von der Gruppe, in der er agiert, akzeptiert oder zumindest geduldet werden. Kompetenz in diesem Sinne kann individuell begriffen werden als Fähigkeit, Erfahrung, Können und Kreativität und/oder gesellschaftlich als wirtschaftliches sowie technisch-organisatorisches Entwicklungsniveau (z.B. Beherrschung komplexer Technologien, Verbreitung von Schriftsprachen etc.).

Die *gesellschaftlichen Rahmenbedingungen* (international, national, regional und lokal) spielen bei der Durchsetzung und Diffusion von Innovationen eine wichtige Rolle. Zu den gesellschaftlichen Rahmenbedingungen zählen u.a. die Rechtsordnung, die Wirtschafts- und Sozialordnung sowie die politische Ordnung der Gesellschaft. Die gesellschaftlichen Rahmenbedingungen können positive ökonomische Anreize für innovatives Handeln liefern, sie können aber auch demotivieren. Werden z.B. potenzielle Innovationserträge durch korrupte Bürokratien abgeschöpft, herrscht Rechtsunsicherheit, dann ist es rational, keine Neuerungen einzuführen, da dem Mehraufwand von Neuerungen (gegenüber traditionellen Alternativen) keine zusätzlichen Erträge gegenüberstehen. Innovationsfeindliche Rahmenbedingungen legen Risiko-Minimierungsstrategien nahe; innovationsfeindliche Rahmenbedingungen überwinden zu wollen, kann tendenziell als kontinuierliche Überforderung empfunden werden, so dass bei rationalem Verhalten die Nicht-Innovation der Innovation vorgezogen wird. Umgekehrt können innovationsfreundliche Rahmenbedingungen als Handlungsaufforderungen wirken. In diesem Fall genügt bereits eine relativ geringe Kompetenz und es bedarf nur geringer Anstrengungen, um Innovationen erfolgreich durchzusetzen und zu imitieren.

Um die Innovationsfähigkeit zu erhöhen, lässt sich mit dem herkömmlichen Instrumentarium der EZ am ehesten die Variable „Kompetenz" durch *capacity building* und *institution building* positiv beeinflussen. Jedoch sollte die EZ keine Innovationsangebote unterbreiten, die einen technisch-organisatorischen Komplexitätsgrad aufweisen, der über dem Kompetenzniveau der Zielgruppe liegt und diese mental oder technisch-organisatorisch überfordert. Auch auf eine innovationsfördernde Veränderung von Handlungsrechten und gesellschaftlichen Rahmenbedingungen kann durch EZ-Beratungsleistungen hingewirkt werden. Dabei sollte aber grundsätzlich darauf geachtet werden, dass die gewünschten Veränderungen nicht an Grenzen stoßen und von der Zielgruppe als illegitim zurückgewiesen werden, da sie gegen fundamentale Handlungsrechte verstoßen, wie z.B. religiöse Vorschriften, kollektive Eigentumsrechte, oder da sie nicht verhandelbare Handlungs-Tabus verletzen.

Nachhaltigkeit und Zukunftsfähigkeit der Entwicklung

Zu den größten Herausforderungen der Entwicklungszusammenarbeit im 21. Jhdt. gehört zweifellos die Aufgabe, einen substantiellen Beitrag für eine nachhaltige und zukunftsfähige Entwicklung überall auf der Welt zu leisten. Spätestens seit dem ersten Bericht des *Club of Rome* über die Grenzen des Wachstums (1972) hat der Begriff der Nachhaltigkeit auch in der entwicklungspolitischen Debatte seinen festen Platz gefunden. Alle Staaten, die sich auf die Millenniumsziele verpflichtet haben, sind gehalten, die Grundsätze der nachhaltigen Entwicklung in einzelstaatliche Politiken und Programme einzubauen und den Verlust von Umweltressourcen umzukehren. Nachhaltigkeit gilt zudem als eines der Erfolgskriterien in der wirkungsorientierten Entwicklungszusammenarbeit. Zwar haben auch schnell wirkende Problemlösungsbeiträge der EZ ihre Bedeutung, aber letztendlich zielt die EZ auf positive Verbesserungen, die über den Zeithorizont der Projekte und Programme hinausreichen. Deshalb ist die Nachhaltigkeit von EZ-Projekten und -Programmen mit MDG 7 als ein eigenes Ziel aufgenommen worden.

Nachhaltigkeit in den Millenniumszielen der Vereinten Nationen	
MDG 7: Umweltschutz und nachhaltige Nutzung natürlicher Ressourcen	
Ziel 7.A: Die Grundsätze der nachhaltigen Entwicklung in einzelstaatliche Politiken und Programme einbauen und den Verlust von Umweltressourcen umkehren.	*Indikator 7.1*: Anteil der Waldflächen. *Indikator 7.2*: Kohlendioxid-Emissionen insgesamt, pro Kopf und je einem US-Dollar des BIP (berechnet in Kaufkraftparitäten). *Indikator 7.3*: Verbrauch ozonabbauender Stoffe. *Indikator 7.4*: Anteil der Fischbestände innerhalb sicherer biologischer Grenzen. *Indikator 7.5*: Anteil der genutzten Wasserressourcen an den gesamten Wasservorkommen.
Ziel 7.B: Den Verlust an biologischer Vielfalt reduzieren, mit einer signifikanten Reduzierung der Verlustrate bis 2010.	*Indikator 7.6*: Anteil der geschützten Land- und Meeresgebiete. *Indikator 7.7*: Anteil der vom Aussterben bedrohten Arten.
Ziel 7.C: Bis 2015 den Anteil der Menschen um die Hälfte senken, die keinen nachhaltigen Zugang zu einwandfreiem Trinkwasser und grundlegenden sanitären Einrichtungen haben.	*Indikator 7.8*: Anteil der Bevölkerung mit Zugang zu verbesserter Trinkwasserversorgung. *Indikator 7.9*: Anteil der Bevölkerung mit Zugang zu verbesserten sanitären Einrichtungen.
Ziel 7.D: Bis 2020 eine erhebliche Verbesserung der Lebensbedingungen von mindestens 100 Millionen Slumbewohnern herbeiführen.	*Indikator 7.10*: Anteil der in Slums lebenden städtischen Bevölkerung.

Wenn über nachhaltige Entwicklung und Nachhaltigkeit der EZ gesprochen wird, dann herrscht allerdings ein geradezu babylonisches Sprachengewirr; die Begriffe reichen von *sustainability*, *sustainable development*, über *Nachhaltigkeit von Entwicklung* und *nachhaltige Entwicklung*, bis hin zu *Zukunftsfähigkeit von Entwicklung* oder auch *Durchhaltbarkeit von Entwicklung*. Entsprechend dieser Begriffsvielfalt existiert eine wahre „Definitionsproliferation“ von Nachhaltigkeit mit höchst unterschiedlichen Begriffsinhalten. Zudem handelt es sich um einen vielschichtigen Begriff, der nicht nur verschiedene horizontale Ebenen mit mehreren Diskursmöglichkeiten aufweist, sondern auch vertikal auf Mikro- und Makroebene diskutiert werden kann.

Was bedeutet aber nachhaltige Entwicklung oder Nachhaltigkeit von Entwicklung auf der Makroebene bzw. auf der Mikroebene? Auf der Makroebene wird dauerhafte oder nachhaltige Entwicklung überwiegend als eine Entwicklung verstanden, welche die (Grund-)Bedürfnisse der gegenwärtigen Generationen befriedigt, ohne zu riskieren, dass künftige Generationen ihre eigenen Bedürfnisse nicht befriedigen können. Diese Definition aus dem *Brundtland*-Bericht der „Weltkommission für Umwelt und Entwicklung" aus dem Jahr 1987 war insofern bahnbrechend, als in ihr erstmals ein „Leitbild nachhaltiger Entwicklung" entworfen wurde. Angesprochen sind darin soziale Gerechtigkeit zwischen den Generationen und die Respektierung der ökologischen Grenzen von Entwicklungsprozessen. Aber auch diese Definition lässt Interpretationsspielräume zu, in welcher Form die zukünftigen Bedürfnisse befriedigt werden müssen. Muss zukünftigen Generationen beispielsweise ein konstanter Bestand an Erdöl bereit gestellt werden, oder kann er durch andere Ressourcen substituiert werden, so dass die gegenwärtige Generation ohne Rücksicht auf Verluste produzieren, verbrauchen und verschwenden darf? Dies entspräche der *schwachen Nachhaltigkeit*. Oder soll die zukünftige Generation über den gleichen Bestand an natürlichen Ressourcen verfügen können, so dass die heutige Generation lediglich Naturkapital in Anspruch nehmen darf, dass in gleicher Menge reproduziert werden kann? In diesem Fall wird *strikte Nachhaltigkeit* angestrebt. Oder aber genügt es im Sinne *kritischer Nachhaltigkeit*, der nächsten Generation nur das Mindestmaß an Ressourcen zu überlassen, von dem die heutige Generation anmaßend annimmt, dass dies zum Überleben ausreicht?

Wie strikt, schwach oder kritisch soll Nachhaltigkeit sein?

- *Schwache Nachhaltigkeit*: Die Sicherung der Wohlfahrt künftiger Generationen hängt von dem gesamten Kapitalbestand der Menschheit ab, dessen Komponenten aber substituierbar sind.
- *Strikte Nachhaltigkeit*: Zur Sicherung der Wohlfahrt künftiger Generationen müssen alle Komponenten des Kapitalstocks mindestens konstant bleiben.
- *Kritische Nachhaltigkeit*: Zur Sicherung der Wohlfahrt künftiger Generationen genügt es, bestimmte Teile des Naturkapitalbestands physisch zu erhalten.

Ein weitgehend konsensfähiges Leitbild nachhaltiger Entwicklung auf der Makroebene beinhaltet angemessenes Wirtschaftswachstum, soziale Sicherheit und ökologisches Gleichgewicht. Dabei stehen die drei Säulen der Nachhaltigkeit – Ökonomie, Soziales, Ökologie – gleichrangig nebeneinander (vgl. Abbildung 39).

Abbildung 39: Die Dreidimensionalität der Nachhaltigkeit

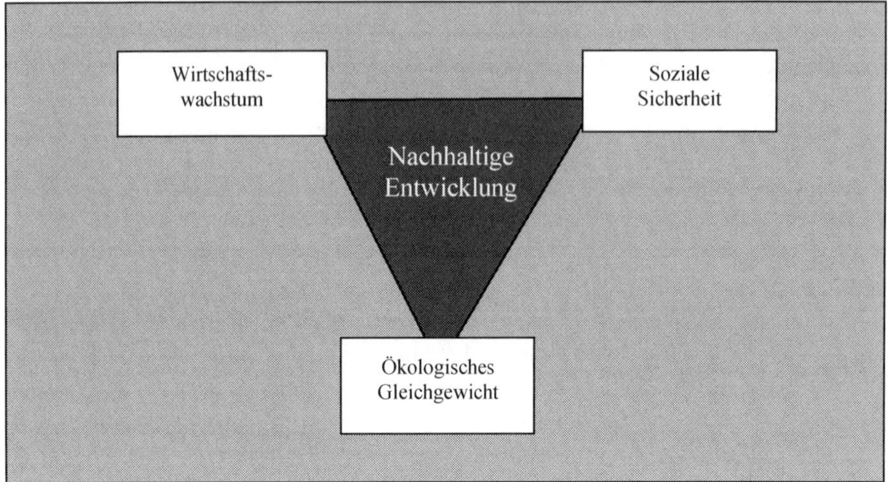

Für eine nachhaltige Entwicklung auf der Makroebene ergibt sich aus dem dreidimensionalen Leitbild die Forderung (1) nach Effizienz der Ressourcenallokation, (2) nach einem intra- und intergenerativen sozialen Ausgleich im Sinne eines Generationenvertrages sowie (3) nach Suffizienz des Ressourceneinsatzes, d.h. ein möglichst geringer Mittel- und Ressourceneinsatz für die Gestaltung von Lebensstilen, der „genug" ist für ein gutes „gelungenes" Leben. Es geht also um eine „Ökologisierung der Ziele" wie beispielsweise die Steigerung der Lebensqualität durch umweltentlastende Maßnahmen, und nicht lediglich um eine „Ökologisierung der Mittel".

Eine Entwicklungspolitik, die sich an dem Leitbild nachhaltiger Entwicklung orientiert, kann nicht losgelöst von ihren ökonomischen, sozialen und ökologischen Auswirkungen bewertet werden. Was aber bedeutet nachhaltige Entwicklung oder Nachhaltigkeit von Entwicklung auf der Mikroebene der EZ-Projekte und -Programme? Im Unterschied zu spontanen, kurzfristigen Hilfsmaßnahmen, etwa nach einer Naturkatastrophe, sollen durch EZ Innovationsprozesse initiiert und unterstützt werden, welche die materiellen und immateriellen Lebensbedingungen der Zielgruppen dauerhaft verbessern. Mit EZ-Vorhaben sollen also im Idealfall nachhaltige, d.h. langfristig wirksame und dauerhafte positive Veränderungen mit Breitenwirkung erreicht werden. Mithin kann eine Analyse der Nachhaltigkeit von EZ-Projekten und -Programmen genau genommen erst nach deren Beendigung beginnen.

Die einfachste Form von Nachhaltigkeitsprüfungen in der EZ orientiert sich an einer *outputorientierten* Definition von Nachhaltigkeit. Alleinige Bezugsgröße sind dabei die materiellen Leistungen (*Outputs*) eines EZ-Vorhabens, die den Begünstigten auf nachprüfbare Dauer erhalten bleiben sollen. Als nachhaltig wird das Vorhaben bewertet, wenn ein bestimmter Prozentsatz des *Output* n Jahre (z.B. 5 Jahre) nach Beendigung der externen Förderung noch genutzt wird. Ein Vorteil eines solchen

Verständnisses von Nachhaltigkeit ist dessen empirische Überprüfbarkeit und einfache administrative Handhabbarkeit, etwa im Rahmen von *ex-post*-Evaluierungen. Der gravierende Nachteil ist jedoch die Orientierung an einem innovationsstrategisch weitgehend irrelevanten *Output*. Denn ein EZ-Projekt wäre beispielsweise auch dann als nachhaltig zu qualifizieren, wenn es zu Innovationsfixierungen gekommen ist, d.h. wenn die Zielgruppe die durch das EZ-Vorhaben eingeführten Neuerungen technisch kompetent, aber mechanistisch anwendet, ohne flexibel auf veränderte Rahmenbedingungen (z.B. Marktverhältnisse) zu reagieren.

Wird Entwicklung hingegen als permanenter *Change*-Prozess verstanden, der durch EZ unterstützt werden kann, dann müssen sich Nachhaltigkeitsprüfungen an einer *verhaltensorientierten* Definition von Nachhaltigkeit orientieren. Ein EZ-Vorhaben wird dann als nachhaltig qualifiziert, wenn es Verhaltensänderungen bei der Zielgruppe in Gang setzt, die diese Gruppe in die Lage versetzen, ihre Lebensbedingungen selbständig und dauerhaft zu verbessern; hierzu zählt insbesondere die Fähigkeit, auf veränderte Rahmen- und Umweltbedingungen flexibel zu reagieren. Entscheidend ist, ob EZ-Vorhaben dazu beitragen, dauerhafte gesellschaftliche Innovations- und Diffusionsprozesse herbei- und fortzuführen. Nachhaltigkeit ist aus dieser Perspektive nicht dadurch bestimmt, was von einem EZ-Vorhaben erhalten bleibt, sondern was von diesem Projekt in Gang gesetzt wird. Aus entwicklungspolitischer Sicht ist insofern allein die verhaltensorientierte Nachhaltigkeit relevant, die jedoch den Nachteil besitzt, empirisch nur schwer überprüfbar zu sein.

Aus der innovationstheoretisch fundierten verhaltensorientierten Definition von Nachhaltigkeit folgt, dass EZ-Vorhaben dazu beitragen sollen, die Steuerungs- und Problemlösungskompetenz der Zielgruppen zu verbessern, um innovative Verhaltensänderungen zu ermöglichen. Nur diejenigen Innovationen lassen sich als nachhaltig erfolgreich bewerten, welche die Lebensbedingungen der Zielgruppe langfristig verbessern. Innovationen sind ökonomisch nachhaltig, wenn ihre Erträge langfristig über den Kosten liegen, und sie sind ökologisch nachhaltig, wenn sie den natürlichen Kapitalstock nicht irreversibel schädigen. Daraus folgt, dass durch EZ-Interventionen in Gang gesetzte Innovationen auch nachhaltig verschlechternde Wirkungen haben können (vgl. Abbildung 40).

Abbildung 40: Die Nachhaltigkeit von EZ-Vorhaben

Quelle: Nach Stockmann 1996.

Die internationale EZ muss noch mehr als in der Vergangenheit der Nachhaltigkeit von Entwicklung auf der Mikro- und der Makroebene Rechnung tragen. Um nachhaltig erfolgreich zu sein, dürfen EZ-Vorhaben die Zielgruppe nicht demotivieren, indem „Modernisierungspakete" angeboten werden, die auf die Bedürfnisse, Interessen und Entwicklungsvorstellungen der Zielgruppe keine Rücksicht nehmen. Eine Erfolgsbedingung für die Erzielung nachhaltiger Wirkungen ist die Akzeptanz des EZ-Vorhabens bei der Zielgruppe und der Trägerorganisation im Entwicklungsland. Die Chance, adäquate und akzeptierte Innovationsstrategien zu finden, ist dann am größten, wenn sie partizipativ entwickelt werden. Entscheidend für nachhaltige Wirkungen ist aber die Akzeptanz einer Problemlösung, und nicht allein schon die Zielgruppenpartizipation. Und vor allem gilt: durch EZ-Vorhaben lässt sich zwar der Zielgruppe nahe bringen, wie Innovationsprozesse zur Lösung von Problemen in Gang gesetzt und erfolgreich durchgeführt werden können, nicht jedoch warum. Insofern muss sich die Entwicklungszusammenarbeit von ihrem Anspruch verabschieden, die „Sinnfrage" von Entwicklung als einem permanenten Veränderungsprozess überall auf der Welt vermitteln zu können.

Weiterführende Literatur

Betz, J./Brüne, S. (Hrsg.): *Neues Jahrbuch Dritte Welt: Entwicklungsfinanzierung*, Opladen 2001.

Bloom, D. E./Canning, D./Sevilla, J.: *Economic Growth and the Demographic Transition*, NBER Working Paper, 8685, Cambridge/Mass. 2001. Unter: http://www.nber.org/papers/w8685 [Zugriff: 09.01.2010].

Bundesministerium für wirtschaftliche Zusammenarbeit und Entwicklung (Hrsg.): *Entwicklungspolitik im 21. Jahrhundert. Strukturpolitik für eine kooperative Welt*, Bonn 2004.

Cappellin, R./Wink, R.: *International Knowledge and Innovation Networks*, Cheltenham 2009.

Chanana, D.: „India as an Emerging Donor“, in: *Economic & Political Weekly*, XLIV (2009), Nr. 12, S. 11-14.

Deutsche UNESCO Kommission/BMZ: *Weltbericht „Bildung für Alle“ 2006. Kurzfassung: Alphabetisierung weltweit*, Bonn 2006. Unter: http://www.unesco.de/filead min/medien/Dokumente/Bildung/efareport2006dt.pdf [Zugriff: 01.02.2010].

Eisermann, D.: *Die Politik der nachhaltigen Entwicklung. Der Rio-Johannesburg-Prozess*, Bonn 2003.

Graff, M.: *Bildung und technischer Fortschritt als Determinanten wirtschaftlicher Entwicklung. Eine theoretische und empirische Untersuchung*, Heidelberg 1995.

Hauff, V. (Hrsg.): *Unsere gemeinsame Zukunft. Der Brundtland-Bericht der Weltkommission für Umwelt und Entwicklung*, Greven 1987.

Honohan, P./Yoder, S.: *Financial Transactions Tax: Panacea, Threat, or Damp Squib?*, Policy Research Working Paper, WPS 5230, Washington DC 2010.

International Bank for Reconstruction and Development: *Global Development Finance 2009: Charting a Global Recovery*, Washington DC 2009.

Jonas, H.: *Das Prinzip Verantwortung. Versuch einer Ethik für die technologische Zivilisation*, Frankfurt am Main 1984.

Lundvall, B.-A. et al. (Hrsg.): *Handbook on Innovation Systems and Developing Countries*, Cheltenham 2009.

Meadows, D. H./Meadows, D. I. et. Al. (Hrsg.): *The Limits to Growth. A Report to the Club of Rome's Project on the Predicament of Mankind*, New York 1972.

Messner, D./Scholz, I. (Hrsg.): *Zukunftsfragen der Entwicklungspolitik*, Baden-Baden 2005.

Michaelowa, K.: „Die Bedeutung von Bildung in Niedrigeinkommensländern: Das Beispiel Afrika", in: Schubert, R. (Hrsg.): *Entwicklungsperspektiven von Niedrigeinkommensländern – Zur Bedeutung von Wissen und Institutionen*, Berlin 2001; S. 127-153.

Organisation for Economic Co-operation and Development (Hrsg.): *DAC Leitlinien und Referenzdokumente: Armut und Gesundheit*, Paris 2003. Unter: http://www.oecd.org/dataoecd/3/42/28894831.pdf [Zugriff: 13.12.2010].

Rao, P.K.: *Development Finance*, Berlin/Heidelberg/New York 2003.

Saénz-Arce, P./Uquillas, J.: *Search and Innovate: A Way Towards Technology Change in Small Countries*, Inter-American Development Bank, Economic and Sector Study Series RE2-05-001, Washington DC 2005.

Sangmeister, H.: *Zur Situation der Kinder in Lateinamerika*, Brennpunkt Lateinamerika, 19, Hamburg 2002. Unter: http://www.giga-hamburg.de/dl/download.php?d=/content/ilas/archiv/brennpunkt_la/bpk0219.pdf [Zugriff: 10.01.2010].

Sangmeister, H./Zhang, Y.: *Die China-Connection: Chinesische Wirtschaftsinteressen in Lateinamerika*, Ibero-Analysen, 22, Berlin 2008.

Spratt, S.: *Development Finance: Debates, Dogmas, and New Directions*, New York 2009.

Stockmann, R.: *Die Wirksamkeit der Entwicklungshilfe: Eine Evaluation der Nachhaltigkeit von Programmen und Projekten*, Opladen 1996.

UN: *Declaration of the Human Rights*, Paris 1948. Unter: http://daccess-dds-ny.un.org/doc/RESOLUTION/GEN/NR0/043/88/IMG/NR004388.pdf?OpenElement [Zugriff: 01.01.2010].

UNESCO: *Education for All: Regional Overview – Latin America and the Caribbean*, Paris 2007. Unter: http://unesdoc.unesco.org/images/0014/001489/148957-E.pdf [Zugriff: 09.11.2010].

–: *Education for All: Global Monitoring Report: We will make it?*, Paris 2008. Unter: http://unesdoc.unesco.org/images/0015/001547/154743e.pdf [Zugriff: 20.12.2009].

UNESCO Institute for Statistics: *Global Education Digest 2009 – Comparing Education Statistics across the World*, Montreal, Quebec 2009. Unter: http://www.uis.unesco.org/template/pdf/ged/2009/GED_2009_EN.pdf [Zugriff: 01.02.2010].

Verband Entwicklungspolitik deutscher Nichtregierungsorganisationen e.V. (Hrsg.): *Die zweite Weltkonferenz für Entwicklungsfinanzierung in Doha. Erwartungen und Forderungen aus Entwicklungspolitik und Zivilgesellschaft*, Bonn 2008.

7. Einige notwendige Anmerkungen zum Schluss

Einen entwicklungspolitischen Königsweg zur Überwindung der Armut und zu Wohlstand für alle gibt es nicht. Und keine entwicklungsstrategische Handlungsanweisung kann lediglich eine Kopie an anderem Ort und zu anderer Zeit erprobter Modellvorlagen sein. Insofern müssen die Gesellschaften der Entwicklungsländer in ihrem entwicklungspolitischen Such- und Lernprozess vor allem auf sich selbst vertrauen und nicht auf vermeintliche Patentrezepte externer Ratgeber. Allerdings kann den Entwicklungsländern im Rahmen der EZ Unterstützung bei der Suche nach Problemlösungs- und Veränderungsstrategien angeboten werden.

Die Entwicklungszusammenarbeit muss sich bei ihren Kooperationsangeboten an dem Leitbild nachhaltiger, zukunftsfähiger Entwicklung orientieren und dabei einen ganzheitlichen Ansatz verfolgen, der die Bedeutung grundlegender marktwirtschaftlicher Zusammenhänge anerkennt. Jedoch muss gleiches Gewicht auch den institutionellen, strukturellen und sozialen Voraussetzungen stabiler Gesellschaften beigemessen werden. Geht man davon aus, dass es zu dem inzwischen weltweit dominierenden marktwirtschaftlichen Ordnungsmodell für ein ökonomisch leistungsfähiges System keine realistische Alternative gibt und es dadurch legitimiert wird, dann gilt dies jedoch nur unter der Bedingung, dass die Marktwirtschaft in ein Geflecht zivilgesellschaftlicher Institutionen eingebettet ist, in denen die Normen des Vertrauens und des sozialen Anstands verankert sind.

Es gibt die Möglichkeiten einer systemkonformen Demokratisierung der Marktwirtschaft, welche die Bürgerrechte im Sinne eines Rechts auf gleiche Chancen stärken, und auch den armen und diskriminierten Bevölkerungsgruppen die Möglichkeit eröffnen, sich von marginalisierten Gesellschaftsmitgliedern zu aktiven Mitgestaltern öffentlicher Politiken zu emanzipieren. Denn erst durch die Wahrnehmung von Bürgerrechten und die Einforderung ihrer Einhaltung bekommen kollektive soziale und kulturelle Zielsetzungen in der öffentlichen Politik ihren eigenständigen Wert, der sie über den Status von allenfalls komplementären Nebenzielen im Rahmen entwicklungspolitischer Strategien heraus hebt.

Die Vernachlässigung sozialer Wertmaßstäbe und menschlicher Dimensionen von Entwicklung zu Gunsten einer ausschließlichen Ökonomisierung gesamtgesellschaftlicher Entwicklungsprozesse unter Effizienz- und Renditegesichtspunkten führt in eine Sackgasse. Denn dann droht tendenziell die Perpetuierung eines gesellschaftlichen Exklusionsmechanismus, bei dem zwei Parteien um Gewinn und Verlust spielen, wobei das Recht des Stärkeren gilt, aber eine dritte Partei von dem Spiel gänzlich ausgeschlossen bleibt; sie wird von jenen Menschen gebildet, die aus eigener Kraft ihre wirtschaftliche und soziale Situation nicht mehr verändern können, die ihre Perspektivlosigkeit ohnmächtig ertragen oder in ihrer Hoffnungslosigkeit obskuren Heilsversprechungen vertrauen.

Entwicklungszusammenarbeit und Entwicklungspolitik finden auch in Zeiten der Globalisierung in nationalstaatlichen Kontexten statt und sie müssen die je gegebenen kulturellen und ethnischen Diversitäten, die bestehenden formellen und institutionellen Institutionen, die mehrheitlich akzeptierten Handlungsgebote und -verbote berücksichtigen. Andererseits überfordern die Risiken, die sich aus erkennbaren globalen Trends ergeben, die Steuerungs- und Regulierungskompetenz von Nationalstaaten. Diese Risiken lassen sich allein durch technisch-administrative Verbesserungen, durch ein besseres *piecemeal engeneering* einzelner Faktoren, nicht bewältigen.

Die zunehmende Globalisierung vieler Lebensbereiche, die das ökonomische, politische, soziale, kulturelle und ökologische Geschehen prägt, bedarf auch dessen, was der Philosoph *Hans Jonas* als „planetarische Verantwortungsethik" bezeichnet hat. Nur das Zusammendenken der ökonomischen, politischen und gesellschaftlichen Faktoren und die Analyse der Ursachen globaler Dynamik können integriertes Handeln in globaler Verantwortung möglich machen. Die Versuche, einzelne globale Probleme isoliert voneinander zu analysieren und zu lösen, reichen nicht aus für die notwendigen ökonomischen, ökologischen und sozialen Korrekturen zur Sicherung der Zukunft. Globalisierung ohne globale Verantwortungsethik kann in Entwicklungsländern und in Industrieländern zu der Verbreiterung und Verschärfung sozialer Ungleichheit führen. Folglich muss die Globalisierung der Märkte durch die Politik „nachgestaltet" werden, wenn es gelingen soll, ein Mindestmaß an sozialer Sicherheit für alle und ökologische Durchhaltefähigkeit zu erreichen. Ohne ein internationales Regelwerk im Sinne einer globalen Verantwortungsethik wird das soziale und ökologische Destruktionspotenzial des Globalisierungsprozesses die intra- und intergesellschaftlichen Asymmetrien weiter verschärfen und die sozialen Peripherien in Industrie- und Entwicklungsländern zunehmend vergrößern.

Andererseits hat die Globalisierung der Weltwirtschaft in einer wachsenden Zahl von Ländern eine Entwicklung zu mehr materiellem Wohlstand ermöglicht. Jedoch können die unübersehbar vorhandenen Chancen der Globalisierung in vielen Entwicklungsländern bislang nur begrenzt wahrgenommen werden. Stärker wahrgenommen wird vielerorts das hässliche Gesicht der Globalisierung, oder das, was dafür gehalten wird. Unübersehbar ist der rasch fortschreitende Prozess weltweiter Umweltzerstörungen, allgegenwärtig sind die Bilder von menschenverachtender Grausamkeit und Gewalt, spürbar ist die Angst vor Bevölkerungswachstum, Drogenhandel und Armutsflüchtlingen. Diese Wahrnehmungen sollten allmählich zu der Erkenntnis führen, dass diese Probleme nicht isoliert gesehen werden können, nicht regional begrenzt oder begrenzbar, sondern dass sie von globaler Dimension sind. Eine solche Sichtweise ist Voraussetzung für die Aufwertung der Entwicklungszusammenarbeit zu einem wichtigen Baustein einer globalen *Governance*-Architektur, d.h. neuer Strukturen der politischen, wirtschaftlichen und ökologischen Steuerung jenseits der Staatenwelt. Jedoch kann die EZ diese Funktion nur erfüllen, wenn gewährleistet ist, dass supra- oder internationale Institutionen einer solchen globalen *Governance*-Architektur durch gleichberechtigte Mitwirkung der Entwicklungsländer demokratische Legitimation erhalten, und deren Administrationen transparent und normenbasiert handeln. Bislang sind es jedoch überwiegend nur *emerging economies* wie Brasilien, China oder Indien sowie anderer in der G-20-Gruppe vertretener Entwicklungsländer, die zu einer Mehrebenenpolitik im Rahmen der sich herausbildenden globalen *Governance*-Architektur fähig sind. Ohnehin wird es eine tragfähige globale *Governance*-Architektur nur geben können, wenn auch globales Sozialkapital vorhanden ist, d.h. ein beständiges Vertrauensverhältnis zwischen den Staaten und zu interstaatlichen Institutionen sowie die Dialogbereitschaft aller, um Probleme gemeinsam anzugehen.

In der internationalen Debatte über *Global Governanc*e und notwendige Reformen der Entwicklungszusammenarbeit sind von Vertretern aus Industrie- und Entwicklungsländern viele bedenkenswerte Vorschläge formuliert worden. Allerdings melden sich in dieser Debatte auch viele Heuchler zu Wort. Die einen wiederholen papageienhaft die Schlüsselwörter der neoliberalen Orthodoxie, sie fordern Wettbewerb und offene Märkte, solange ihre eigenen Privilegien davon nicht betroffen sind. Andere pflegen die Rhetorik der Globalisierungschancen, verschließen aber vor der unschönen Realität von Massenarmut die Augen. Wieder andere machen für die wirtschaftlichen und sozialen Übel in Entwicklungsländern die „Achse des Bösen" aus IWF, WTO und der Gruppe der reichen Industrieländer (G7) – unter der hegemonialen Führung der USA – verantwortlich, während sie geflissentlich die Verantwortlichkeiten in der eigenen Gesellschaft übersehen.

Zweifelsohne hat westliches Denken, wie es (allzu) lange die konzeptionelle und enwicklungsstrategische Ausprägung der internationalen EZ geprägt hat, in einer bestimmten historischen Epoche einmalige technologische und wirtschaftliche Leistungen ermöglicht. Der universale Geltungsanspruch dieses Denkens und seine inhärente Dynamik drohen jedoch in einen immer stärkeren Widerspruch zu einer offenen, aber endlichen Welt zu geraten. Ohne Revision dieses Denkens kann sich die Politik nicht wirklich globalisieren und der Ökonomie einen Rahmen vorgeben, der die Grenzen der Natur respektiert und allen Menschen eine Chance auf Leben und Freiheit gibt. Gerade aus der Perspektive der internationalen Entwicklungszusammenarbeit sollte die Ökonomie mit Nachdruck und Kompetenz darauf hingewiesen werden, dass sie innerhalb kultureller, rechtlicher, sozialer und politischer Bedingungsgefüge operiert, welche die einmal eingeschlagenen Entwicklungspfade (oder Irrwege) in einer Weise prägen, die in dem Modellplatonismus der akademischen Wirtschaftswissenschaft nur sehr begrenzt wahrgenommen wird.

Unser Fazit lautet: Verantwortungsethische, humanitäre Gründe, aber auch politische und ökonomische Rationalitätserwägungen sprechen dafür, internationale Entwicklungszusammenarbeit weiterhin als sinnvoll und notwendig zu bewerten – sofern sie sich den wandelnden Verhältnissen und Rahmenbedingungen ständig neu anpasst. Aber auch wenn sich das komplizierte System der internationalen EZ als anpassungs- und lernfähig erweist, kann die Entwicklungszusammenarbeit stets nur *subsidiär* und *komplementär* zu den Eigenanstrengungen der Empfängerländer sein; sie kann lediglich Aktivitäten und Veränderungsprozesse in Entwicklungsländern unterstützen, für welche diese die Verantwortung tragen.

(Mit-)Entscheidend für die zukünftige Akzeptanz der Entwicklungszusammenarbeit dürfte auch sein, dass ihre Kooperationsangebote nicht lediglich als Instrumente (miss-)verstanden werden, der Wirtschaft der Geberländer den Weg in die Märkte der Entwicklungsländer zu ebnen. Denn letztendlich muss sich Entwicklungspolitik daran messen lassen, ob sie dazu beiträgt, Menschen zu entwickeln und nicht nur Dinge. Dies gilt zumindest dann, wenn eine normative Definition von Entwicklung zugrunde gelegt wird, derzufolge es das Ziel von Entwicklungszusammenarbeit sein muss, das Vorhandensein körperlichen, sozialen und mentalen Wohlbefindens in einer dauerhaft lebenswerten Umwelt zu ermöglichen, als notwendige Voraussetzung für Selbstverantwortlichkeit und Partizipationsfähigkeit der Menschen. Eine Entwicklungszusammenarbeit, die sich diesem Ziel verpflichtet weiß, bleibt immer zeitgemäß!

A1: DAC-Liste der Entwicklungsländer und -gebiete (gültig für die Berichtsjahre 2009-2010)

Afrika		**noch: Nord- u. Mittelamerika**
nördlich der Sahara	**noch: südlich der Sahara**	St. Kitts und Nevis
Ägypten	Niger	St. Lucia
Algerien	Nigeria	St. Vincent/ Grenadinen
Libyen	Ruanda	Trinidad und Tobago[2]
Marokko	Sambia	**Südamerika**
Tunesien	São Tomé und Príncipe	Argentinien
südlich der Sahara	Senegal	Bolivien
Angola	Seychellen	Brasilien
Äquatorialguinea	Sierra Leone	Chile
Äthiopien	Simbabwe	Ecuador
Benin	Somalia	Guyana
Botsuana	St. Helena	Kolumbien
Burkina Faso	Sudan	Paraguay
Burundi	Südafrika	Peru
Côte d'Ivoire	Swasiland	Suriname
Dschibuti	Tansania	Uruguay
Eritrea	Togo	Venezuela
Gabun	Tschad	**Asien**
Gambia	Uganda	**Naher u. Mittlerer Osten**
Ghana	Zentralafrikan. Rep.	Irak
Guinea	**Amerika**	Iran
Guinea-Bissau	**Nord- u. Mittelamerika**	Jemen
Kamerun	Anguilla	Jordanien
Kap Verde	Antigua und Barbuda[2]	Libanon
Kenia	Barbados[2]	Oman[2]
Komoren	Belize	Palästinensische Gebiete
Kongo	Costa Rica	Syrien
Kongo, Dem. Rep.	Dominikanische Republ.	**Süd- und Zentralasien**
Lesotho	El Salvador	Afghanistan
Liberia	Grenada	Armenien
Madagaskar	Haiti	Aserbaidschan
Malawi	Honduras	Bangladesch
Mali	Jamaika	Bhutan
Mauretanien	Kuba	Georgien
Mauritius	Mexiko	Indien
Mayotte	Montserrat	Kasachstan
Mosambik	Nicaragua	Kirgistan
Namibia	Panama	Malediven

Fortsetzung A1: DAC-Liste der Entwicklungsländer und -gebiete
(gültig für die Berichtsjahre 2009-2010)

noch: Asien	Ozeanien	Europa
Süd- und Zentralasien	Cookinseln	Albanien
Myanmar	Fidschi	Bosnien u. Herzegowina
Nepal	Kiribati	Kosovo[1]
Pakistan	Marshallinseln	Kroatien
Sri Lanka	Mikronesien	Mazedonien
Tadschikistan	Nauru	Moldau, Rep.
Turkmenistan	Niue	Montenegro
Usbekistan	Palau	Serbien[1]
Ostasien	Papua-Neuguinea	Türkei
China, VR	Salomonen	Ukraine
Indonesien	Samoa	Weißrussland
Kambodscha	Tokelau	
Korea, DVR	Tonga	
Laos	Tuvalu	
Malaysia	Vanuatu	
Mongolei	Wallis und Futuna	
Philippinen		
Thailand		
Timor-Leste		
Vietnam		

[1] Dies impliziert keine rechtliche Position der OECD zum Status von Kosovo.
[2] Gelten ab 2011 voraussichtlich nicht mehr als Entwicklungsländer.
Quelle: BMZ

A2: Die staatlichen EZ-Institutionen der DAC-Mitgliedstaaten

Land	Institution
Australien	*Australian Agency for International Development* (AusAid)
Belgien	*Federal Public Service Foreign Affairs, Foreign Trade and Development Cooperation* *Directorate-Generale for Development Cooperation* (DGDC) *Belgian Technical Cooperation* (BTC)
Deutschland	*Bundesministerium für wirtschaftliche Zusammenarbeit und Entwicklung* (BMZ) *Deutsche Gesellschaft für Technische Zusammenarbeit* (GTZ) *Kreditanstalt für Wiederaufbau* (KfW)
Dänemark	*Ministry of Foreign Affairs*
Europäische Kommission	*Directorate-General Development* (DG Development) *EuropeAid Cooperation Office*
Finnland	*Ministry for Foreign Affairs* (Formin)
Frankreich	*Ministère des Affaires étrangères et européennes* *Comité interministériel de la Coopération internationale et du Développement* (CICID) *Le Groupe de l'Agence française de Développement* (AfD)
Griechenland	*General Directorate for International Development Cooperation* (Hellenic Aid)
Großbritannien	*Ministry of Foreign Affairs*
	Department for International Development (DFID)
Irland	*Irish Aid*
Italien	*Ministero degli Affari Esteri*
Japan	*Ministry of Foreign Affairs* (MOFA) *Japan International Cooperation Agency* (JICA) *Japan Bank for International Cooperation* (JBIC)
Kanada	*Canadian International Development Agency* (CIDA)
Korea, Republik	*Ministry of Foreign Affairs and Trade* *Korea International Cooperation Agency* (KOICA) *Economic Development Cooperation Fund* (EDCF)
Luxemburg	*Ministry of Foreign Affairs* *Luxembourg Agency for Development Cooperation* (Lux-Development)

Fortsetzung A2: Die staatlichen EZ-Institutionen der DAC-Mitgliedstaaten	
Neuseeland	*New Zealand's International Aid and Development Agency* (NZAid)
Niederlande	*Ministry of Foreign Affairs*
Norwegen	*Ministry of Foreign Affairs* *Norwegian Agency for Development Cooperation* (NORAD)
Österreich	*Außenministerium* *Österreichische Entwicklungszusammenarbeit (OEZA)*
Portugal	*Ministry of Foreign Affairs* *Instituto Português de Apoio ao Desenvolvimento* (IPAD)
Schweden	*Swedish International Development Cooperation Agency* (SIDA)
Schweiz	*Staatssekretariat für Wirtschaft* (SECO) *Direktion für Entwicklung und Zusammenarbeit* (DEZA) *Swiss Investment Fund for Emerging Markets* (SIFEM)
Spanien	*Ministerio de Asuntos Exteriores y de Cooperación* *Agencia Española de Cooperación Internacional para el Desarrollo* (AECID)
USA	*United States Agency for International Development* (USAID) *Millenium Challenge Cooperation* (MCC)

Quelle: OECD/DAC.

A3: Liste der IDA-only Länder

Afrika		Ostasien
Angola[1]	Simbabwe[2,3]	Kiribati[4]
Äthiopien	Somalia[3]	Kambodscha
Benin	Sudan[3]	Laos
Burkina Faso	Tansania	Mongolei
Burundi	Togo	Myanmar[3]
Côte d'Ivoire	Tschad	Papua-Neuguinea[2]
Eritrea	Uganda	Salomonen
Gambia	Zentralafrikanische Republik	Samoa[4]
Ghana	**Mittlerer Osten u. Nordafrika**	Timor-Leste
Guinea	Dschibuti	Tonga[4]
Guinea-Bissau	Jemen	Vanuatu[4]
Kamerun	**Lateinamerika und Karibik**	Vietnam[2]
Kap Verde[2]	Bolivien[3]	**Südasien**
Kenia	Dominica[2,4]	Afghanistan
Komoren	Grenada[2,4]	Bangladesch
Kongo[1]	Guyana[1]	Bhutan[1]
Kongo, Dem. Rep.	Haiti	Indien[2]
Lesotho	Honduras[1]	Malediven[4]
Liberia	Nicaragua	Nepal
Madagaskar	St. Lucia[2,4]	Pakistan[2]
Malawi	St. Vincent & Grenadinen[2,4]	Sri Lanka[1]
Mali	**Europa u. Zentralasien**	
Mauretanien	Armenien[1,2]	
Mosambik	Aserbaidschan[1,2]	
Niger	Bosnien u. Herzegowina[1,2]	
Nigeria	Georgien[1,2]	
Ruanda	Kosovo	
Sambia	Kirgistan	
São Tomé und Príncipe	Moldau, Rep.[1]	
Senegal	Tadschikistan	
Sierra Leone	Usbekistan[2]	

[1] Strengere Kreditaufnahmebedingungen.
[2] IDA-berechtigt, aber kreditwürdig genug, um von der IBRD Kredite aufzunehmen.
[3] Inaktive Länder.
[4] Ausnahme für kleine Inselstaaten.

Quelle: World Bank

Stichwortverzeichnis

A

B

C

D

E

F

G

H

I

J

K

L

M

N

O

P

Q

R

S

T

U

V

W

Z

Zeitfracht Medien GmbH
Ferdinand-Jühlke-Straße 7
99095 Erfurt, Deutschland
produktsicherheit@kolibri360.de